Rehrmann

Spanien

Für Naki

Norbert Rehrmann

Spanien

Kulturgeschichtliches Lesebuch

Texte und Kommentare

Vervuert Verlag · Frankfurt am Main

1991

Die Deutsche Bibliothek - CIP-Einheitsaufnahme

Spanien : kulturgeschichtliches Lesebuch /Norbert Rehrmann. -
Frankfurt am Main: Vervuert, 1991
ISBN 3-89354-047-4
NE: Rehrmann, Norbert [Hrsg.]

Umschlaggestaltung Michael Ackermann
Printed in Germany

Inhalt

Norbert Rehrmann

Einführung: Vom »Vaterland des Romantischen« zur »postindustriellen Gesellschaft«?

Eine kulturhistorische Spurensuche

»Nein, für Spanien vergeht die Zeit nicht«, schrieb der Schriftsteller Juan Goytisolo vor knapp zwanzig Jahren in Erinnerung an eine Bemerkung Mariano José de Larras (1809-1837) und fügte hinzu: »Unsere Geschichte ist ein endloser 'Bolero' von Ravel, in dem sich die gleichen Situationen beliebig oft wiederholen...«.[1] Seither ist bekanntlich auch in Spanien viel geschehen, und die »mangelnde Übereinstimmung (des spanischen) Kalenders mit dem europäischen« (Goytisolo) gehört wohl zu einem gut Teil der Vergangenheit an. Das »Spanien der Blechmusik und der Schellentrommel« (la España de charanga y pandereta), das noch Antonio Machado (1875-1939) und mit ihm die *Generation von 98* beschrieben[2], scheint inzwischen von einer Entwicklung verdrängt zu werden, die, so lautet die euphorische Bilanz des katalanischen Autors Lluis Racionero, Spanien von Grund auf verändert, sprich: »modernisiert« hat. Heute sei Kastilien, das einstige »Herz« Spaniens, weder so arm noch so verschlossen wie um die Jahrhundertwende: »In Valladolid werden Autos gebaut und Salamanca hat eine internationale Universität. Madrid ist eine Industriemetropole, Pforte multinationaler Konzerne, und Spanien«, konstatiert Racionero nicht ohne Stolz, »ist das zwölftstärkste Industrieland der Welt.«[3]

Auch auf politischem Parkett scheint Ravels Bolero, um im Bilde zu bleiben, längst kosmopolitischen Stilrichtungen den Platz geräumt zu ha-

1 Juan Goytisolo: *Der zeitgenössische spanische Roman*, in: ders.: *Dissidenten*, Frankfurt/M.: Suhrkamp 1984, S. 113

2 Vgl. z.B. Donald Shaw: *La Generación del 98*, Madrid: Cátedra 1985

3 Lluis Racionero: *España en Europa*, Barcelona: Editorial Planeta 1987, S. 41

ben. Franco ist seit anderthalb Jahrzehnten tot, und in der Hauptstadt sowie in zahlreichen Regionen regieren seit fast zehn Jahren die Urenkel des Sozialistengründers Pablo Iglesias (1850-1925), der seinen konservativen Zeitgenossen noch als Inkarnation des »roten Spanien« (España roja) galt, gegen das sie, mit Hitlers und Mussolinis Hilfe, in den dreißiger Jahren einen »Kreuzzug« führten. Mit Franco verschwunden scheinen zugleich die »Zwei Spanien« von einst: Die *Faktischen Mächte*, Kirche und Militär, haben sich demokratischen Spielregeln augenscheinlich gefügt. Selbst die Gefahr des »kaputten Spanien« (España rota), von den konservativen Gegnern regionaler Eigenständigkeit häufig menetekelt, scheint durch die *autonomías* einvernehmlich gebannt - von der ETA einmal abgesehen.

Schließlich präsentiert sich das Land auch kulturell in neuen Kleidern. Die historische Dauerkontroverse, ob Spanien zu Europa gehöre, gehören solle, scheint definitiv *passé* zu sein: »Mittlerweile wissen wir, was Spanien ist«, erklärt etwa Racionero den alten Disput für beendet, »und wir wollen Europäer sein.«[4] Vielen Landsleuten aus der Seele spricht wohl auch der Exdiplomat José María Alfaro, wenn er meint, daß sich die heutigen Spanier über den in den letzten Jahrzehnten erreichten Lebensstandard und über ihre internationale Präsenz nicht beklagen könnten. Denn ein »brillianter Landsmann« sei Chef der UNESCO, ein »vielbegabter Spanier« stehe an der Spitze des Internationalen Olympischen Komitees, eine junge Tennisspielerin erziele »spektakuläre« Triumphe und das »komplexe Gebäude der EG« werde von einem Spanier präsidiert.[5] Die Option für Europa, in politischen Kreisen fast schon *unisono*, mag im Verbund mit der Madrider Kultur-*movida* und einer Kulturpolitik, die weder Mühen noch Kosten scheut[6], der Grund dafür sein, daß die kulturelle Neuorientierung des Landes auch diesseits der Pyrenäen zunehmend Beachtung, sogar Bewunderung erfährt. So erklärte *Der Spiegel* die kommende europäische Kulturhauptstadt bereits vor einigen Jahren zur »verrücktesten Metropole Europas.«[7]

4 Ebd., S. 125

5 Vgl. *El País*, 25.8.1989

6 Vgl. meinen Aufsatz: *Amerikanische Basis, europäischer Überbau und spanisches Flair: Tendenzen spanischer Kultur und Kulturpolitik der achtziger Jahre*, in: Kulturpolitische Gesellschaft/Internationale Culturele Stichting (Hrsg.): *Kultur-Markt Europa. Jahrbuch für europäische Kulturpolitik*, Köln: Volksblatt-Verlag 1989, S. 186ff.

7 Vgl. »Madrid - der Superfreiheit verschrieben. Spaniens Hauptstadt im Kulturrausch«, *Der Spiegel*, Nr. 52 (23.12.1985), S. 104ff.

Haben vor dieser Kulisse, stellt sich die Frage, jene Spanieninterpretationen, wie sie in den vergangenen Jahrhunderten - häufig als nostalgische Verklärung oder furiose Kritik - zuhauf verfaßt worden sind, nur noch musealen Wert? Die Frage erscheint deplaziert, denn weder das »Vaterland des Romantischen«, das August Wilhelm Schlegel besang, noch das Land der »Laster und Lächerlichkeiten« der *Persischen Briefe* Montesquieus, waren frei von groben Stereotypen und projektiven Klischees.[8] Selbst die hellsichtigen Beschreibungen eines Gerald Brenan, der das *Spanische Labyrinth* (so der Titel seines bekanntesten Buches), wie kaum ein anderer durchleuchtete, schienen vor den Gefahren der *self fullfilling prophecy* nicht völlig gefeit.[9] Möglicherweise, schrieb der englische Hispanist, bestehe das größte Verdienst Spaniens in seiner Fähigkeit, ausländischen Einflüssen zu widerstehen, um seinen ihm eigenen Geist in purer und unvermischter Form zu erhalten. Spanien, so Brenan, »wird das letzte Land Europas sein, das sich dem Kosmopolitismus ergibt.«[10] Würde der Autor dieser Zeilen seine vor einem halben Jahrhundert gemachte Prognose heute selber belächeln? Und sollten wir nicht vielmehr froh sein über die augenscheinliche Tatsache, daß das »Problema España« endlich keines mehr ist? Was für einen Sinn macht es überhaupt, über historisch-kulturelle Identitäten zu sinnieren, zumal dann, wenn diese offensichtlich nur noch Geschichte sind und eigentlich alle erleichtert sein müßten, daß die völkerpsychologischen Plattheiten, die gerade auch »den« Spaniern zugeschrieben wurden, keinen Resonanzboden mehr besitzen - eben weil die Spanier, wie noch der *España es diferente*-Slogan des Franquismus suggerierte, nicht mehr anders sind?

Sicher, der Europaorientierung kommt die historische Bedeutung zu, wie die Tageszeitung *El País* am Tag des EG-Beitritts kommentierte, »mit den schwerwiegenden Lastern unserer unzivilen, eigenbrödlerischen und intoleranten Traditionen zu brechen und den kommenden Generationen neue kulturelle Horizonte zu erschließen«.[11] Nachdenklich stimmen sollte den nicht-spanischen Beobachter auch die Gefahr neuer-alter Projektionen: »Immer, wenn sich Spanien modernisiert hat, wurde es weniger interes-

8 Vgl. z.B. Hans Hinterhäuser (Hrsg.): *Spanien und Europa. Stimmen zu ihrem Verhältnis von der Aufklärung bis zur Gegenwart*, München: dtv 1979

9 Vgl. meinen Aufsatz: *Spanien aus englischer Sicht. Zu Leben und Werk Gerald Brenans*, in: *Iberoamericana* (1988), Nr. 1 (33)

10 Gerald Brenan: *Historia de la literatura española*, Barcelona: Editorial Crítica 1984, S. 469

11 *El País*, 1.1.1986

sant« - diese Feststellung des Schriftstellers Juan Benet[12] gilt vor allem jener hispanophilen Gemeinde, die, den klassikbeflissenen Griechenlandreisenden sehr ähnlich,[13] Modernisierung in erster Linie als Verlust liebgewonnener Projektionsflächen begreift, die im eigenen Lande nicht (mehr) existieren und die man dort auch gar nicht haben möchte: »Der Europäer«, schrieb bereits der junge Goytisolo, »sucht in Spanien die Seele, die er verloren hat. Unsere Mission, so sagen sie, ist eine geistige Mission ...«[14] Diese Einstellung ist sicher genauso bedenklich, wie der kulturelle Paternalismus, der in zahlreichen Pressebeiträgen zum Ausdruck kam, als Spanien 1986 der EG beitrat und 1989 deren Präsidentschaft übernahm. Endlich, so läßt sich deren Tenor resümieren, schickt das Land sich an, seine anachronistische Existenz zugunsten eines »europäischen Niveaus« (was immer das sein mag) aufzugeben: »Ankunft in der Moderne« verkündete z.B. die Überschrift eines *ZEIT*-Artikels.[15] Offen bleibt dabei zumeist die Frage, was Europa eigentlich ist und ob nicht vielleicht auch die »Alteuropäer« von Spanien profitieren könnten - jenseits von neuen Märkten für europäische Konzerne und Truppenübungsplätzen für die NATO. An die Stelle jahrhundertealter Ressentiments und weitgehender Unkenntnis, durch welche »die spanischen Dinge im Ausland klein erscheinen und umgekehrt«, wie z.B. der *98er* Pio Baroja kritisierte[16], trat in den letzten Jahren eine vorwiegend paternalistische Attitüde, die fast ausschließlich die »Modernisierungsfolge« registriert. So ist das Wort von der »historischen Verspätung« Spaniens, schreibt Martin Franzbach wohl zurecht, »häufig dann zu hören, wenn vermeintliches Fortschrittsdenken sich als Lehrmeister zu Nutz und Frommen eigener Interessen aufspielt«.[17] Noch deutlicher geht Siegfried Jüttner mit jenem »Gönnerhabitus des Aufgeklärten« ins Gericht,

12 Zitiert nach: Peter Frey: *Spanien und Europa. Die spanischen Intellektuellen und die Europäische Integration*, Bonn: Europa Union Verlag 1989, S. 76

13 So schreibt etwa Armin Kerker: »Und dieses Griechenland ist ein - nicht nur fotografisches - Klischee geworden, das sich selbst das Blaue vom Himmel lügt, nachdem andere es jahrhundertelang unentwegt hinaufgelogen haben.« Und zum Griechenland-Europa-Verhältnis pointiert der Autor: »Derselbe Grieche, der sich hell empört, wenn von Europa - ohne Griechenland - die Rede ist, fühlt sich selber keineswegs in diesem Europa aufgehoben.« In: Armin Kerker (Hrsg.): *Griechenland - Entfernungen in die Wirklichkeit*, Hamburg: Argument-Verlag 1988, S. 8f.

14 Zitiert nach: Elías Díaz: *Pensamiento Español 1939-1973*, Madrid: Ed. Cuadernos para el Diálogo 1974, S. 199f.

15 *DIE ZEIT*, Nr. 3, 13.1.1989

16 Pio Baroja: *El arbol de la ciencia*, Madrid: Alianza Editorial 1982, S. 38f.

17 Martin Franzbach: *Die Hinwendung Spaniens zu Europa. Die »generación del 98«*, Darmstadt: Wissenschaftliche Buchgesellschaft 1987, S. 1

der, in der Tradition der berüchtigten Frage von Masson: »Aber was verdanken wir Spanien? Und nach zwei Jahrhunderten, nach vier, nach sechs - was hat Spanien für Europa getan?«[18], aufklärerisch-kritisches Denken noch immer und nahezu ausschließlich diesseits der Pyrenäen lokalisiert. Das Verhältnis eines Mehr oder Weniger an Aufklärung, von 'wahrer' oder 'falscher' Aufklärung gar in den einzelnen Regionen Europas, so Jüttner mit Blick auf das 18. Jahrhundert, werde mit dem Aufweis divergierender Positionen im Rahmen einer komparatistischen Erforschung nicht beschrieben, vielmehr das einer fruchtbaren komplementären Konkurrenz. Sichtbar werde die Dynamik der europäischen Aufklärung allerdings erst, »wenn wir die sich auftürmenden nationalen Wissensstände zueinander in Beziehung setzen und unsere Wertung freihalten von statisch mechanistischen Metaphern wie 'Zentrum' und 'Peripherie', 'Kern'- und 'Schalen'-ländern der Aufklärung.«[19]

Da jedoch zumindest in den Medien, in politischen Kreisen und im *Vox populi* genau diese Metaphern offensichtlich (noch) tonangebend sind, scheinen sie, wie schon so oft in den vergangenen Jahrhunderten, auch in Spanien ihre Wirkung nicht zu verfehlen - diesmal nicht in Form eines trotzig-gekränkten Rückzugs auf die »ewigen spanischen Werte«, sondern als Versuch, sich als »europäischer Musterschüler« darzustellen. Racionero kann daher seiner Überzeugung Ausdruck geben, daß jene neue Generation, die heute in Spanien die politisch-kulturellen Schlüsselstellungen innehat, sich dadurch auszeichne, daß sie die alte Spanienpolemik aufgegeben habe und statt, wie noch die Vertreter der *98er Generation*, durch Kastilien zu reisen, lieber Paris, London oder New York besuche. Racionero wörtlich: »Das kollektive Engagement macht einem neoromantischen und antiautoritären Individualismus Platz: Marcuse, Foucault, Cioran, Norman Brown sind anregender als Wittgenstein, Mandel oder Popper; Freud nimmt es mit Marx auf in diesem Prozeß rasanter Individualisierung infolge der Enttäuschung über die undurchführbare Revolution und infolge der Welle der Opulenz.«[20]

---

18 Zitiert nach: *Masson de Morchilliers Spanien-Artikel in der »Encyclopédie méthodique« und die spanische Fassung von Julián de Velasco*, in: Siegfried Jüttner (Hrsg.): *Spanien und Europa im Zeichen der Aufklärung. Internationales Kolloquium an der Universität - GH - Duisburg vom 8.-11. Oktober 1986*, Frankfurt am Main/Bern/New York/Paris 1991, S. 42

19 Siegfried Jüttner: *Spanien - ein Testfall für die Erforschung der Aufklärung in Europa*, in: ebd., S. IX

20 A.a.O., S. 124

Wir wollen hier nicht diskutieren, wer von dieser »Welle der Opulenz« profitiert und wer nicht. Fraglich erscheint wohl auch die Gleichsetzung von Modernität und Kapitalismus. Sie erklärt allenfalls den Erfolg eines Buches, dessen Protagonist, Onofre Bouvila in Eduardo Mendozas *Stadt der Wunder*,[21] die »Löwendoktrin« (doctrina del lobo) als neue-alte Praxisphilosophie propagiert. In einer Rezension dieses Buches (die allerdings verschweigt, daß das politische Credo des Autors, sofern sich ein solches überhaupt bestimmen läßt, eine solche Leseart begünstigt) wird Onofre charakterisiert als »Traumfigur einer Generation, die in ihrer Jugend antifranquistische Flugblätter verteilte und in den letzten Jahren mit Einfallsreichtum und Spekulationslaune noch flinker und süchtiger den neuen Reichtum anhäufte als ihre Generationskollegen in anderen Ländern Europas«.[22] Gäbe es Alternativen?

Wie die Texte dieses Buches deutlich machen, liegen diese sicher nicht allein in der Vergangenheit, vor allem nicht im vielzitierten *casticismo* (Wesen) der Spanier; aber sicher genauso wenig in einem von nationalen und regionalen Kulturtraditionen abgelösten »Diskurs der Moderne«. Dieser ist wohl eher ein Garant dafür, daß Spanien in einigen Jahren eine »Rehispanisierung« erleben wird, eine Art »casticismo 2000«, dessen Genese sich hier und dort bereits anzudeuten scheint.[23] Damit würde sich einmal mehr bestätigen, was Larra bereits vor knapp zweihundert Jahren schrieb: »Damals (Ende des 18. Jahrhunderts, *N.R.*) ließ sich eine in der Geschichte der Nationen seltene Erscheinung beobachten: wir fanden uns am Ende einer Entwicklung, ohne sie zuvor durchlaufen zu haben.«[24]

Nur ein kritisches Verhältnis zur eigenen Kultur und Geschichte - was deren Kenntnis natürlich voraussetzt - kann diesen »monotonen« Pendelschlag zwischen den Extremen eines abstrakten Kosmopolitismus und eines

---

21 Vgl. Eduardo Mendoza: *La ciudad de los prodigios*, Barcelona: Seix Barral 1987. Für Mendoza kann m.E. gelten, was der Literaturkritiker Rafael Conte über die neuere spanische Literatur insgesamt geschrieben hat: »Die Autoren schreiben immer besser, aber sie scheinen nicht viel zu sagen zu haben.« Zitiert nach Barbara Pérez-Ramos: *Tendenzen der spanischen Literatur seit 1975*, in: Walther L. Bernecker/Josef Oehrlein (Hrsg.): *Spanien heute. Politik, Wirtschaft, Kultur*, Frankfurt/M.: Vervuert 1990, S. 448

22 Reinhold Görling in der *Frankfurter Rundschau*, 16.9.1989

23 Vgl. dazu auch den neusten Carvalho-Roman von Manuel Vázquez Montalbán: *El delantero centro fue asesinado al atardecer*, Barcelona: Editorial Planeta 1988. Dort lamentiert Bromuro, einer der Romanfiguren, in bitteren Worten über die »Amerikanisierung« der spanischen Gesellschaft, S. 32-36.

24 Zitiert nach: Hans Hinterhäuser (Hrsg.): *Spanien und Europa. Stimmen zu ihrem Verhältnis von der Aufklärung bis zur Gegenwart*, München: dtv 1979, S. 136

antiquierten Nationalismus letztlich beenden - historisch-kulturelle Zyklen, die auch hierzulande nicht unbekannt sind: »Mir kommt es manchmal so vor«, schreibt Dieter E. Zimmer in der *ZEIT*, »als seien sich Spanier und Deutsche in einiger Hinsicht ... verteufelt ähnlich. Beide Völker geniert ihre Vergangenheit, am liebsten kehrten sie sie ganz unter den Tisch; beide haben Identitätsprobleme; beide sind unsicher, ob man sie draußen in der Welt mag und für voll nimmt. Das gebrochene Verhältnis zum eigenen Land ... macht sie scharf auf alles Fremdländische. Was von außen kommt, scheint dem heimischen Gewächs allemal überlegen.«[25] Wenngleich die Ursachen wohl nur partiell identisch sind, klingt der Vergleich dennoch plausibel; die hiesige »Historikerdebatte« hat das erst unlängst illustriert. Was Spanien betrifft, so war die Beziehung zur eigenen Kultur und Geschichte bekanntlich nicht immer von Indifferenz und »Scham« bestimmt, Merkmale, die der konstatierten Europaeuphorie sicher z.T. zugrundeliegen. So schrieb z.B. Werner Krauss: »Kein zweites Volk hat mit solcher Leidenschaft am Zeiger seiner Geschichtsuhr sein gegenwärtiges Schicksal abzulesen versucht.«[26] Dabei taugt diese nicht nur dazu, den quijottesken Träumereien eines »spanischen Commenwealth« (Briesemeister) als Richtschnur zu dienen. Der historische Rekurs bietet auch Material in Hülle und Fülle, einem »aufgeklärten Traditionalismus« (Habermas) gegenüber einem hohlen hispanischen Echtheitspathos zu seinem Recht zu verhelfen. Denn um die Tradition wirksam negieren, um »ihre lebendige Kraft gegen das Erstarrte und Selbstzufriedene wenden zu können«, so lautet eine Warnung Adornos, müsse man gleichsam »gesättigt« sein mit der Tradition: »Nur wo das Gewesene stark genug ist, um die Kräfte des Subjekts zu formen und zugleich ihnen sich entgegenzusetzen, scheint die Produktion des noch nicht Gewesenen möglich.«[27] Daß diejenigen Stimmen innerhalb Spaniens sich mehren, die für eine kritische Revision der *eigenen* Geschichte plädieren, ohne sich wie früher gegen Anregungen von außen abzuschotten, ist daher ermutigend (vgl. diesbezüglich Kapitel XI). Ob daraus in absehbarer Zeit wieder jene »Mischung von Avantgarde und Tradition« entsteht, in der »seit je die Originalität des spanischen Denkens liegt«[28], ist derzeit völlig

25 Dieter E. Zimmer: *Es herrscht Unruhe im Land. Eine Reise nach Spanien: Alles schmückt sich mit Kultur*, in: *DIE ZEIT*, Nr. 4 (20.1.1989)

26 Werner Krauss: *Spanien 1900-1965*, München/Salzburg: Fink-Verlag 1972

27 Theodor W. Adorno: *Kultur und Verwaltung*, in: ders.: *Gesammelte Schriften*, Band 8, Frankfurt/M.: Suhrkamp 1972, S. 135f.

28 Horst Hina: *Kastilien und Katalonien in der Kulturdiskussion 1714-1939*, Tübingen 1978, S. 27

ungewiß. Zur Ironie der Geschichte gehört indes, daß die Kritiker der gegenwärtigen Europa- bzw. Modernisierungs-Euphorie nicht mehr wie früher hauptsächlich aus Konservativen bestehen, sondern sich zunehmend aus dem linken Spektrum rekrutieren.[29]

Fest steht indessen, daß an der Geschichte so oder so kein Weg vorbeiführt. Denn, so Siegfried Jüttner, »Mentalitäten sind langlebig, in der Tiefe wirksam. Derartige Kollektivvorstellungen, Mythen auch genannt, entstehen unablässig durch Institutionen, Medien und Literatur«.[30]

Die hier versammelten Texte illustrieren, daß sich der »Bolero« der spanischen Geschichte in einigen Grundmustern zwar häufig wiederholte, dennoch kaum als monoton und noch weniger als für die Gegenwart völlig obsolet bezeichnet werden kann. Die historischen Texte nehmen daher im Gesamtkorpus einen prominenten Platz ein.

Sie bestehen, was ihren *formalen* Charakter betrifft, aus unterschiedlichsten Gattungen (Fragmente wissenschaftlicher Studien, essayistischer Abhandlungen, literarischer Genres), die, chronologisch, nach »Epochen« und wichtigen Ereignissen geordnet, ihren Gegenstand teils kursorisch, teils exemplarisch behandeln. Bei zahlreichen, rezeptionsgeschichtlich besonders relevanten Autoren wurde dem jeweiligen Text zudem eine bio-bibliographische Notiz vorangestellt. Was ihre *inhaltliche* Seite betrifft, so kommen politisch-soziale und kulturell-literarische Aspekte gleichermaßen zum Zuge, in der Regel in getrennten Kapiteln. Die Autoren wurden danach ausgewählt, ob sie ihr Thema argumentativ solide, bzw. originell und ästhetisch überzeugend bearbeiten; einige Autoren wurden zudem aufgenommen, weil sie rezeptionsgeschichtlich von besonderem Interesse sind. Zahlreiche Texte, einige von erstrangiger wissenschaftlich-literarischer Bedeutung, liegen hiermit erstmals (auszugsweise) in deutscher Sprache vor. Der vorliegende Sammelband wendet sich daher vornehmlich an solche Leserschichten, deren Interesse an spanischer Kultur und Geschichte lediglich touristische Motive übersteigt (Studenten der Hispanistik, Spanischlehrer, Mitarbeiter internationaler Organisationen etc.). Da bislang keine brauchbare Kulturgeschichte Spaniens in deutscher Sprache existiert, dürften die Texte auch Kolleginnen und Kollegen nützlich sein, die entsprechende Ein-

29 Wenngleich sich auch eher konservative Intellektuelle zu Wort melden. Vgl. z.B. Julio Caro Baroja: *España es un concepto tabú para los españoles*, in: *El Independiente*, 22.10.1989

30 Siegfried Jüttner: *Spanien und Europa. Positionen einer kulturellen Standortsuche im heutigen Spanien*, in: *Jahrbuch der Universität Duisburg 1986*, S. 81

führungsveranstaltungen an den Hochschulen durchführen. Es versteht sich dabei von selbst, daß die Anthologie - trotz des Bemühens, die Hauptkoordinaten der spanischen Kulturgeschichte zu berücksichtigen - nur einen fragmentarischen Charakter besitzt. Eine umfangreichere Gestaltung, vor allem mehr literarische Originaltexte, hätte den vom Verlag vorgegebenen Umfang überschritten.

Kapitel I

Das erste Kapitel ist »Prä-Spanien« gewidmet, insbesondere jener historischen Epoche, die in der mythen- und ideologiegeladenen Nomenklatur der konservativen Vergangenheitsrhetorik unter der Bezeichnung »Reconquista« firmiert, wobei das Präfix »Re« suggerieren soll, die »Spanier« hätten die seit dem frühen 8. Jahrhundert vom Islam sukzessive eroberte Halbinsel in fortwährenden Kämpfen »wieder« hispanisiert. Goytisolo (T1) verweist diese Interpretation ins Reich der Legende, hebt dagegen den Glanz der arabisch-jüdisch-christlichen Kultur hervor und benennt deren Beitrag für die zukünftige kulturelle Identität der Spanier, die sich, so Goytisolo, radikal von den übrigen Völkern des europäischen Westens unterschieden habe. Auch Watt (T2) insistiert auf einer Kulturverschmelzung und meldet gegenüber konservativen Historikern, vor allem was die vermeintliche Existenz »unberührter« christlicher Enklaven betrifft, den sogenannten Initiatoren der *Reconquista*, begründete Zweifel an. Schulins Text (T3) konzentriert sich demgegenüber auf die iberischen Juden und bilanziert ihren Beitrag für die spanische Kultur. Ein großer Teil der neuzeitlichen Entwicklung Spaniens »mit ihren regressiven Zügen«, resümiert Schulin an anderer Stelle die Folgen der 1492 erfolgten Vertreibung der Juden, lasse sich aus diesem »trüben« Verhältnis zu dieser Minderheit erklären. In Feuchtwangers spätem Roman *Die Jüdin von Toledo* (T4) nehmen die Chancen, aber auch die tragischen Aporien einer »multikulturellen Gesellschaft« auf der Iberischen Halbinsel des 12. Jahrhunderts in den Protagonisten Gestalt an: Der christliche König Alfonso VIII. verliebt sich in Raquel, die Tochter eines vermögenden Juden, der aus dem von den Arabern regierten Sevilla nach Toledo geht, um dort als »Finanzminister« des jungen Königs zu fungieren. Der schwierige Prozeß persönlicher und kultureller Annäherung, wiewohl in Teilen erfolgreich, scheitert schließlich an politischen Kabalen und kulturellen Gegensätzen, die den »interkulturellen Dialog« fortan bestimmen sollten. Auf die eher politischen Folgen der *Reconquista* verweist schließlich das Textfragment von Krauss (T5), der durch sie eine Art »Kettenreaktion« ausgelöst sieht, welche die »historische Verspätung« der folgenden Jahrhunderte gewissermaßen präjudizierte. Die Genesis des spanischen Klerus, die Existenz einer »mittelalterlichen Demokratie« (Vilar), starke munizipale Traditionen und eine politische Partizipation des *pueblo* sind weitere Aspekte, die im damaligen Europa höchst selten waren und denen für die politische und kulturelle Entwicklung nachhaltige Bedeutung zukommt.

Kapitel II

Mit dem Fall Granadas, der letzten Bastion des *Halbmondes* auf der Iberischen Halbinsel und der »*Entdeckung*« Amerikas - beide Ereignisse datieren von 1492 - erreicht das nun endgültig »Spanien« gewordene Land seinen vorläufigen Zenit. Die *Entdecker*-Nation befand sich jedoch schon bald am Rande des ökonomischen Ruins. Die These, daß »Aufstieg, Stagnation und Verfall der Iberischen Halbinsel als Beweis jenes sozio-historischen Gesetzes« angeführt werden könne, demzufolge die am weitesten fortgeschrittenen Länder »den Preis dafür zahlen, die Ersten gewesen zu sein«[31], schien sich zu bestätigen. Das Bild, das Galeano (T1) vom Zentrum des neuen Imperiums malt, ist ausgesprochen plastisch: »Spanien besaß die Kuh, aber andere tranken die Milch« - eine gelungene Metapher für den ruinösen Niedergang des Landes, das trotz oder wegen der Gold- und Silberströme aus der Neuen Welt unaufhaltsam auf eine langandauernde Dekadenz zusteuerte und eine extrem anachronistische Sozialstruktur generierte, die im damaligen Europa ihres Gleichen suchte. Während Karl V. (1519-1558), Philipp II. (1558-1598) und ihr Grandengefolge den amerikanischen Reichtum in Prachtbauten und Religionskriegen verschwendeten, profitierten die europäischen Bankiers zwar von der »spanischen Kuh«, der Genozid an den *indios*, den der Dominikanerpater Bartolomé de las Casas an den Pranger stellte (T2), die schauerlichen *autodafés* des Heiligen Offiziums und geopolitische Machtinteressen anderer europäischer Mächte gaben der Schwarzen Legende jedoch enormen Auftrieb, die, was den amerikanischen Genozid betrifft, nach Todorov keineswegs Legende war. Wie vor allem die Spanien-Europa-Debatte der frühen Aufklärung zeigen sollte, erreichten die antispanischen Tiraden jedoch des öfteren denunziato-

31 Ekkerhart Krippendorf: *Internationales System als Geschichte. Einführung in die internationalen Beziehungen* 1, Frankfurt a.M./New York 1975, S. 33

rische Verzerrungsgrade, die von Autoren des vermeintlich bigotten, ignoranten und fanatischen Spanien ebenso heftig und zumindest partiell mit guten Argumenten gekontert wurden. Der im frühen 20. Jahrhundert entstandene Text von Juderías (1877-1918) (T4) ist eine der bekanntesten und *grosso modo* betrachtet, relativ moderaten Entgegnungen spanischerseits. Das auch in dortigen Liberalen-Kreisen gefeierte Werk kann seinen apologetischen Duktus zwar kaum verbergen, die von Juderías präsentierte »Gegenrechnung«, was politische Intoleranz und religiös motivierten Fanatismus diesseits der Pyrenäen angeht, haben zahlreiche Kritiker des »finsteren Landes hinter den Pyrenäen« leider nur selten zur Kenntnis genommen. Eine der »nationalen Institutionen« *par excellence*, die Inquisition, galt den meisten Beobachtern lediglich als Synonym der sprichwörtlichen »Barbarei« der Spanier. Bennassar (T5) lenkt demgegenüber die Aufmerksamkeit auf einen Aspekt, den die wissenschaftliche Forschung, teilweise bis in jüngste Zeit, häufig vernachlässigte: Die Inquisition als probates Instrument der Habsburg-Monarchie, die rebellischen Regionen unter das Zepter des Madrider Zentralismus zu oktroyieren. Ein »Nebeneffekt« erwies sich a *la longue* als nicht weniger bedeutsam: Spanien, so der Autor, verwandelte sich durch das Wirken der Inquisition in ein politisch-intellektuelles »Reich des Konformismus«. Derselbe Autor macht uns daneben mit einem Phänomen bekannt (T6), das als nicht minder typisch für das damalige Spanien der Gegenreformation gelten kann: der »visión mística« von Juan de la Cruz, Ignacio de Loyola oder Teresa de Avila, den sicher bekanntesten Exponenten der als Mystizismus bekannten spirituellen Exerzitien. Diese suchten mittels Askese und Extase den »direkten« Weg zu Gott, weshalb auch sie in den Verdacht der Häresie gerieten und trotz ihrer späteren Kanonisierung mit der Inquisition Bekanntschaft machten.

Während das Europa der Renaissance sich anschickte, wenn auch von Fall zu Fall mit unterschiedlichem Tempo, im *Unterbau* Nationalstaat und Kapitalismus, im *Überbau* der Ratio den Weg zu bahnen, schaffte Spanien von Königsberg bis nach Santiago de Chile ein Weltreich, »in dem die Sonne niemals unterging«, wurde zur Speerspitze der Gegenreformation und schien mehr an spirituellen Werten als an irdischem Mammon Interesse zu zeigen. Die »Krämerseele«, wie sie in Zentraleuropa allmählich bestimmend wurde, war daher in Spanien dazu verurteilt, wie der bekannte Kulturhistoriker Américo Castro (1885-1972) beklagt (T7), auf lange Zeit eine Randexistenz zu fristen: »Den Spanier«, pointiert Castro, »interessiert nicht das Wissen, sondern der Glauben.« Nach Ansicht von Ventós (T8) war diese Dichotomie - hier Fortschritt und Aufklärung, dort Rückschritt und Gegenreformation - jedoch keineswegs zwingend. Die spanischen Jesuiten, so sein Credo, boten die Möglichkeit eines Dritten Weges - jenseits von Mönchen und Hidalgos sowie Kaufleuten und Bourgeoises. Daß die Geschichte anders verlief ist jedoch kein Grund, wie Ventós zurecht betont, diese »historische Alternative« zu vergessen, nicht zuletzt wegen ihrer Bedeutung für gegenwärtige Debatten über die kulturelle(n) Identitäte(n) des Landes.

Kapitel III

Während die anachronistischen Strukturen den definitiven Ruin schon Mitte des 16. Jahrhunderts unabwendbar machten und von Autoren diesseits der Pyrenäen, so z.B. von Schiller im *Don Carlos* (T1), einseitig-kritisch als Paradebeispiel nationaler Dekadenz vermerkt wurden, erlebte die Kultur des Goldenen Zeitalters jedoch erst ihre eigentliche Blüte. Dieser kulturelle *Boom*, der das marxistische Basis-Überbau-Schema, zumindest in seiner vulgären Version, vor Probleme stellt, wird im III. Kapitel exemplarisch vorgestellt. Bennassar (T2) präsentiert die »magnificencias« in Literatur und Theater, von denen insbesondere letztere auch dem gesamteuropäischen Theater wichtige Impulse gaben. Neben der bemerkenswerten kulturellen Hausse als solcher weisen die künstlerischen Produkte des Goldenen Zeitalters - quer durch alle Gattungen - einige markante Idiosynkrasien auf, die in der »Elitekultur« Zentraleuropas, vor allem in Deutschland, eher Marginalien blieben, zumindest was ihre wissenschaftliche Anerkennung betrifft. Gemeint ist die vitale *cultura popular*, die sich nicht nur in volkstümlich-oralen Genres, wie Liedern und Erzählungen, manifestierte, sondern auch und gerade in Autoren und Gattungen der Hochkultur, wie im Roman und im Theater. Zur Dialektik von Hoch- und Volkskultur kommt dabei ein durchaus politisches Element. Im Oeuvre bekannter Autoren, z.B. Lope de Vega (1562-1635) (T3) und Calderón (1600-1681), bieten Angehörige des *pueblo* arroganten *hidalgos* und Offizieren zuweilen couragiert die Stirn. Wenngleich die konservativ-aristokratische Haltung, nicht zuletzt eines Lope de Vega, den Auschlag gibt: Der von einem adligen Tyrannen seiner Verlobten beraubte »Dörfler« Sancho betont gegenüber dem König, den er um Hilfe bittet, gleichfalls seine adlige Abstammung; auch die schließliche Bestrafung des Tyrannen durch die direkte Intervention des

Monarchen muß als Wiederherstellung der alten Ordnung und als Plädoyer für ein (Lopes) monarchistisches Weltbild verstanden werden. Diese u.a. mit dem Ehrbegriff (T4) in Verbindung stehende Haltung bezeichnet Bennassar dennoch als »revolutionär« - trotz aller zeithistorischen Implikationen, wie der grundsätzlichen Akzeptanz von Klerus und Monarchie.[32] Bevor schließlich eine weitere Eigentümlichkeit der spanischen Literatur dokumentiert wird, nämlich die nahezu vollständige Verdrängung der Sinnlichkeit, (T8), die in Rojas *Celestina* (T9) als typisch spanischer »Liebeskrieg« (Brenan) noch existierte (wenngleich sich im tragischen Ende der erotischen Passionen von Calisto und Melibea das rigide *Über-Ich* bereits andeutet), werden zwei Personen bzw. Werke vorgestellt, deren real-fiktive Existenz den Spanieninterpretationen des Goldenen Zeitalters literarische Denkmäler setzte: Quevedos (T5) *Buscón* und Cervantes' (1547-1616) Don Quijote (T6/7). Insbesondere letzterer diente zwar ganzen Generationen des *Anderen Spanien* als unerschöpfliches Argumentationsreservoir (nicht minder übrigens den romantischen Projektionen ausländischer Spanien-Schwärmer); wie u.a. Antonio Machado bemerkte (vgl. Kap. XI), sind allerdings auch moderne Lesarten des Quijote möglich - und nötig. Nach der »Explosion« des Goldenen Zeitalters versank der spanische Roman indessen für ca. anderthalb Jahrhunderte in einer tiefen Lethargie. Manfred Tietz erklärt diesen Vorgang als Folge einer unterbrochenen Säkularisierung und einer erneuten »Retheologisierung«: Als Zielscheibe klerikaler Attacken verlagerten potentielle Romanautoren des späten 17. und 18. Jahrhunderts ihr literarisches Schaffen auf Lyrik und Theater.[33]

Kapitel IV

Auf das intensive *Allegro* des Goldenen Zeitalters folgte ab Mitte des 17. Jahrhunderts, um die Bolero-Metapher Goytisolos zu paraphrasieren, nunmehr ein langes, lediglich von kurzen Intervallen schnellerer Takte durchmischtes *Adagio*. Die in Kapitel IV versammelten Texte lassen nur diesen Schluß zu: Die Hypothek der Vergangenheit hatte aus Spanien, wie später

32 Dagegen erklärt Salomón dem »populären« Charakter solcher Werke primär politisch-ökonomisch: In der zweiten Hälfte des XVI. Jahrhunderts hätten die Bauern mit ihren hohen Steuerleistungen die wichtigste Stütze des Staates dargestellt; dies sei der entscheidende Grund für ihre relativ positive Darstellung im Theater und in politischen Texten der Zeit gewesen. (Vgl. Noel Salomón: *Lo villano en el teatro del Siglo de Oro*, Madrid 1985).

33 Vgl. Hans Hinterhäuser: *Ein spanischer Roman an der Schwelle zur Neuzeit: »El Valdemaro« von V. Martínez Colomer* (1792), in: Siegfried Jüttner, a.a.O., S. 96.

Joaquín Costa (1846-1911) schrieb, einen »mittelalterlichen Volksstamm in fossilem Zustand«[34] gemacht, intellektuell dominierte, von einigen Ausnahmen abgesehen, *Fin de siecle*-Stimmung. Die grotesken Strukturen der Gesellschaft, wie sie Galeano für das 15. und 16. Jahrhundert beschrieb, waren auch im 17. und frühen 18. Jahrhundert noch weitgehend intakt. Daran änderten, wie Williams (T1) zeigt, auch die insgesamt moderaten Reformen Karl III. nur wenig. Schließlich lassen sich die Bourbonen, die die Habsburger nach dem sogenannten Erbfolgekrieg 1713 definitiv vom spanischen Thron verdrängt hatten, nur sehr eingeschränkt als Avantgarde der bürgerlichen Revolution verstehen. Der aufklärerische Impetus im »Jahrhundert des Lichtes«, dessen dunklen Schatten Goyas (1746-1828) *Caprichos* Gestalt gaben, erschien auch dem im Grunde hispanophilen Lion Feuchtwanger »auf tragisch-lächerliche Weise erstarrt«.[35] Gleichwohl finden sich in seinem Goya-Roman zahlreiche Passagen, die der *intrahistoria* (Unamuno) des *pueblo* Respekt und Faszination entgegenbringen (vgl. Kap. V). Spätestens mit dem eilig errichteten *cordon sanitaire*, mit dem sich das revolutionsgeschockte Spanien gegen die ideologisch-politischen Konterbande der Französischen Revolution zu schützen suchte, wurde allenthalben sichtbar, daß die königlichen Reformen das *Ancien Régime* nur partiell verändert hatten. Die politischen Wirren des beginnenden 19. Jahrhunderts (T2), die mit dem Terminus »Instabilität« noch beschönigend umschrieben sind, stehen damit im Zusammenhang. Stabilität, verstanden als relativ lebendige Tradition der Geschichte, schien einzig das *pueblo* zu garantieren, das sich der napoleonischen Invasion des Jahres 1808, von den Franzosen gewissermaßen als militärischer Spaziergang geplant, mit verblüffender Spontaneität und Zähigkeit (allerdings ohne klare politische Perspektive) entgegenstellte. Die eher liberalen Kräfte, die sich 1812 in den *Cortes de Cádiz* versammelten und dem politischen Vokabular des Westens einen neuen Begriff (»Liberalismus«) bescherten, hatten ihre politische Debilität allerdings noch immer nicht überwunden und waren im *pueblo* als »Französlinge« (afrancesados) verschrien. Daran änderte auch die sogenannte »desamortización« nur wenig. Der öffentliche Verkauf ungenutzter Kirchen- und Gemeindeländereien, mit dem die schwache Bourgeoisie für den Kampf gegen den rural- und regionalorientierten Karlismus gewonnen

34 Zitiert nach: Manuel Tuñón de Lara: *Medio siglo de cultura española 1885-1936*, Barcelona: Bruguera 1982, S. 185

35 Lion Feuchtwanger: *Goya oder Der arge Weg der Erkenntnis*, Berlin/Weimar 1975, S. 5

werden sollte, machte die leeren Staatskassen zwar liquide, trug aber zugleich erheblich dazu bei, den südlichen Latifundismus zu stärken, da vor allem die dortigen *señoritos* das nötige Geld besaßen, um die disponiblen Ländereien zu erwerben. Dagegen wurde die (unterlassene) Landreform für die Masse der hungernden Landarbeiter zur schlichten Überlebensfrage, vor allem dann, als die Kurve des Bevölkerungswachstums in der Jahrhundertmitte drastisch nach oben ging. Diese »ziemlich konfuse Geschichte« (Marx) des 19. Jahrhunderts fand bei einigen (wenigen) Beobachtern im Ausland dennoch lebhaftes Interesse. So beschreibt Marx (T3), am Beispiel der napoleonischen Invasion von 1808 das prekäre Verhältnis von Traditionalismus und modernen Ideen, das sich im 19. Jahrhundert dramatisch zuspitzte. Wie einige Formulierungen erkennen lassen, waren die Spanien-Interpretationen des deutschen Philosophen allerdings keineswegs frei von völkerpsychologischen Klischees: Sein Fortschrittsbegriff warf trotz zutreffender Analysen einen allzu düsteren Schatten auf die spanischen Verhältnisse.

Erlebte der Dauerkonflikt zwischen Fortschritt und Tradition im Kampf gegen die französischen Invasoren eine neue Bedeutung, so brachten sich auch die zentrifugalen Kräfte in Erinnerung. Obgleich Basken und Katalanen ihre historischen Prärogative *de jure* bis in die siebziger Jahre verloren hatten, begann nunmehr ein moderner Regionalismus den kastilischen Absolutismus von der Peripherie her zu attackieren. Während sich die Unterschiede zwischen Zentrum und Peripherie (den beiden »Avantgarderegionen« Katalonien und Baskenland) vor allem ökonomisch manifestierten, pointiert der Pyrenäenreisende Tucholsky (T4) mit ironischem Unterton die Genealogie des »baskischen Asterix«, dessen kulturhistorischer Eigensinn bis in die Gegenwart - *mutatis mutandis* - virulent geblieben ist. In gewisser Weise aktuell ist auch der spanische Militarismus (T5), der sich, mit teils liberaler, teils konservativer Couleur, im 19. Jahrhundert anschickte, »die politischen Probleme zu lösen, wo die zivilen und konstitutionellen Autoritäten versagten« (Konetzke) und, wie der Romancier Benito Pérez Galdós (1843-1920) in seinem Roman *Tormento* sarkastisch bemerkte, mit der Vokabel »pronunciamiento« (Staatsreich) das militärische Begriffreservoir um »eine rein spanische Variante« bereicherte.[36] Angesichts der politischen Tragikkomödien der sogenannten *Restauración* (ab 1874), als sich »Liberale« und »Konservative« in monotoner Dauerrotation die staatlichen Pfründe

36 Vgl. Benito Pérez Galdós: *Tormento*, Madrid: Alianza Editorial 1982, S. 49

teilten und der Wahlbetrug groteskeste Dimensionen erreichte (T6), sahen sich die Militärs in ihrer »regulativen Funktion« mehr als bestätigt. Dennoch begann sich im letzten Drittel des vergangenen Jahrhunderts eine Bewegung zu formieren, die dem offiziellen Spanien zunehmend Paroli bot. Außer den Sozialisten, die ihre Hochburgen in Madrid und den asturischen Minen besaßen, waren dies vor allem die Anarchisten, die, so Enzensberger (T7), Spanien zum einzigen Land der Welt machen sollten, »in dem die revolutionären Theorien Bakunins zur materiellen Gewalt geworden sind«.

Kapitel V

Wie vor allem das literarische Oeuvre von Pérez Galdós demonstriert, verhielten sich die spanischen Künstler und Intellektuellen gegenüber dem lamentablen Zustand ihres Landes durchaus nicht gleichgültig. Bereits lange vor diesem hatten u.a. Feijoo (1676-1764) (T1), Jovellanos (1744-1811) (T2) sowie später Mariano José de Larra für eine »neue spanische Literatur« (T3) und damit zugleich für eine neue Gesellschaft plädiert. Larras Forderung: »Freiheit in der Literatur, wie in den Künsten, wie im Gewerbe, wie im Handel, wie im Gewissen« verstand Fortschritt und nationale Idiosynkrasien nicht *a priori* als Widerspruch. In der Volkskultur war diese »Innovation« schon mehr als ein halbes Jahrhundert zuvor erfolgt, wenn auch anders, als sich der liberal gesonnene Larra wohl wünschte. Als kulturelle Gegenbewegung zur »ausländischen« Modernisierung (T4) seitens der Monarchie und einer dünnen Intellektuellenschicht, erlebten Stierkampf, Flamenco sowie die *maja*- und *majo*-Kultur (T5) eine ungeahnte Blüte. Erneut erwies sich das *pueblo* als vitaler Protagonist. In Feuchtwangers *Goya*-Roman wird deutlich, wie diese »Kultur der Nicht-Elite« (Burke) abermals die Hochkultur durchsetzte: Goyas *maja* war bekanntlich die Herzogin von Alba. Obgleich gerade Goya den »subalternen Klassen« (Gramsci) und ihrer Kultur entscheidende Impulse verdankte, wie zahlreiche Gemälde und Zeichnungen von Volksfesten und aus dem Arbeitsleben illustrieren[37], scheint der Maler die eigentümliche Dialektik von Aufklärung und Tradition nie aus den Augen verloren zu haben: Das *pueblo* in Goyas *Desastres* ist Tier und Held zugleich.

Erreichte diese Dialektik bei Goya ihre radikalste Form, ohne allerdings in eine eindeutige Synthese zu münden, wurde sie in der Folgezeit (wie das

37 Vgl. Gwyn A. Williams: *Goya*, Reinbek bei Hamburg: Rowohlt 1978

Beispiel Larra zeigt: schon lange vor den (Anti)Europa-Obsessionen der *98er*) zu einer fast antagonistischen Polarisierung. So sah etwa Pérez Galdós in Europa eine Art Panazee, die »göttliche Bresche in die Zivilisation«; in seinem Roman *Doña Perfecta* (1876), aus der eher liberalen Frühphase des Autors (T6), nimmt der Konflikt zwischen dem jungen, europaorientierten Ingenieur Pepe Rey, der sich in dem kleinen Ort Orbajosa mit der Tochter von *Doña Perfecta* verheiraten möchte, und den traditionalistischen Denkweisen der Provinzbewohner ein tragisches Ende. Demgegenüber setzte Angel Ganivet (1865-1898) auf Isolation: »Noli foras ire, in interiore Hispaniae habitat veritas« (T7). Europa, bzw. das, was die jeweiligen Autoren darunter verstanden, wurde zur Scheidelinie der spanischen Intelligenz. In Miguel de Unamuno (1864-1936), dem wortgewaltigsten und zugleich kontradiktorischsten Repräsentanten der *98er Generation*, für die Spanien nach dem 1898 erfolgten Verlust der letzten überseeischen Kolonien zum »Problem« geworden war, nimmt diese Dichotomie in ein- und derselben Person die wohl extremste Gestalt an: So macht die anfängliche Europabegeisterung des Basken schließlich der Auffassung Platz, Europa müsse sich seinerseits »hispanisieren«; in den unteren Volksschichten Kastiliens und seiner Landschaft (T8) findet Unamuno jenen *casticismo*, den er Europa gegenüberstellt. Briesemeister (T9) stellt die diesbezügliche Ideenpalette der *98er*, vor allem am Beispiel der zuletzt zitierten Autoren, in ihren historisch-kulturellen Gesamtkontext. Außer Antonio Machado war es vor allem der ästhetische Innovator Ramón del Valle-Inclán (1866-1936), der die ideologischen Grenzen der Mehrheits-*98er* überwand. Er sah in seinem Land »eine groteske Deformation der europäischen Zivilisation«, weshalb nur eine »systematisch deformierte Ästhetik« (el esperpento) dieser Realität gerecht werden könne (T10). Jenseits der Europa-Kontroverse besaß das »Problema España«, so, wie die Mehrheit der *98er* es interpretierte, zugleich eine eher binnenkulturelle Dimension, die sich vor allem in deren Angst vor einer »Rebellion der Massen« artikulierte, wie der gleichnamige Titel des Buches von Ortega y Gasset (1882-1955), einem der führenden Epigonen der *98er*, programmatisch verkündete: »Es gibt keine Protagonisten mehr, nur noch Chöre«[38] - dieser Status quo-Bilanz stellte Ortega eine »radikal aristokratische Interpretation der Geschichte«[39] entgegen, die in einer neuen/alten »Elitetheorie« kulmi-

38 José Ortega y Gasset: *La rebelión de las masas*, Madrid: Espasa-Calpe 1984, S. 67

39 Ebd., S. 73

nierte. Wenn man Ortegas Beschreibung der negativen Aspekte der »Massenkultur« partiell auch zustimmen mag, nähern sich seine Ursachen- und Lösungsansätze, sofern diese überhaupt klar erkennbar sind, indessen solchen Positionen, die aus demokratisch-sozialer Perspektive völlig inakzeptabel sind. Auch der »philosophischen Praxis« der 1876 gegründeten *Institución Libre de Enseñanza*, deren Vertreter mit Hilfe einer Art Nationalpädagogik die versteinerten Strukturen gewissermaßen vom Überbau her verändern wollten, waren neben verdienstvollen kulturell-edukativen Impulsen ähnliche Ambivalenzen eigen. Wie Krauss betont, wollten diese den »kulturlosen Zustand« des *pueblo* primär durch eine paternalistische Kulturverabreichung verbessern und setzten auf Elitebildung.[40] Zahlreiche Exponenten der *98er* und ihre Epigonen gerieten folglich in gefährliche Nähe zur Falange (T11). Die eigene Klassenlage und weitgehendes Unverständnis der sozialen und politischen Dimension der »Massenrebellion« machten sie blind oder anfällig gegenüber autoritären Entwicklungen, die ihrem liberalen Credo eigentlich zutiefst widersprachen. Die »Republik der Intellektuellen«, die 1931 die marode Bourbonenmonarchie ersetzte, attackierte daher mit Kirche und Militär eher »das rote Tuch als den Stier« (Galdós). Obgleich diese »Faktischen Mächte«, wie auch Albertis Erinnerungen an seine Jugend unter dem Katholizismus veranschaulichen (T12), eine verhängnisvolle Rolle spielten, wurden die sozialen Reformen, allen voran eine Landreform, *de facto* jedoch hintangestellt. So konnten die *latifundistas* des andalusischen Südens den hungernden Landarbeitern zynisch entgegnen: »Eßt Republik!« [41]

Kapitel VI

Aus den zwei Spanien, einem konservativ-klerikalen und einem eher fortschrittlich-liberalen, die sich im Sommer 1936 nun auch militärisch gegenüberstanden, wurden rasch mehrere. Während die Franco-Armeen mit italienisch-deutscher Hilfe ihren »Kreuzzug« (Cruzada) begannen und zahlreiche europäische Länder im Londoner »Nichteinmischungsausschuß« die Farce der »Nicht-Intervention« inszenierten (T1), ging das *pueblo* einmal mehr in die Offensive. Die soziale Revolution, die weite Teile der republikanischen Zone erfaßte, polarisierte allerdings auch die Franco-Gegner. Im

40 Werner Krauss, a.a.0., S. 19f.

41 Zitiert nach: Ramón Tamames: *Una idea de España. Ayer, hoy y mañana*, Barcelona: Plaza y Janés 1985, S. 184

Kern ging es damals um die Frage, die bis heute die Historiker entzweit, ob Revolution und Krieg unter den obwaltenden Bedingungen, innen- wie außenpolitischer Natur, zu vereinbaren seien. Am Beispiel der »organisierten Antidisziplin« der anarchistischen Kolonnen bejaht Orwell (T2) diese Frage und schreibt an anderer Stelle seiner Bürgerkriegserinnerungen: »Vielleicht war die Losung ... 'Krieg und Revolution sind untrennbar' weniger visonär als es klang.«[42] Bevor in diesem Kapitel die kulturellen Aspekte des Bürgerkrieges vorgestellt werden, erinnert der Text von Bernecker (T3) daran, daß die libertären Utopien des spanischen Anarchismus in ihrer konkreten Realisierungsform ein bislang einmaliges Experiment darstellen, dessen *output*, trotz aller Kritik, kaum als quijotteske Vision abgetan werden kann.

Wie sehr dieser »Krieg des Lichts gegen die Finsternis« (Stephan Spender) die spanischen und internationalen Künstler und Intellektuellen tangierte, illustrieren die folgenden Texte. Bei Machado (T4) wird die *cultura popular* nicht nur von ihren folkloristisch-verharmlosenden Konnotationen befreit, ihre jahrhundertealten Traditionen erhalten nunmehr einen neuen, zeithistorischen Impetus, der, wenngleich in veränderter Form, auch bei jenem Werk in Erscheinung tritt, das wie kaum ein anderes den Bürgerkrieg symbolisierte: Picassos (1881-1973) *Guernica*, dessen Wirkungsmacht von Berger (T5) hellsichtig beschrieben wird. Die Bedeutung von *literature engagé*, eines Begriffs, der einigen Spielarten postmoderner Literaturtheorie inzwischen als völlig überholt erscheint[43], resümiert Benson (T6) am Beispiel einiger Romanschriftsteller, die, wie Regler, Koestler, Brecht und die Brüder Mann, teils persönlich involviert, teils aus dem Exil, für die Republik Partei ergriffen, wenn auch in bestimmten Fällen allzu wörtlich.[44] Die komplexen politischen Frontverläufe, die zu einem »Bürgerkrieg im Bürgerkrieg« führten und vor allem Anarchisten und Kommunisten zu unversöhnlichen Gegnern machten, fanden auch ihr kulturelles Echo. Die *Appeasement*-Positionen vieler Intellektueller, bilanziert schließlich Pérez-Ramos (T7), erwiesen sich trotz ihres Antifaschismus zuweilen

---

42 George Orwell: *Mein Katalonien. Bericht über den Spanischen Bürgerkrieg*, Zürich: Diogenes 1975, S. 89

43 Vgl. meinen Aufsatz: *Titel, Thesen, Theoriennotstand. Zur Konjunktur der Kultur in neueren Publikationen*, in: *Neue Politische Literatur*, Nr. 2 (1989), S. 291-310

44 So war z.B. Anna Seghers vor parteipolitischer Blindheit nicht gefeit, wie ihre Rede auf dem Antifaschistischen Schriftstellerkongreß 1937 illustriert; vgl. Anna Seghers: *Zum Schriftstellerkongreß in Madrid*, in: Frank Wegner: *»... der Kurs auf Realität«. Das epische Werk von Anna Seghers 1935-1943*, Berlin: Akademieverlag 1978, S. 296ff.

als objektiv antirevolutionär. Damalige und spätere Kontroversen, vom »Fall Gide« über Koestler bis zu Regler, Autoren, die den stalinistischen Direktiven widersprachen und noch 50 Jahre später zu erbitterten Polemiken führten (vgl. Kap. IX), haben u.a. hier ihre Ursachen.

Kapitel VII

Die zwei Spanien von einst, leitet der *Caudillo* des »Neuen Spanien« - »una, grande, libre« - das nächste Kapitel ein (T1), existierten jetzt nicht mehr. Die Träume der Vergangenheit würden nunmehr baldige Realität, die Zukunft des Landes sei »irreversibel von Größe, Gerechtigkeit und Freiheit« bestimmt. Der hohle *grandeza*-Pathos hatte es zunächst relativ leicht: ca. 90 Prozent[45] des ehemaligen »Anti-Spanien«, mehr oder weniger kritische Künstler, Schriftsteller und Intellektuelle, waren - nebst vielen Namenlosen - im Exil, im Gefängnis oder tot, der Kalte Krieg und die Ende der vierziger Jahre einsetzende Dollarhilfe machten die Diktatur stabil. Spanien, so Briesemeister, mauserte sich »vom Boykottierten zum Alliierten« (vgl. Kap. XII). Das monolitisch wirkende Regime, dessen *Caudillo* es verstanden hatte, den Nazi-Jargon der Anfangsjahre auf die antikommunistischen Erfordernisse nach '45 zu reduzieren, war in Wirklichkeit ein relativ »pluralistisches« System (»Elitepluralismus«), dessen divergierende Interessen Franco geschickt-lavierend ausbalancierte (T2). Diese eher akademisch anmutende Klassifikation sollte sich, was die weitere Entwicklung betraf, gleichwohl als äußerst nützlich erweisen. Für die Mehrheit der spanischen Bevölkerung standen zunächst jedoch andere Fragen im Vordergrund. In den Schwarzen Jahren der sogenannten Autarkie ging es für viele um die nackte Existenz. Brenan (T3), der nach langer Abwesenheit seiner ehemaligen (und zukünftigen) Wahlheimat einen ersten Besuch abstattete, zeichnete ein deprimierendes Bild. »Miseria« ist ein Schlüsselwort in *The face of Spain* des englischen Hispanisten, politisch herrschte Friedhofsruhe.

Politischer Widerstand begann sich dennoch zu formieren, neben vielen Namenlosen (vgl. z.B. *Der Pianist* von Manuel Vázquez Montalbán), Anarchisten und Sozialisten vor allem seitens der neuentstandenen *Comisiones Obreras* (CCOO), einer ratsähnlichen Gewerkschaftsorganisation, und dem illegal agierenden PCE; gefährden konnte die wachsende Opposition das System freilich nicht, schon allein deshalb, weil die politische Optik vieler

45 Vgl. Carlos Blanco Aguinaga u.a.: *Historia social de la Literatura española (en Lengua castellana)*, Band III, Madrid 1979, S. 122

Franco-Gegner, primär die des PCE, eher von Wunschdenken als von kritischer Analyse geprägt war. Die Folgen, auch für die eigenen Reihen, beschreibt Semprún (T4) am Beispiel des Kommunisten Julián Grimau, dessen Ermordung durch die Franco-Polizei vom spanischen Verfassungsgericht erst kürzlich teillegitimiert worden ist.[46] Mit dem *Stabilisierungsplan* von 1959 kann das Regime seinen ökonomischen Bankrott zwar abwenden und sich an die Spitze jener Dutzend Länder modernisieren, die im ökonomischen *ranking* ganz oben stehen. Der Preis, wie Bernecker zeigt (T5), ist volkswirtschaftlich allerdings sehr hoch, und das »spanische Wirtschaftswunder« kommt bei weitem nicht allen zugute. Die ökonomischen und gesellschaftlichen Veränderungen, die der Kurswechsel in der Wirtschaftspolitik längerfristig bewirkte, sind gleichwohl erheblich. So spielte die demokratische Opposition, was ihren realen Einfluß angeht, zwar keine pure Statisten-, allerdings auch keine Protagonistenrolle (T6) - ein für die Entwicklung nach Francos Tod entscheidender Aspekt.

Kapitel VIII

Kulturell verlief die Entwicklung von '39 bis '75 natürlich im Zeichen der politischen Verhältnisse, wenn auch keineswegs immer dem ABC des Basis-Überbau-Schemas entsprechend. In vielen Fällen erwiesen sich Schriftsteller, Filmemacher und Intellektuelle zwar als hellsichtige, mythenzerstörende Auguren, nicht zuletzt mit Blick auf die von Semprún beschriebenen Realitätsverluste der Linken, ihr Rezeptions- und Wirkungsradius blieb - von Ausnahmen abgesehen, wie der mit exponierten Dichtern kooperierenden Liederbewegung der *Nueva Canción* - allerdings begrenzt. Die franquistische Phraseologie (T1) und die verhängte Informationsquarantäne (T2) verfehlten ihre Wirkung nicht. Zwischen Celas Roman *Der Bienenkorb* (T3), in dem sich Trostlosigkeit, Banalität und Sinnlosigkeit des Madrider Kleinbürgerlebens in den vierziger Jahren spiegeln (in der hier zitierten Passage karikiert Cela die eskapistische Literatur) und Goytisolos *Identitätszeichen* (T4) liegen zwar über zwei Jahrzehnte; trotzdem sieht der letztgenannte Autor noch immer »ein finsteres und schlaftrunkenes Land...«, das mit - bescheidenen - Konsumangeboten (T5) ruhig gehalten werden soll. In diesem Kontext hatte der *Realismo Social* in der Literatur, wie Goytisolo argumentiert (T6), zunächst eine wichtige Funktion als Gegenin-

46 Vgl. Manuel Vázquez Montalbán: *Grimau*, in: *El País*, 28.1.1990

formation, die allerdings in dem Maße ihre anfängliche Kraft verlor, wie die gesellschaftliche Entwicklung neue Fakten schuf. Nunmehr, folgert der Autor (allzu?) apodiktisch, besitze allein noch die Sprache subversive Kraft. Dieser Prozeß, die Notwendigkeit einer innovativen Ästhetik anzuerkennen und sich damit zugleich von politischen Stereotypen zu trennen, der in den sechziger Jahren zu einer Art literatursoziologischer »Währungsreform« führte, war naturgemäß schmerzhaft und wurde nicht von allen Autoren nachvollzogen. Mit Juan Marsés *Ultimas tardes con Teresa* (T7) entstand nun ein Schlüsselroman jener Jahre, der thematisch wie ästhetisch zahlreiche Mythen der zurückliegenden Jahrzehnte, vor allem das optimistische Vertrauen in die Arbeiterklasse, mit der Schärfe Valle-Incláns karikiert und damit zugleich eine direkte Attacke auf den *Realismo Social* darstellt.

Der folgende Text thematisiert ein Kapitel der kulturellen Nachkriegsgeschichte, das noch zahlreiche Desiderate aufweist - sowohl in der wissenschaftlichen Forschung als auch im kulturellen Leben der Nach-Franco-Ära: Das an Stereotypen und kulturhistorischer Rhetorik überaus reiche spanische Lateinamerikabild in Historiographie, Literatur und in den kulturellen Beziehungen auf institutioneller Ebene. Ob sich das Lateinamerikabild der spanischen Intellektuellen, die 1939 nach Amerika emigrierten (vor allem nach Mexiko), tatsächlich *grundlegend* von demjenigen der franquistischen Hispanitätsideologie unterscheidet, wie zahlreiche Autoren behaupten, wird die weitere Forschung zu klären haben.[47]

Mit den bereits zitierten Liedermachern (*cantautores*) formiert sich Anfang der sechziger Jahre, als *Nova Canço* zuerst in Katalonien, später auch in anderen Regionen, schließlich eine politisch-kulturelle Bewegung, deren halblegale Konzerte ein großes Publikum erreichen und die mit dem Katalanen Lluis Llach einen ihrer wichtigsten Vertreter hervorbringt. *Der Pfahl* (T9), ein Lied von 1968, wurde zu einer Art Nationalhymne der antifranquistischen Opposition. Zwischen 1975 und 1977, den Jahren der politischen Euphorie, erlebte die Bewegung ihren Höhepunkt. Wie ein anderer Text von Llach im übernächsten Kapitel zeigt, machte das politische Pathos jener Jahre aber schon bald realpolitischer Ernüchterung Platz.

---

47 Der Herausgeber der vorliegenden Anthologie führt zu diesem Thema ein von der DFG und der Gesamthochschule Kassel unterstütztes Forschungsprojekt durch.

Kapitel IX

Der Begriff *desencanto*, auf deutsch etwa: Ernüchterung, Enttäuschung, nimmt in den folgenden Texten, explizit wie implizit, eine prominente Stellung ein. Im Unterschied zu anderen Begriffen, die, wie etwa Galdós am Beispiel des Wortes *pronunciamiento* zeigte, das internationale Begriffsarsenal bereicherten, blieb dem Terminus *desencanto* eine solche Karriere bislang versagt - vielleicht deshalb, weil Spanien, was seine früheren Idiosynkrasien betrifft, längst nicht mehr *anders* ist und ähnliche Stimmungen auch diesseits der Pyrenäen das politische Bild bestimmen, wo die intellektuellen Souffleure der *Postmoderne* das »Ende der Geschichte« und damit das Ende jedweder Utopie für ausgemacht halten.[48] Im Kern geht es bei den hier zitierten Autoren/innen um die Frage, ob der Demokratisierungsprozeß, der im November 1975 mit Francos Tod seinen institutionellen Anfang nahm, nur *so* verlaufen konnte, wie er als »sanftes Harakiri« von Volker Mauersberger in der *ZEIT* noch vor kurzem als Modell für den politischen Wandel in Osteuropa bezeichnet wurde[49], oder ob Alternativen möglich gewesen wären, die aus dem »paktierten Bruch« einen echten Neuanfang gemacht hätten, den sich Mauersberger wohl auch für Osteuropa wünscht. Mittlerweise scheint zumindest festzustehen, daß dieses neue Spanien, das, wie Rossanda melancholisch schrieb (T1), »bereits weise und vermittlerisch auf die Welt (kam)«, für seine offensichtlich übersprungene »Adoleszenz« einen hohen Preis zu zahlen hatte. So sind, wie ein Teil der folgenden Texte zeigt, noch immer zahlreiche Probleme virulent, deren Lösung, trotz der längst installierten *autonomías*, noch lange dauern dürfte. Zur Gewaltspirale im Baskenland, die sich, so Enzensberger (T2), mittlerweile weitgehend verselbständigt hat, kam die unselige *pronunciamiento*-Tradition, der 1981 das bislang letzte Kapitel hinzugefügt wurde. Der Text von Fernando Savater (T3) verdeutlicht den Zorn, aber auch die Hilflosigkeit, mit der ein Teil der kritischen Öffentlichkeit Spaniens auf den Putschversuch reagierte. Das NATO-Referendum von 1986 (T4), das die regierenden Sozialisten nach zahlreichen Argumentationspiruetten - so konvertierten sie von Gegnern zu Befürwortern des Beitritts - schließlich gewannen, markiert unabhängig vom Ergebnis allerdings

48 Vgl. meinen Aufsatz (Anm. 43)

49 Vgl. V.M.: »*Das sanfte Harakiri. Ein Modell für die Reformen im Osten: Wie Spanien den gefahrvollen Übergang von vierzigjähriger Diktatur zur Demokratie bewältigte*«, in: *DIE ZEIT*, Nr. 52 (22.12.1989)

auch ein europäisches Novum: Immerhin ist Spanien bislang das einzige Land, in dem die Bürger überhaupt zu diesem Thema befragt wurden.

Die weiteren Texte beschreiben die Konsequenzen, die der 1986 erfolgte Beitritt zur EG mit sich brachte (T5), schildern Erfolge und Schwierigkeiten der spanischen Frauen(bewegung) (T6) und lenken die Aufmerksamkeit auf ein gravierendes soziales Problem mit langer Geschichte, das im Kontext der zitierten Wirtschaftspolitik und eines »Konsumrausches«, von dem Teile der Bevölkerung seit einiger Zeit befallen sind[50], nachgerade beschämend wirkt: Die soziale Misere in bestimmten Zonen Andalusiens. Im Text der Schriftstellerin Rosa Monteros (T7) wird zugleich der Widerstand eines Dorfes beschrieben, in dem die sozialen Utopien des andalusischen Anarchismus der Vorbürgerkriegszeit, wenn auch nur in einem Mikrokosmos, fortzudauern scheinen.

Auch der letzte Teil der Kapiteltexte thematisiert markante Aspekte des gesellschaftlichen Lebens, die mit bestimmten historischen Traditionen und Hypotheken zu tun haben: Die Rolle des spanischen Klerus (T8) und die Bedeutung des Spanischen Bürgerkrieges, dessen Beginn sich 1986 zum fünfzigsten Mal jährte. Die Prognose des Schriftstellers Manuel Vázquez Montalbán (T9), die »unheilige Allianz von Ignoranten, Verschreckten und Pragmatikern verspricht ein etwas lahmes und eher am Rande dargebotenes Geburtstagsständchen zu bringen«, erwies sich im Rückblick als zutreffend, teilweise auch für die Bundesrepublik.[51] Von Ausnahmen abgesehen, wie dem Intellektuellenkongreß in Valencia, der 1987 an den 50 Jahre zuvor organisierten Antifaschistischen Schriftstellerkongreß in derselben Stadt anzuknüpfen suchte und nicht weniger ambivalent verlief als sein historisches *Gegenbild*, vertagte »das kurze Gedächtnis« (Haubrich) von Politikern und offensichtlich weiten Kreisen der Gesellschaft den »spanischen Historikerstreit« auf unbestimmte Zeit. Das Gesamtresümee von Bernecker (T10) situiert die gesellschaftspolitische Entwicklung der letzten Jahre schließlich in einen größeren Kontext und zieht eine insgesamt positive Bilanz. Ob diese vor dem Hintergrund zahlreicher »Kontinuitätssyndrome«, Korruptionsskandale und einer neoliberalen Wirtschaftspolitik, von der erhebliche Teile der Gesellschaft nur sehr eingeschränkt profitier(t)en, nicht allzu po-

50 Vgl. *Der Spiegel*, Nr. 2 v. 8.1.1990, S. 136f.

51 Vgl. meinen Aufsatz: »*Zwischen Wochenschauniveau und solider Historiographie: Der Spanische Bürgerkrieg aus bundesdeutscher Mediensicht*«, in: Dietrich Briesemeister (Hrsg.): *Alemania y España*, *Hispanorama*-Sonderdruck Nr. 50 (Oktober 88), S. 24ff.

sitiv ausfällt, wird sich spätestens dann erweisen, wenn die »Boomphase« ihr Ende erreichen sollte. An entsprechenden Indikatoren mangelte es im Laufe der letzten Monate jedenfalls nicht.

Kapitel X

Angesichts der zitierten Probleme nimmt es nicht wunder, wie die Texte des folgenden Kulturkapitels zeigen, wenn zahlreiche Künstler und Intellektuelle schon früh mit Lluis Llach der Meinung waren: »Das war es nicht, Gefährten, das nicht, wofür so viele Blumen starben ...«[52] Denoch hängten viele *cantautores* ihre Gitarren schon bald an den Nagel. Ihre kritischen Stimmen waren, trotz gewachsener Qualität des ästhetisch-musikalischen Arrangements, nicht mehr besonders gefragt.[53] Dagegen erfuhr die Kulturpolitik mit dem Wahlsieg der Sozialisten (1982) einen kometenhaften Aufstieg, zumindest was ihren finanziellen Unterbau betrifft und wurde von 1988 bis 1991 mit dem international renommierten Romancier und Filmautor Jorge Semprún auch medienwirksam repräsentiert. Ihr häufig pompös-elitärer Charakter als Festival- und Zerstreuungskultur rief allerdings auch Kritiker auf den Plan, die, wie Juan Goytisolo (T2), das Fehlen einer »authentischen« kulturellen Alternative beklagten. Die »Hausse des Kulturellen« (Haug) hängt dabei u.a. mit den veränderten Strukturen der Kulturindustrie zusammen, deren rasanter Transnationalisierungsschub, insbesondere nordamerikanischer Provenienz[54], einer Dekulturation, in deren Folge die genuin spanischen Kulturtraditionen vielleicht bald nur noch als dekorative und tourismusfördernde Folklore aufscheinen, bedenklich nahe kommt. In dem Romanfragment von Montalbán wird die Gefahr kultureller Überfremdung, damit der Abkoppelung der Modernisierung von der eigenen Tradition, im Gespräch zwischen dem Schuhputzer Bromuro und dem Detektivprotagonisten Carvalho auch literarisch thematisiert (T3). Dieser Prozeß tangiert zugleich den spanischen Kunstmarkt (T4), auf dem die »explosión cultural« (so der frühere Kulturminister Solana) besonders tiefe Wirkungen zeitigte: Ein wahrer Kunstmuseen-Boom, der, so könnte man meinen, New York in die Provinz bringen soll, und ein anhaltendes

---

52 Diese Formulierung entspricht übrigens der Losung einer Cortes-Rede von Ortega y Gasset von 1931 - allerdings in genauer Umkehrung jener Bedeutung, die der »massengeschockte Sonntags-Republikaner« im Sinne hatte; vgl. Werner Krauss, a.a.O., S. 91

53 Vgl. Norbert Rehrmann: *Die Liederbewegung der »Nueva Canción« in Spanien mit einer Fallstudie zu José Antontio Labordeta aus Aragón*, Kassel, Diss. 1985

54 Vgl. Enrique Bustamente/Ramón Zallo (Hrsg.): *Las indústrias culturales en España*, Madrid 1988

Vernissagenfieber, brachten spanischen Künstlern zwar wachsende Anerkennung auf internationalem Parkett, zeitigten aber auch solche Folgen, die mit Abhängigkeit, »kultureller Apartheid« der Regionen und Identitätsproblemen nur stichwortartig umschrieben sind.[55] Das Interview mit dem Filmautor Carlos Saura (T5) und der Essay des Kulturphilosophen Aranguren über die Herausforderungen, denen sich das Bildungssystem gegenüber sieht (T6), bieten Einblicke in weitere kulturelle Sektoren. In der Literatur und im Theater erlebten schließlich zahlreiche Autoren ihr spätes *come back*, die lange auf dem franquistischen Index gestanden hatten, und es kamen viele neue Talente hinzu, die, wie etwa Eduardo Mendoza, auch international reüssierten. Die Autoren entdeckten neue Themen, z.B. die eigene Region und entwickelten innovative Schreibweisen; trotz der »neuen Lust am Text« wirkt der gesellschaftspolitische Ideenhimmel zahlreicher Autoren aber ziemlich verhangen. Gleichzeitig gelangte eine erstaunliche Anzahl von Kultur-, Kunst- und Literatur-Zeitschriften auf den Markt - alles Aspekte, die den Eindruck eines buntscheckigen, vitalen Literaturbetriebs vermitteln. Wie die beiden präsentierten Texte (T7/8) deutlich machen, lassen sich die Zwischenbilanzen zwar auf keinen gemeinsamen Nenner reduzieren, eine gewisse »Gegenwartsflüchtigkeit«, z.T. gepaart mit einer Art »Vergangenheitssüchtigkeit« (vor allem was das Theater des *Siglo de Oro* betrifft) sind freilich unverkennbar: Der gesamteuropäische Trend hat die Pyrenäen wohl auch kulturell überschritten. Auch der sympathisch-idealistische Impetus des Madrider Kulturlebens, wie ihn der Schriftsteller Francisco Umbral am Beispiel des verstorbenen Bürgermeisters der Stadt, Enrique Tierno Galván - dem angeblichen »Vater« der dortigen *movida* (der Kulturschickeria) - beschreibt (T9), ist längst nicht mehr tonangebend.

Kapitel XI

Die Beiträge im nächsten Kapitel nehmen ebenso wie die im folgenden letzten, eine gewisse Sonderstellung im vorliegenden Band ein, da mit ihnen das präsentierte Themen- und Epochen-*Puzzle* nunmehr aus einer globalen Perspektive zu einer, bzw., wie die Beiträge nahelegen, zu eher mehreren »Spanien-Theorien« verdichtet werden soll. Wenn die jeweiligen Perspektiven dabei auch sehr unterschiedlich sind, so eint sie doch ein - zu-

55 Vgl. meinen Aufsatz (Anm. 6)

mindest aus bundesdeutscher Perspektive - fast schon obsessiv anmutender Rekurs auf die nationale Geschichte, was die Gültigkeit der eingangs zitierten Geschichtsuhr-Metapher von Werner Krauss erneut bestätigt. Im Unterschied zu früher, vor allem zu den Spanien-Interpretationen der mehrheitlich konservativen Vertreter der *98er Generation*, nehmen neuerdings, wie ein (sicher noch vorläufiger) Blick auf die entsprechende Positionenpalette suggeriert, zunehmend auch nicht-konservative Autoren die *España es diferente*-Sentenz auf, geben ihr aber in klarer Abgrenzung zu den Hispanitäts- und Echtheitsideologemen von früher[56] eine überwiegend moderne, fortschrittliche Wendung. Einer der wichtigsten Exponenten ist sicher der Autor der *Identitätszeichen* Juan Goytisolo, der zwar forderte, die »geliebte Kultivierung unserer Identitätszeichen« endlich aufzugeben[57], am Beispiel von Brenans »fremden Blick« aber zugleich für eine Art Dritten Weg plädiert (T1), für eine »Alternative zwischen revolutionärem Jakobinismus und wesenhaftem Echtheitspathos«, die durch die »Entwicklungswut« der sechziger Jahre allerdings auf absehbare Zeit verbaut worden sei. Im Kontext dieser Dichotomie, die bei einigen Autoren des *Fin de siecle* den Charakter eines unversöhnlichen Antagonismus angenommen hatte, scheinen »die Jakobiner« mittlerweile den Sieg davongetragen zu haben. Die Europa- und damit Modernitätselogen von Racionero (T2) spiegeln dabei das Credo großer Teile der gegenwärtigen *clase política*, wie entsprechende Stellungnahmen nahelegen, vor allem der Regierungspartei und der kulturellen Eliten. Der Text des eingangs zitierten Kulturtheoretikers Eduardo Subirats (T3) polemisiert dagegen mit guten Argumenten gegen den dominanten Modernisierungsdiskurs und stellt nicht zuletzt die Frage nach seinen sozialpolitischen Inhalten. Neben diesem Generaldiskurs koexistieren gleichwohl auch weiterhin einige Kontinuitätssyndrome, die zu dem modernen Image in offenkundigem Widerspruch stehen: So die Iberische Robinsonade (T4), die weitgehende Beziehungslosigkeit zum portugiesischen Nachbarn und das Verhältnis zu den einstigen Kolonien. Der uruguayische Schriftsteller Galeano (T5), der lange im spanischen Exil lebte, nimmt in der inzwischen voll entfachten Kontroverse über den »V. *Centenario* der Entdeckung Amerikas/Begegnung zweier Welten« (so der offizielle Titel), eine kritisch-moderate Haltung ein. Dafür gibt es gerade

56 Vgl. meinen Aufsatz: *Die panhispanistische Bewegung von 1824 bis 1936*, in: *Iberoamericana*, H. 2/3 (40/41) 1990

57 Vgl. Juan Goytisolo: *Contracorrientes*, Barcelona 1985, S. 134 ff.

auch deutscherseits gute Gründe. Denn die undifferenzierten Attacken auf Spaniens Rolle während der *conquista*, wie sie seit einiger Zeit in hiesigen Dritte-Welt-Zeitschriften verstärkt geführt werden, lenken u.a. von der historischen Tatsache ab, daß Spanien immerhin einen Las Casas hervorgebracht hat, während z.B. Kant und Hegel, aber auch Marx und Engels einem ethnozentristischen Zynismus huldigten, der das spanische Pendant noch in den Schatten stellt.[58] Ein weiteres Kontinuitätssyndrom, die lange Zeit überwiegend verdrängten islamischen Kulturtraditionen, gehört wohl mittlerweile, zumindest in der diesbezüglichen Forschung (T6), weitgehend der Vergangenheit an. Insgesamt bleibt die kritische Aneignung kulturhistorischer Idiosynkrasien, so das eher pessimistische Resümee des Kulturtheoretikers Aranguren (T7), jedoch bis auf weiteres von der Tagesordnung abgesetzt. Dabei böte die eigene Kulturgeschichte, wie u.a. der Text von Rubert de Ventós (Kap. II) illustriert, zahlreiche Anregungen, die skizzierten Schwarz-Weiß-Positionen zu überwinden. So sah Antonio Machado (T8) im Quijote jenen »exemplarischen Verrückten« (*un loco ejemplar*), der auch Europa etwas zu sagen hätte.

Kapitel XII

Von »den Schwierigkeiten der deutsch-hispanischen Kulturbegegnung« (Siebenmann) vermitteln schließlich die letzten Texte einen Eindruck. Die »Symptome der Marginalität«, die nach Siebenmann (T1) die spanische Kultur im deutschsprachigen Raum heutzutage bestimmten, sieht der Hispanist in engem Zusammenhang mit einer »kulturellen Kanonisierung«, durch deren großmaschiges Netz iberische Kulturprodukte, im Gegensatz zu anderen geographischen Kulturräumen, allzu häufig hindurchfielen. Bereits Marx, der gründliche Kenntnisse über die spanische Geschichte und Kultur besaß, hatte diesen Mißstand kritisiert (T2). Daß dem nicht immer so war, erläutert Becker-Cantarino (T3) am Beispiel des Spanien-Bildes in der deutschen Literatur des 18. Jahrhunderts: Mit Indifferenz begegneten damalige Autoren Spanien nur selten, wenn auch deren Objektivität des öfteren zu wünschen übrig ließ: Vom »grausamen« Spanien in Goethes *Egmont* (T4) bis zu Herders »Zauberland« (T5) bestimmten Klischees das deutsche Spanienbild. Nach Mitte der zwanziger Jahre sah der Autor einer spanischen Kulturgeschichte das spanische »Anders-Sein« vor allem in

58 Vgl. meinen Aufsatz: *Spanien, Europa und Lateinamerika. Zur Geschichte legendärer Kulturbeziehungen*, in: *PROKLA* 75 (Juni 1989), S. 109-131

»tiefster Blutzugehörigkeit« »der Spanier« begründet. Dem kulturhistorischen Kuriositätenkabinett der vergangenen Jahrhunderte fügt der Autor damit ein weiteres Exponat (T6) hinzu, dessen völkerpsychologische Plattheiten einen nahtlosen Übergang in die 30er Jahre markieren. Bis zum Bürgerkrieg blieb das »Land hinter den Pyrenäen« folglich überwiegend eine *terra incognita*, mit dem sich nur wenige Künstler und Intellektuelle auseinandersetzten. Nach dem Staatsstreich der Generäle 1936 wurde Spanien allerdings erneut große Aufmerksamkeit zuteil, wenn auch aus anderen Gründen. Patrik von zur Mühlen erinnert an das Engagement von Deutschen im Spanischen Bürgerkrieg und beleuchtet ein beschämendes Kapitel bundesdeutscher »Vergangenheitsbewältigung« (T7). Dazu passen die Lobeshymnen, die nach 1945 in konservativen Politiker- und Intellektuellenkreisen der Bundesrepublik angestimmt wurden. Deren Beschwörung des »Ewigen Spanien« erwies sich, wie Briesemeister (T8) offenlegt, als getreues ideologisches Echo der zur selben Zeit in Spanien kultivierten Hispanitäts-Ideen, an deren Wiege auch der deutsche Faschismus gestanden hatte.[59] Die Rezeption der spanischen Literatur, von wenigen Ausnahmen abgesehen (T9), verlief dagegen auch weiterhin recht stiefmütterlich. Erst in den letzten Jahren scheinen die literarischen Neuerscheinungen hierzulande mehr Aufmerksamkeit zu finden. Bleibt zu hoffen, daß es sich dabei nicht nur um ein Strohfeuer handelt, das durch fehlendes »Unterfutter« - vor allem durch fehlende Stellen in Schulen und Universitäten - genauso schnell wieder abbrennt, wie es entfacht wurde. Blochs luzide Interpretation des *Quijote* (T10), die sich im Prinzip mit derjenigen Machados deckt, könnte dabei *Hoffnung* stiften.

---

59 Vgl. Ovidio Gondi: *Hispanidad y nazismo*, in: *Tiempo de Historia* (Madrid) Nr. 48

Kapitel I

Spanien wird Spanien: Von der Vielfalt zur Einheit

Juan Goytisolo

Homo hispanicus: der Mythos und die Wirklichkeit

In Deutschland ist der 1931 in Barcelona geborene Autor vor allem durch seine Trilogie *Identitätszeichen, Rückforderung des Conde don Julián* und *Johann ohne Land* bekanntgeworden. Trotz seines Diktums von 1970: »In der gegenwärtigen kapitalistischen Welt gibt es keine virulenten Themen; die Sprache, und nur die Sprache, kann subversiv sein«, das gegen den weitgehend obsolet gewordenen *realismo social* der spanischen Nachkriegsliteratur gerichtet war, ist Goytisolo stets ein betont gesellschaftskritischer Autor gewesen, nicht zuletzt in seinem Essaywerk. Dem »Autor der drei Kulturen«, der abwechselnd in Marrakesch, Paris und Spanien lebt, ist zudem ein scharfsinniger »fremder Blick« eigen, der kulturelle Differenzen und Idiosynkrasien in Spanien besonders sensibel registriert. In seinen Positionen zu politisch-kulturellen Gegenwartsfragen gibt sich Goytisolo noch immer als kompromißlos-radikaler Außenseiter (im besten Sinne des Wortes) zu erkennen.

Bis vor kurzem haben fast alle unsere Historiker die Iberische Halbinsel als einen abstrakten Raum betrachtet, in dem seit den fernsten Urtagen Menschen hausten, die schon zweitausend Jahre vor der historischen Existenz Spaniens wundersamerweise »Spanier« waren: Tartessier, Iberer, Kelten, Keltiberer. Als die Phöniker, Griechen und Karthager und Römer an unseren Küsten landeten, stießen die Invasoren auf den hartnäckigen Widerstand der Ureinwohner, bevor sie sich ihrerseits hispanisierten und allmählich »Spanier« wurden. Demzufolge waren für den Historiker Menéndez Pidal auch Seneca und Martial selbstverständlich bereits »Spanier«, und Ortega y Gasset spricht vom »sevillanischen« Kaiser Trajan. Spanien hätte also wie ein Flußbett den Zulauf verschiedener Menschenströme erhalten, die Jahrhundert um Jahrhundert von den Phönikern bis zu den Westgoten das anfängliche Gewässer anschwellen ließen und bereicherten. Als diese den afrikanischen Eroberern unterliegen, bedeutet die Zerstörung ihres Reiches bereits die Zerstörung »Spaniens«. Und folglich ist die Reconquista, die im 8. Jahrhundert in den asturischen Bergen beginnt, *ab ovo* ein Widerstandskampf Spaniens ...

Seltsamerweise ist diese absurde Fiktion jahrhundertelang von den Spaniern einmütig akzeptiert worden. Während die Franzosen nach unserer Meinung in den Bewohnern des alten Gallien keineswegs ihre Nationalgenossen erblicken - außer für die Vermarktung in *Comic strips* und Zigarettenwerbung - und auch die Italiener weder Römer noch Etrusker als ihresgleichen reklamieren, ist es für die Spanier gänzlich unzweifelhaft, daß bei Sagunt und Numancia spanische Heldentaten vollbracht wurden (damals, so behauptet man, habe sich genau dasselbe ereignet wie später beim nationalen Widerstand gegen Napoleon). Eine Sache wurde da ausgefochten, die so »spanisch« war, wie Seneca als »Andalusier« und Martial als »Aragonese« galt - als ob das heutige Profil der Spanier nicht ein zivilisatorisches und kulturelles Produkt wäre, sondern eine urtümliche »Wesenheit«, die allen Bewohnern, welche nacheinander auf diesem Boden siedelten, ihren Stempel aufgedrückt hatte, allen, als ob sie schon fünfhundert Jahre vor Christi Geburt unsere Landsleute gewesen wären.

Offen gesagt: Die Suche unserer Geschichtsschreiber nach einem glorreichen historischen Stammbaum erinnert an den Eifer mancher Geschäftsleute, die auf fragwürdige Weise zu Vermögen gekommen sind und nun versuchen, mittels einer selbstgebastelten Genealogie, die bis in die Tage der Kreuzritter zurückreicht, die trübe Herkunft ihres Reichtums vergessen zu machen. Das Bestreben, unsere Abstammung zu glorifizieren, ist in der Tat nicht von dem geheimen Wunsch zu trennen, eine Schmach zu tilgen. Die spanische Kontinuität, die von den Tartessiern und Iberern bis in unsere Tage währt, erlitt nach dieser Fiktion eine unbegreifliche Unterbrechung: Als das westgotische Heer Don Rodrigos am Guadalete von den Scharen Tariks und Musas geschlagen wird, sind die arabischen Invasoren keine Spanier, und sie sind es niemals geworden, obwohl sie neun Jahrhunderte lang ständig auf der Halbinsel geblieben sind. Mit der Einnahme Granadas durch die Reyes Católicos schließt sich die lange Unterbrechung der Geschichte Spaniens: Die fast gleichzeitig erfolgte Austreibung der nichtkonvertierten Juden und die zum Heil der religiösen Einheit der Spanier vollzogene Verjagung der Morisken 1610 bedeuten nach der offiziellen Bewertung die Eliminierung zweier fremder Menschengruppen, die sich trotz des langen Zusammenlebens mit den christlichen Siegern niemals hispanisiert haben (im Gegensatz zu den Phönikern, Griechen, Karthagern, Römern und Westgoten). Der Mauren und Juden entledigt, erlangt Spanien wieder seine Identität, seine eigentliche Wesenheit und wird aufs neue Spanien ...

Diese Auslegung unserer historischen Vergangenheit entspricht beileibe nicht der Wahrheit. Wie Américo Castro beharrlich nachgewiesen hat, waren die Iberer, Kelten, Römer und Westgoten niemals Spanier, wohl aber, vom 10. Jahrhundert an, die Mohammedaner und Juden, die, eng mit den Christen zusammenlebend, die besondere spanische Zivilisation verkörpern, das Ergebnis eines dreifachen Menschenbildes: islamisch, christlich und jüdisch. Der Glanz der arabisch-cordobesischen Kultur und die Rolle, welche die Juden mit ihrem Erscheinen in den christlichen Königreichen der Halbinsel spielten, formen in entscheidender Weise die künftige Identität der Spanier und unterschieden sie radikal von den übrigen Völkern des europäischen Westens. Die sprichwörtliche religiöse Toleranz des Islams läßt eine ähnliche Toleranz in den islamfeindlichen christlichen Königreichen aufkommen, wo vom 12. bis 15. Jahrhundert Spanier aller Glaubensgemeinschaften lebten. Die kastilischen Monarchen nehmen den Lehenszins von Mauren und Juden entgegen, und die letzteren beteiligen sich wesentlich an den Kriegskosten und oft sogar, neben den Spaniern christlicher Observanz, an den Regierungsgeschäften. Die Christen ihrerseits übernehmen die mohammedanische Idee des »Heiligen Krieges« und machen sich begeistert eine Abart des jüdischen Lebensgefühls zu eigen, die Überzeugung, ein »auserwähltes Volk« zu sein: Der Herrschaftswille Kastiliens weist also von Anfang an zahlreiche semitische Züge auf. Das Zusammenleben der drei Gemeinden bedingt zugleich ihre Spezialisierung oder, wenn man so will, eine dreifache Arbeitsteilung: Die Christen widmen sich vornehmlich dem Krieg, sie bilden die Kriegerkaste; die Juden übernehmen die Funktionen intellektueller und finanzieller Art; die Morisken schließlich üben die handwerklich-mechanischen Berufe aus. Auf dem kulturellen Gebiet zeigt sich derselbe Vorgang: einer der berühmtesten Intellektuellen des 13. Jahrhunderts, der Mallorquiner Raimundus Lullus, schrieb einen großen Teil seines Werkes in arabischer Sprache, und die Kühnheit und Originalität seines Denkens offenbart den dreifachen Zusammenfluß, die dreifache Verschmelzung in einem einzigen Tiegel hebräischer, arabischer und christlicher Kultur. Darum wurde, als Fernando III. der Heilige 1252 starb, das Epitaph in vier Sprachen seinem Grabstein eingemeißelt: lateinisch, kastilisch, arabisch und hebräisch.

In: *Juan Goytisolo: Spanien und die Spanier. Frankfurt/M.: Suhrkamp 1982, S. 24ff.*

W. Montgomery Watt

Die Kulturverschmelzung im maurischen Spanien

Eine spanische Historikerschule hat hartnäckig die These vertreten, es habe zu allen - auch zu arabischen - Zeiten im nordwestlichen Spanien eine Gruppe von Christen gegeben, die sich noch aus westgotischer Zeit eine eigenständige christliche Kultur bewahrt hätten. Diese Christen hätten im Laufe der Zeit gewisse Realien und Gebräuche von den Muslimen übernommen und mit der Sache auch das arabische Wort dafür entlehnt. Das soll angeblich zur Erklärung der arabischen Elemente im spanischen Leben und der Wörter arabischer Herkunft in der spanischen Sprache genügen. Wahrscheinlich hat es jedoch niemals eine derartige christliche Enklave gegeben, die sich in strenger Abgeschlossenheit im Nordwesten Spaniens behauptete. Vielmehr wird sich nach und nach in den meisten Gebieten des islamischen Spanien eine homogene hispano-arabische Kultur herausgebildet haben, die schließlich auch den Nordwesten erfaßte und die dortige Kultur überlagerte. In den islamischen Ländern scheinen Christen wie Muslime Arabisch gekonnt zu haben; doch sprach man im täglichen Leben einen romanischen Dialekt mit teilweise arabisiertem Wortschatz. Die unter muslimischer Herrschaft lebenden Christen identifizierten sich, außer in religiösen Dingen, so stark mit der islamischen Kultur, daß man sie Mozaraber oder 'Arabisierer' nannte. An vielzitierter Stelle klagt 854 der Bischof Alvar, die jungen Männer christlichen Glaubens seien so bezaubert von der arabischen Dichtung, daß sie kein Latein mehr lernten, sondern nur noch Arabisch. Auch die Juden, deren Lage sich nach dem Einfall der Araber gebessert hatte, übernahmen die herrschende Kultur mit Ausnahme der Religion. Diese herrschende Kultur war islamisch geprägt, aber die islamischen bzw. arabischen Elemente waren mit iberischen Elementen verschmolzen. Ein sinnfälliges Beispiel hierfür ist die Übernahme des westgotischen Hufeisenbogens durch die Mauren.

Die Reconquista hat die Ausbreitung dieser hispano-arabischen Kultur in doppelter Weise gefördert. Zum einen verließen manche Mozaraber, von christlichen Fürsten gerufen, den Süden Spaniens und siedelten sich im unbewohnten, unsicheren Gebiet der Grenzmarken an, zum andern harrten viele muslimische Stadtbewohner unter christlicher Herrschaft aus, als der christliche Machtbereich allmählich auch islamische Städte erfaßte. Die

Stadt behielt ihr islamisches oder hispano-arabisches Gepräge, und es waren die neu angekommenen Eroberer, die sich anpaßten. Ein besonders gutes Beispiel ist Toledo. Die Stadt wurde 1085 von den Christen zurückerobert; erst danach spielte sie eine wichtige Rolle in der Geistesgeschichte Europas.

In: *W. Montgomery Watt: Der Einfluß des Islam auf das europäische Mittelalter. Berlin: Wagenbach 1988, S. 34*

Ernst Schulin

Zwischen Integrationszwang und Verdrängung: Die spanischen Juden im 15. und 16. Jahrhundert

Man nimmt an, daß schon sehr früh, jedenfalls seit der Zerstörung Jerusalems 70 n.Chr. jüdische Händler, Handwerker und Siedler nach Spanien einwanderten. Ihre Nachkommen gerieten dann, nach dreihundert Jahren, unter christliche Herrschaft, aber solange die Westgoten im 5. und 6. Jahrhundert arianisch blieben, also nur den Glaubensgrundsatz der Gottähnlichkeit, nicht der Göttlichkeit Jesu vertraten, war religiös und sozial ein friedliches Zusammenleben möglich. Das änderte sich nach 586 mit der Einführung des katholischen Glaubens. Verschiedene Judengesetze wurden erlassen, 616 die Ausübung der jüdischen Religion verboten. Schon hier gab es die Alternative Taufe oder Austreibung; schon hier findet man auf einer Bischofskonferenz in Toledo 633 den Grundsatz, daß Zwangstaufen zu vermeiden seien, daß aber, wer, wie auch immer, getauft sei, getauft bleibe; sogar Berufsbeschränkungen für getaufte Juden und deren Nachkommen wurden bereits damals verkündet.

Es ist unklar, wieweit es nun im 7. Jahrhundert zur Auswanderung oder zum Kryptojudentum kam. Jedenfalls änderte sich die Lage mit der arabischen Eroberung Spaniens 711. Nach dem Vorbild des Kalifats von Bagdad wurden Christen und Juden religiös geduldet. Bereits ansässige oder neu einwandernde Juden siedelten bei den arabischen Militärlagern und waren als Kaufleute, Ärzte, Berater und Gesandte im Kalifat von Córdoba und später in den einzelnen arabischen Teilreichen tätig. Das blieb im allgemeinen so über 350 Jahre. Dann kehrten sich die Verhältnisse geradezu um. Gegen die vordringende Reconquista riefen die schwachen arabischen Kleinstaaten nordafrikanische Berberstämme zu Hilfe, die Almoraviden 1086, später, 1146, die Almohaden, und lieferten sich damit dem fanatischen Bekehrungszwang dieser Stämme aus. Eine große Fluchtbewegung in die christlichen Königreiche im Norden setzte ein, denn Stadt für Stadt mußten Juden und Christen den islamischen Glauben annehmen, wenn sie dablieben und nicht getötet werden wollten. (...)

Von den Zuständen im islamischen Spanien seit dem späten 11. Jahrhundert hoben sich nun die im christlichen Spanien vorteilhaft ab. 1085 hatte Alfons VI. von Kastilien Toledo erobert und damit die erste islamische Stadt mit großer Bevölkerungszahl, vielseitigem Gewerbe und hoher Kultur, die Stadt mit der ältesten und blühendsten jüdischen Gemeinde Spaniens. Sie war ihm unversehrt in die Hand gefallen, und es lag in seinem strategischen und wirtschaftlichen Interesse, die Einwohner nicht zu vertreiben. Bei den Moslems gelang ihm das gegenüber dem Druck der Kirche nur begrenzt, aber die Juden behielten die gleichen Rechte wie vorher. Ähnlich geschah es bei den Neueroberungen in Aragonien, etwa bei Zaragoza oder Tudela. Im Handelsverkehr waren alle ohne Unterschied der Religion gleichgestellt. Hierdurch und durch den Zuzug der Juden aus dem Süden ist die auf den ersten Blick erstaunliche Tatsache zu erklären, daß aus der nördlichen Hälfte Spaniens, vor allem dem Nordosten, die Existenz von weit mehr Synagogen überliefert ist als aus der südlichen. Mit der Reconquista zogen die Juden dann im 13. Jahrhundert wieder nach Andalusien und halfen bei der Wiederbevölkerung der meist verlassenen Städte. Ferdinand III. der Eroberer von Sevilla, nannte sich Kaiser und König der drei Religionen. In einer Zeit, da in anderen christlichen Ländern, besonders in England und Frankreich, die Juden vertrieben wurden, breiteten sie sich hier - nicht zuletzt auch durch den Zuzug solcher Vertriebener - erstmals über die ganze Halbinsel, auch über Portugal, aus, waren sie hier hochangesehen als Finanziers, Steuereinnehmer, Ärzte, Gelehrte, Kunsthandwerker, als die diplomatische und kommerzielle Verbindungsleute zu den nun auch wieder duldsameren islamischen Ländern. Die Blütezeit der spanisch-jüdischen Gelehrsamkeit, Mystik und Poesie mit führender Wirkung auf das gesamte damalige Judentum fiel in die Zeit der christlichen Herrschaft, allerdings mit starker Anlehnung an die arabische Gelehrsamkeit und Kultur, wie auch Arabisch noch in dieser Zeit die jüdische Umgangssprache blieb.

Sosehr sich in all dem Spanien vom übrigen Europa unterscheidet, so finden wir aber natürlich geistlichen und weltlichen Widerstand der Christen gegen die Andersgläubigen auch hier. Der Kreuzzugseifer der Kirche entwickelte sich hier sogar zu einer planmäßigen Christianisierungspolitik mit Disputationen und Bekehrungsversuchen bei führenden jüdischen Gemeindemitgliedern, die schon im 14. Jahrhundert zu einigen Erfolgen führte. Der im sonstigen Europa zu findende Konkurrenzhaß des wirtschaftlich erstarkenden christlichen Bürgertums trat in Spanien abgeschwächt und zeitlich etwas verzögert auf. Im 13. Jahrhundert, während einzelne Juden an königlichen und adligen Höfen hohes Ansehen genossen, begannen die Beschränkungen für die Judengemeinden in den einzelnen Städten. Es gab immer wieder einzelne Plünderungen von *aljamas*. Im 14. Jahrhundert griffen die Pestpogrome auch auf Navarra über, wo ganze Gemeinden ausgerottet wurden. 1339 wurde in Kastilien schon einmal eine Gesamtvertreibung erwogen. Trotzdem blieben Juden, verteilt auf verschiedene Berufe - es gab in größeren Städten jüdische Zünfte und Zunftgebäude -, weiterhin eine bedeutende Minderheit. Zahlen sind nur mit vielen Vorbehalten zu geben. Man schätzt Ende des 13. Jahrhunderts für Kastilien 200.000 Juden, etwa 4 bis 5 Prozent der Gesamtbevölkerung (übrigens etwa ebensoviel Mauren), für Aragonien (Aragón, Barcelona, Valencia) 60.000 - etwa 6 bis 7 Prozent der Gesamtbevölkerung.

In: *Bernd Martin/Ernst Schulin (Hrsg.): Die Juden als Minderheit in der Geschichte. München: dtv 1981, S. 88ff.*

Lion Feuchtwanger

Die Jüdin von Toledo

In dem umfangreichen Oeuvre Feuchtwangers (1884-1958), das u.a. 15 Romane, 29 Theaterstücke, 20 Kurzgeschichten, Theaterkritiken und Essays umfaßt, nimmt die spanische Thematik quantitativ zwar nur einen untergeordneten Platz ein; sein gründliches Studium der (spanischen) Geschichte, das auch seinen sonstigen historischen Romanen eine authentische Basis gibt (vgl. u.a. seine Trilogie *Erfolg, Die Geschwister Oppermann* und *Exil*, die Aufstieg und Folgen des 3. Reiches verarbeitet) sowie seine meisterhafte Fabulierkunst machen seine beiden spanischen Romane (*Die Jüdin von Toledo* sowie *Goya oder Der arge Weg der Erkenntnis*) zu einem Erkenntnis- und Lesevergnügen. Und obgleich die spanische Thematik, die, was die *Jüdin von Toledo* betrifft, bereits von Lope de Vega und Grillparzer dramatisiert wurde, und für Feuchtwanger auch zugleich eine allegorisch-zeitkritische Bedeutung hatte, fasziniert seine originelle Darstellung des historischen Gegenstandes. Vor allem im *Goya*-Roman wird zudem deutlich, daß Feuchtwangers Spanienbild, einigen kritischen Glossen zum Trotz, in letzter Instanz hispanophil ist. Dafür spricht u.a. die politische Bewertung der Volkskultur, wie sie im zweiten Text zum Ausdruck kommt.

Sie kauerte sich zusammen, überkommen vom Gefühl ihrer Fremdheit. Er war wunderbar, dieser ihr Alfonso, wie er dastand, stark, lustig, stolz, männlich, sehr wert, daß sie ihn liebte. Und er war gescheiter, als er sich gab. Er war herrlich, in Wahrheit herr-lich, der geborene Herrscher Kastiliens und vielleicht des ganzen, meerumspülten Andalús. Aber das Beste, was es unter dem Himmel und im Himmel gab, war ihm verschlossen. Das Wichtigste wußte er nicht, nichts vom Geiste. Sie aber wußte darum, weil sie ihren Vater hatte und Musa, und weil sie zu denen gehörte, deren Erbteil das Große Buch war.

Er spürte, was in ihr vorging. Er wußte, daß sie ihn mit ganzer Seele liebte, alles an ihm, seine Tugend und seine Kraft mit ihrem Überschwang, der vielleicht ein Fehler war. Aber das Beste an ihm, sein Rittertum, konnte sie höchstens lieben, verstehen konnte sie es nicht. Was ein Ritter war, und was gar ein König, das konnte ihr niemand begreiflich machen. Meine Hunde verstehen mehr davon, dachte er grob, und in diesem Augenblick bedauerte er, daß er seine großen Hunde nicht mit in die Galiana genommen hatte. Ganz dunkel aber spürte er gleichzeitig, daß es in der Seele dieser Raquel Räume gab, die wiederum ihm versperrt waren. Da war das Arabische, das Jüdische, das Urfremde, er konnte es niemals ganz begreifen, er konnte es höchstens vernichten. Und noch dunkler und noch weniger ausdrückbar spürte er für einen Augenaufschlag, daß es ihm mit dem ganzen Lande Hispanien so ging. Das Land gehörte ihm, er besaß es. Aber in diesem Hispanien gab es einen weiten, weiten Teil, das Arabische, Jüdische, und dieser Teil war ihm untertänig und dennoch versperrt.

Da aber sah er Raquel, wie sie zusammengekauert dasaß, ganz ihm gehörig, ihm preisgegeben, eine Dame in Not, und er erinnerte sich seiner ritterlichen Pflicht. »Es wird nicht morgen sein und nicht übermorgen, daß ich deine Moslems ins Meer werfe«, tröstete er sie, »und ganz bestimmt nicht wollte ich dich kränken.«

In: *Lion Feuchtwanger: Die Jüdin von Toledo. Berlin/Weimar: Aufbau-Verlag 1973, S. 170f.*

Werner Krauss

Reconquista und »historische Kettenreaktion«

Unter den Bedingungen der »Reconquista«, die eine neue Landnahme aus arabischem Besitz nur durch ein System von freien Wehrbauern ermöglichte, war von einer feudalistischen Durchstrukturierung der spanischen Gesellschaft keine Rede. Erst mit jahrhundertelanger Verspätung tritt ein spanischer Feudalismus in seinen geschichtlichen Sollstand ein. Dieser verzögerten Entwicklung wird für den ganzen Zusammenhang der spanischen Geschichte eine Art von Kettenreaktion beigemessen. In Frankreich ließ die Feudalgesellschaft das Bürgertum aus sich hervorgehen; in Spanien erlaubte die Schwäche des Feudalismus keine Entfaltung des Bürgertums. Es gab hier, wie Sánchez Albornoz lapidar feststellte, »weder Feudalität noch Bourgeoisie«.

In: *Werner Krauss: Spanien 1900-1965. Beitrag zu einer modernen Ideologiegeschichte. München/Salzburg: Fink 1973, S. 35f.*

Kapitel II

Vom Zenit zur Dekadenz: Das Weltreich auf tönernen Füßen

Eduardo Galeano

Spanien besaß die Kuh, aber andere tranken die Milch: Gesellschaftlicher Anachronismus im 15. und 16. Jahrhundert

Der 1940 in Montevideo (Uruguay) geborene Autor ist im Kontext der lateinamerikanischen Gegenwartsliteratur eine Art »Gattungssprenger«: als Journalist, Romancier, Erzähler und Essayist liegt von Galeano ein umfangreicher Textkorpus vor. International bekannt wurde der Autor durch seine historische Darstellung *Die offenen Adern Lateinamerikas*, der das vorliegende Fragment entnommen wurde. Wie in seiner späteren Trilogie *Erinnerung an das Feuer* zeichnen sich seine Texte durch einen betont geschliffen-plastischen Stil aus, der mittels verschiedener Erzähltechniken seinen Gegenstand zu verlebendigen sucht. In den historischen Schriften kommen »große« Themen und Personen ebenso zu Wort wie Alltagsgeschichte(n), oral überlieferte Begebenheiten sowie illustrative Anekdoten, die Galeano neu erzählt, für deren historische Authentizität er allerdings bürgt. Trotz der recht kritischen Spanien-Interpretation im folgenden Text ist Galeanos Verhältnis zur einstigen »Metropole«, wo er mehrere Jahre seines Exils verbrachte, insgesamt sehr differenziert. Wie viele seiner lateinamerikanischen Schriftstellerkollegen sieht er im spanischen Kulturerbe positive und negative Elemente. Dafür spricht auch der zweite Text, in dem Galeano gar den ideologisch stark besetzten »Hispanidad«-Begriff in eine fortschrittlich-humanistische und eine reaktionär-rhetorische Variante differenziert. Seit 1984 hat Galeano seinen Wohnsitz wieder in Montevideo.

Die den neuen Kolonialgebieten entrissenen Metalle förderten die wirtschaftliche Entwicklung Europas, und man kann sogar sagen, daß sie sie ermöglicht haben. Nicht einmal der umwälzende Einfluß der Eroberung der persischen Schätze, die Alexander der Große über die hellenische Welt ergoß, könnte im Umfang mit diesem gewaltigen Beitrag Amerikas zum fremden Fortschritt verglichen werden. Gewiß nicht zum Fortschritt Spaniens, obwohl die Quellen des amerikanischen Silbers Spanien gehörten. Denn, wie man im 17. Jahrhundert zu sagen pflegte, »Spanien gleicht dem Munde, der die Nahrung empfängt, sie zerkaut und zermahlt, um sie sofort an die übrigen Organe weiterzuleiten, der aber seinerseits von ihnen nicht mehr als einen flüchtigen Geschmack oder die Teilchen behält, die durch Zufall an seinen Zähnen hängenbleiben«. Die Spanier hatten die Kuh, aber andere waren es, die die Milch tranken.

Die Krone war mit Hypotheken belastet. Sie übertrug im voraus fast alle Silberladungen an die deutschen, genovesischen, flämischen und spanischen Bankiers. Auch die in Spanien selbst erhobenen Steuern erfuhren zum großen Teil dasselbe Schicksal: 1543 wurden 65 Prozent der gesamten königlichen Einnahmen zur Zahlung der in diesem Jahre fälligen Schuldenlast verwendet. Nur in ganz geringem Maße kam das amerikanische Silber der spanischen Wirtschaft zugute; wenn es auch formell in Sevilla registriert wurde, fiel es zuletzt den Fuggern, den mächtigen Bankiers, die dem Papst die zur Beendigung der Peterskirche nötigen Beträge vorgeschossen hatten, oder anderen großen Geldverleihern dieser Epoche wie den Welsern, den Shetz oder den Grimaldis in die Hände. Das Silber wurde auch zur Bezahlung der Exporte *nichtspanischer* Waren in die Neue Welt verwendet. (...)

Wie wir sehen, waren es nicht die enormen Entfernungen und die schwierigen Verbindungen, die das Haupthindernis für den industriellen Fortschritt Spaniens bildeten. Die spanischen Kapitalisten wurden durch den Kauf von Schuldverschreibungen der Krone zu Rentiers und investierten ihr Kapital nicht für die Entwicklung der Industrie. Der wirtschaftliche Überschuß wurde in unproduktive Bahnen gelenkt: die alten Reichen, die über Gut und Leben verfügenden Besitzer des Landes und der Adelstitel, errichteten Paläste und häuften Juwelen an; die als Spekulanten und Händler emporgekommenen Neureichen kauften Land und Adelstitel. Aber sowohl die einen wie die anderen zahlten praktisch keine Steuern, noch konnte man sie wegen Nichtbezahlung von Schulden ins Gefängnis bringen. Hingegen verlor, wer sich einer industriellen Tätigkeit widmete, automatisch seinen Adelsbrief.

In sukzessiven Handelsverträgen, die nach den in Europa erlittenen militärischen Niederlagen der Spanier unterzeichnet wurden, erteilte man Konzessionen, die den Seehandel zwischen dem Hafen von Cádiz, in den sich die Metalle Amerikas ergossen, und den französischen, englischen, holländischen und den Hansehäfen begünstigten. Achthundert bis tausend Schiffe schütteten alljährlich die von anderen Ländern hergestellten Industrieprodukte über Spanien aus. Sie nahmen das Silber Amerikas und die spanische Wolle mit, die den ausländischen Webstühlen zugeführt wurde, von wo sie, von der expandierenden europäischen Industrie bereits verwoben, wieder zurückkommen sollte. Die Monopolherren von Cádiz beschränkten sich darauf, den ausländischen Industrieprodukten, die sie in die

Neue Welt versandten, ihren Gewinn aufzuschlagen: Wenn die spanische Manufakturindustrie nicht einmal in der Lage war, den internen Markt zu versorgen, wie sollte sie dann die Bedürfnisse der Kolonien befriedigen?

Die Spitzenarbeiten aus Lille und Arras, die holländischen Gewebe, die Brüsseler Wandteppiche und die florentinischen Brokate, die Kristallwaren aus Venedig, die Waffen aus Mailand und die französischen Weine und Leinwandstoffe überschwemmten auf Kosten der einheimischen Produktion den spanischen Markt. Die Industrie ging im Anfangsstadium ein, und die Habsburger unternahmen alles Erdenkbare, um ihr Erlöschen zu beschleunigen. Um die Mitte des 16. Jahrhunderts ging man so weit, die Einfuhr ausländischer Webwaren zu gestatten, während man gleichzeitig jede Ausfuhr spanischer Stoffe, sofern sie nicht nach Amerika ging, verbot. Umgekehrt war, wie von Ramos dargelegt wurde, die wirtschaftliche Orientierung Heinrichs VIII. oder Elisabeth I. in England völlig verschieden, insofern als in dieser aufstrebenden Nation der Gold- und Silberexport verboten, der Wechselverkehr unter Monopol gestellt, die Wollausfuhr verhindert und die aus der Nordsee kommenden Kaufleute des Hansabundes aus den britischen Häfen verjagt wurden. Die italienischen Republiken schützten indessen ihren Außenhandel und ihre Industrie durch Zölle, Vorrechte und strenge Verbote: Den Kunsthandwerkern war unter Todesstrafe untersagt, das Land zu verlassen.

Der Zusammenbruch erfaßte alles. Von den 16.000 Webstühlen, die 1558 zur Zeit des Todes von Karl V. noch in Sevilla vorhanden waren, waren nur noch vierhundert übriggeblieben, als Philipp II. vierzig Jahre darauf starb. Die sieben Millionen Schafe der andalusischen Viehzucht waren auf zwei Millionen zusammengeschrumpft. Cervantes porträtierte in dem - lange Zeit hindurch in Amerika verbotenen - Don Quijote de la Mancha die zeitgenössische Gesellschaft. Ein um die Mitte des 16. Jahrhunderts erlassenes Dekret machte die Einfuhr ausländischer Bücher unmöglich und verhinderte, daß die Studenten außerhalb Spaniens Kurse besuchten; die Zahl der Studenten in Salamanca ging in wenigen Jahrzehnten auf die Hälfte zurück; es gab neuntausend Klöster, und der Klerus nahm fast ebenso schnell zu wie der Mantel- und Degen-Adel; 160.000 Ausländer beherrschten den Außenhandel, und durch die Verschwendungssucht der Aristokratie war Spanien zu wirtschaftlicher Machtlosigkeit verurteilt. Um 1630 rafften kaum mehr als 150 Herzöge, Marquis, Grafen und Vicomtes fünf Millionen Dukaten Jahresrente zusammen, die den Glanz ihrer hochtrabenden Titel üppig nährten. Der Herzog von Medinaceli hatte siebenhundert Knechte, und dreihundert waren die Dienstboten des Großherzogs von Osuna, der sie, um den Zar von Rußland zu verspotten, Pelzmäntel tragen ließ. Das 17. Jahrhundert war die Epoche des Spitzbuben, des Hungers und der Seuchen. Um 1700 zählte Spanien bereits 625.000 Adelige, Herren des Krieges, obwohl sich das Land gleichzeitig leerte: seine Bevölkerung war in etwas mehr als zwei Jahrhunderten auf die Hälfte zusammengeschmolzen und befand sich auf dem gleichen Stand wie die Englands, die sich in demselben Zeitraum verdoppelt hatte. 1700 zeigt das Ende der habsburgischen Herrschaft an. Der Bankrott war vollständig. Bei chronischer Arbeitslosigkeit, weiten, unbebauten Landgütern, chaotischen Währungsverhältnissen, ruinierter Industrie, verlorenen Kriegen, leeren Schatzkammern und einer in den Provinzen nicht anerkannten Zentralgewalt war das Spanien, dem sich Philipp V. gegenübersah, »kaum weniger verstorben als sein Herr tot«.

In: Eduardo Galeano: Die offenen Adern Lateinamerikas. Die Geschichte eines Kontinents von der Entdeckung bis zur Gegenwart. Wuppertal: P. Hammer 1975, S. 33ff.

Bartolomé de las Casas

Über Himmel und Hölle auf Kuba

Der Dominikaner und spätere Bischof von Chiapas (Mexiko), Las Casas (1470?-1566?) gehört zu den am meisten umstrittenen und verfemten Gestalten der spanischen Geschichte. Seine *Historia general de las Indias* (1552-61), die Geschichte der *Entdeckung* bis 1520, und sein *Kurzgefaßter Bericht von der Verwüstung der Westindischen Inseln* (geschr. 1542, ersch. 1552) wurden zur Propagandaquelle der antispanischen Schwarzen Legende und provozierten wütende Repliken ganzer Generationen von spanischen Autoren, die in dem *indio*-Verteidiger einen »fanatischen und boshaften Bischof« (Sepúlveda) sahen. Seine Schriften wurden als maßlose Übertreibungen, Fälschungen und Greuelpropaganda diffamiert, die »Spaniens Werk in der Neuen Welt« in den Schmutz zögen. Heute steht fest, daß Las Casas' Darstellungen des Genozids an der amerikanischen Urbevölkerung noch hinter der Wirklichkeit zurückgeblieben sind. Die *persona non grata* von einst ist mittlerweile auch in Spanien - übrigens der einzigen Kolonialmacht der Welt, die einen Kritiker vom Range eines Las Casas hervorgebracht hat - weitgehend »rehabilitiert«.

Im Jahr eintausend fünfhundert und elf kamen die Spanier auf die Insel Cuba, die, wie ich bereits sagte, so lang ist, als der Weg von Valladolid nach Rom, und eine Menge starkbevölkerter Provinzen hatte. Hier begannen und endigten sie nicht allein auf oben beschriebene Weise, sondern gingen sogar noch weit grausamer zu Werke. Hierbei ereignete sich unter andern folgender merkwürdige Fall:

Ein Cazique, der einer der vornehmsten im Lande war, und den Namen *Hatuey* führte, hatte sich nebst mehreren seiner Leute von der Insel Hispaniola nach Cuba in der Absicht geflüchtet, dem barbarischen und unmenschlichen Verfahren der Christen zu entgehen. Als er sich auf dieser Insel befand, brachten verschiedene Indianer die Botschaft, die Christen kämen dahin. Er versammelte hierauf alle seine Leute, oder doch die meisten derselben, und redete sie folgendergestalt an: Ihr wißt bereits, daß es heißt, die Christen kämen hierher. Ihr habt es erfahren, wie sie mit diesem und jenem von euern Herren und mit den Leuten auf Haiti (Hispaniola) umgegangen sind. Hier werden sie das nämliche tun. Wißt ihr auch wohl, warum sie es tun? - Sie sagten nein! es müßte denn sein, daß sie von Natur boshaft und grausam wären. - Sie tun es nicht bloß deswegen, sagt er, sondern sie haben einen Gott, welchen sie anbeten, und den auch wir mit aller Gewalt anbeten sollen; um deswillen peinigen, unterdrücken und töten sie uns. Seht, sagt er - indem er auf sein Körbchen voll Gold und Edelgesteine wies, das neben ihm stand - dies ist der Christen Gott! Dünkt's euch gut, so wollen wir ihm zu Ehren Areytos - eine Art von Balletten oder Tänzen - anstellen. Vielleicht ist er uns gnädig, und befiehlt den Christen, daß sie uns nichts zu leide tun. Freudig schrien sie alle: Recht gut! Recht gut! und sogleich tanzten sie vor ihm, bis sie sämtlich müde waren. Nun sagte Hatuey: Seht, wenn wir ihn bei uns behalten, so nehmen sie ihn uns doch, wir mögen es machen wie wir wollen, und schlagen uns nachher tot. Werfen wir ihn lieber in jenen Fluß! Alle waren es zufrieden, daß er hineingeworfen würde; und sie warfen ihn auch wirklich in einen dort befindlichen großen Strom.

Als die Christen auf der Insel Cuba landeten, floh dieser Cazique sie überall, als einer, der sie kannte, und wehrte sich, wenn sie ihm etwa zu nahe kamen; endlich aber ward er gefangen. Weil er nun vor diesen grausamen und ruchlosen Menschen floh, und sich gegen diejenigen wehrte, die ihn ums Leben zu bringen oder ihn wenigstens nebst allen seinen Leuten und Blutsfreunden bis auf den Tod zu peinigen suchten; so beschlossen sie, ihn lebendig zu verbrennen. Als er bereits an den Pfahl gebunden war, sagte ihm ein Geistlicher vom Orden des heiligen Franciscus, ein gottseliger Mann, der sich dort aufhielt, verschiedenes von Gott und unserem Glauben, wovon der Cazique noch nie das geringste gehört hatte. Der Geistliche suchte sich die wenige Zeit, welche ihm die Henkersknechte verstatteten, so gut als möglich zunutze zu machen, und versicherte ihn endlich, wenn er dasjenige, was er ihm da sage, glauben wolle, so werde er in den Himmel kommen, und ewige Freude und Ruhe daselbst genießen; widrigenfalls aber werde er in der Hölle ewige Qual und Pein leiden müssen. Der Cazique dachte hierüber ein wenig nach, und fragte sodann den Geistlichen, ob denn auch Christen in den Himmel kämen. Allerdings, sagte der Geistliche, kommen alle guten Christen hinein! Sogleich, und ohne weiteres Bedenken, erwiderte der Cazique, dort wolle er nicht hin, sondern lieber in die Hölle, damit er nur dergleichen grausame Leute nicht mehr sehen, noch da sich aufhalten dürfe, wo sie zugegen wären. So beförderten die Spanier, welche sich nach Indien begaben, die Ehre Gottes und unserer Religion!

In: *Bartolomé de las Casas: Kurzgefaßter Bericht von der Verwüstung der Westindischen Inseln (Hrsg. von Hans Magnus Enzensberger). Frankfurt/M.: Insel 1981, S. 25ff.*

Tzvetan Todorov

Die Schwarze Legende - Anklage

Die Vernichtung der Indianer im 16. Jahrhundert ist unter zwei Gesichtspunkten zu betrachten, dem quantitativen und dem qualitativen. Da es keine zeitgenössischen Statistiken gibt, war die Frage nach der Anzahl der getöteten Indianer oft Gegenstand reiner Spekulation, aus der sich die widersprüchlichsten Antworten ergeben konnten. Die Autoren der Zeit nennen zwar Zahlen, doch im allgemeinen kann man, wenn ein Bernal Díaz oder ein Las Casas »hunderttausend« oder »eine Million« sagen, anzweifeln, daß sie jemals die Möglichkeit gehabt haben, nachzuzählen, und wenn diese Zahlen letztendlich doch etwas besagen, dann nur etwas sehr Ungenaues: »viele«. Man hat auch die »Millionen« nie ernstgenommen, von denen Las Casas in seinem *Kurzgefaßten Bericht von der Verwüstung der Westindischen Länder* spricht, wenn er versucht, die Anzahl der umgekommenen Indianer zu beziffern. Die Dinge haben sich indessen grundlegend geändert, seit es modernen Historikern mit Hilfe ausgefeilter Methoden gelungen ist, die Bevölkerung des amerikanischen Kontinents am Vorabend der Conquista mit ausreichender Wahrscheinlichkeit zu schätzen, um sie dann mit der zu vergleichen, die sich aufgrund der spanischen Erhebungen fünfzig oder hundert Jahre später feststellen läßt. Gegen diese Zahlen konnte bisher kein ernstzunehmendes Argument vorgebracht werden, und wenn es heute immer noch Leute gibt, die sie bestreiten, so ganz einfach deshalb, weil diese Zahlen, wenn sie der Wahrheit entsprechen, einfach zu schockierend sind. Im Grunde geben sie Las Casas recht: Zwar sind seine Schätzungen nicht zuverlässig, doch seine Zahlen sind von derselben Größenordnung wie die heute festgestellten.

Ohne ins Detail zu gehen und nur um eine globale Vorstellung zu vermitteln (wenngleich man sich nicht gerade berechtigt fühlt, mit runden Zahlen zu operieren, wenn es dabei um Menschenleben geht), kann man festhalten, daß sich die Erdbevölkerung im Jahre 1500 auf etwa 400 Millionen beläuft, wovon 80 Millionen in Amerika leben. Mitte des 16. Jahrhunderts verblieben von diesen 80 Millionen noch zehn. Oder wenn man sich auf Mexiko beschränkt: Am Vorabend der Conquista beträgt die Bevölkerung etwa 25 Millionen; im Jahre 1600 ist es noch eine Million.

Wenn das Wort Völkermord jemals wirklich zutreffend verwandt worden ist, dann zweifellos in diesem Falle. Es handelt sich dabei meines Erachtens nicht nur in relativen Zahlen (Vernichtung in der Größenordnung von 90 Prozent und mehr) um einen Rekord, sondern auch in absoluten, da wir es mit einer Dezimierung der Bevölkerung um schätzungsweise 70 Millionen Menschen zu tun haben. Keines der großen Massaker des 20. Jahrhunderts kann mit diesem Blutbad verglichen werden. Man wird verstehen, wie vergeblich die Bemühungen mancher Autoren sind, die sogenannte »Schwarze Legende« zu widerlegen, die Spanien für diesen Völkermord verantwortlich gemacht und damit seinem Ruf schwer geschadet hat. Das Schwarze ist zweifellos da, auch wenn von einer Legende nicht die Rede sein kann. Die Spanier sind nicht etwa schlimmer als die anderen Kolonisatoren, aber es ist nun einmal so, daß sie es waren, die damals Amerika besetzten, und daß kein anderer Kolonisator vor oder nach ihnen Gelegenheit gehabt hat, so viele Menschen auf einmal in den Tod zu treiben.

In: *Tzvetan Todorov: Die Eroberung Amerikas. Das Problem des Anderen. Übersetzt von Wilfried Böhringer. Frankfurt/M.: Suhrkamp 1985, S. 160ff.*

Julián Juderías

Die Schwarze Legende - Verteidigung

Der folgende Auszug stammt aus dem bekanntesten Werk von Juderías (1877 - 1918), das zahlreiche Neuauflagen erlebte und letztmals 1986 mit einem Vorwort des zum Liberalismus konvertierten José Maria de Areilza aus dem Jahre 1954 erschienen ist. Juderías war Mitarbeiter des *Instituto de Reformas Sociales* sowie mittlerer Funktionär des Staatsministeriums und königlichen Sekretariats. Die erste Ausgabe seines Buches datiert von 1913, die zweite (1917) war, mit einigen Änderungen, vor allem für das lateinamerikanische Publikum bestimmt. Im Kontext der nationalen Erbauungshistorie, die stets den *mainstream* bildete, zeichnet sich Juderías Werk durch eine *relative* Sachlichkeit aus, und zahlreiche Attacken auf die europäischen Vertreter der Schwarzen Legende sind angesichts der Zerrbilder, die diesseits der Pyrenäen von Spanien gezeichnet wurden, durchaus verständlich. Viele Passagen, wie zum Beispiel über Las Casas, zielen jedoch unverkennbar darauf ab, wie der Verfasser aus Anlaß seiner Aufnahme in die *Real Academia de la Historia* (1918) formulierte, vor allem den »Enthusiasmus« für die spanische Geschichte unter der jüngeren Generation seines Landes zu fördern.

Was ist (...) die schwarze Legende? Was kann im Zusammenhang mit Spanien als solche bezeichnet werden? Wir verstehen unter der schwarzen Legende eine bestimmte Atmosphäre, erzeugt durch die phantastischen Berichte über unser Vaterland, die in fast allen Ländern ans Licht der Öffentlichkeit gedrungen sind; außerdem die groteske Art und Weise, in der seit jeher der Charakter der Spanier als Individuen und als Gemeinschaft beschrieben wurde; die Verneinung oder zumindest die systematische Verleugnung all dessen, was uns in den verschiedenen Äußerungen und Werken unserer Kultur und unserer Kunst schmeichelt und ehrt; die Anschuldigungen, die sich zu allen Zeiten gegen Spanien gerichtet haben, gestützt auf übertriebene, falsch interpretierte oder ganz und gar unwahre Fakten, und schließlich die oft wiederholte, kommentierte und in der ausländischen Presse aufgeblähte Behauptung angeblich ernstzunehmender und wahrheitsgetreuer Bücher, unser Vaterland stelle unter den Gesichtspunkten von Toleranz, Kultur und politischem Fortschritt eine bedauerliche Ausnahme innerhalb der Gemeinschaft der europäischen Nationen dar.

Kurzum, unter der schwarzen Legende verstehen wir die Legende vom inquisitorischen, unwissenden, fanatischen Spanien, das heute ebensowenig wie damals fähig ist, seinen Platz unter den gesitteten Völkern einzunehmen und immer zu gewaltsamen Unterdrückungen bereit ist, ein Feind des Fortschritts und der Erneuerungen - oder, mit anderen Worten: die Legende, die, seitdem sie im sechzehnten Jahrhundert im Zusammenhang mit der Reformation entstanden ist, immer wieder gegen uns verwandt wurde, und dies insbesondere in den kritischen Augenblicken unserer nationalen Geschichte.

Aus: *Julián Juderías: La Leyenda Negra. Madrid: Swan 1986, S. 28.*

Bartolomé Bennassar

Inquisition und Zentralismus

Wir wollen nun das bekannteste Kapitel der politischen Betätigung der Inquisition unter die Lupe nehmen: den Fall Antonio Pérez. Über diesen Fall war schon unzählige Male berichtet worden, bevor Gregorio Marañón ihm im Jahre 1947 ein ausführliches Werk widmete, in dem er ihn rekapituliert und welches Henry Kamen in seinem Buch über die Inquisition bündig und klar zusammengefaßt hat. Wir wollen nun unsererseits den Fall nicht noch einmal in allen Einzelheiten nacherzählen, jedoch erscheint es uns für einen guten Abschluß unserer Darlegungen unerläßlich, seine Hauptabschnitte in Erinnerung zu rufen.

Antonio Pérez, ein Schützling des Prinzen von Eboli, Ruy Gómez, war 1571 Staatssekretär und nach dem Tode seines Schutzherrn engster Berater Philipps II. geworden, der keinen wichtigen Schritt unternahm, ohne seinen Rat einzuholen. Auf diese Weise erlangte er eine herausragende Stellung innerhalb der Monarchie und bemächtigte sich zudem eines umfangreichen Vermögens, als er der Liebhaber der inzwischen verwitweten Prinzessin von Eboli wurde. Im Erfolgsrausch begann Antonio Pérez nun, eifrig zu intrigieren; insbesondere bemühte er sich, in den Augen Philipps II. das Ansehen von dessen brillantem Stiefbruder Don Juan de Austria, dem Sieger von Lepanto, der zu diesem Zeitpunkt in Flandern weilte, sowie den Ruf von dessen Sekretär Juan de Escobo zu ruinieren. Dies führte dazu, daß Don Juan sich Sorgen zu machen begann und Escobedo nach Spanien entsandte, wo dieser sich ein Bild von der Lage machen und die Wahrheit wiederherstellen sollte. Antonio Pérez redete nun dem König ein, Escobedo sei für die (seiner Meinung nach) glücklosen Initiativen des Don Juan in Flandern verantwortlich, und überzeugte ihn schließlich davon, daß er beseitigt werden müsse. Philipp II. gab Antonio Pérez unbeschränkte Vollmacht, und dieser ließ Escobedo am 31. März 1578 von bezahlten Mördern hinrichten. In den Augen der Öffentlichkeit trug das Verbrechen eine deutliche Handschrift, und mit der Unterstützung des zweiten Staatssekretärs, Mateo Vázquez, forderte die Familie des Opfers Gerechtigkeit. Zur gleichen Zeit aber starb Don Juan in Flandern, und seine Staatspapiere wurden nach Madrid gesandt. Als Philipp II. sie untersuchte, stellte er fest, daß Don Juan und Escobedo ihm vollkommen loyal gewesen waren, daß vielmehr

Pérez ihn getäuscht hatte. Von nun an wurde Antonio Pérez' Lage schwieriger; Mateo Vázquez verschärfte seine Tätigkeit, und am 28. Juli 1579 wurden Antonio Pérez und die Prinzessin von Eboli verhaftet.

Der Prozeß zog sich, aufgrund der Vorsichtsmaßnahmen, die Pérez gegenüber eingehalten werden mußten, da dieser Träger von Staatsgeheimnissen war, über mehrere Jahre hin. Wir übergehen hier die Einzelheiten, die im Zusammenhang mit unserem Vorhaben für uns nicht von Interesse sind. Wichtig ist, daß es Antonio Pérez im April 1590 gelang, zu entkommen, und er nach Aragón floh.

Die politischen Institutionen im damaligen Spanien waren dergestalt, daß Pérez in Aragón den Schutz der *Fueros* (Sonderrechte) genoß. In Madrid war der Prozeß gegen ihn im Namen des Königs von Kastilien geführt worden. Hier unterstand er nun dem Oberrichter von Aragón, einem Richter, der von Philipp II. weitgehend unabhängig war und in dessen Gefängnis Pérez große Freiheit genoß, so daß er von dort aus sogar versuchen konnte, Einfluß auf die öffentliche Meinung auszuüben, mit der Absicht, die Aragonesen davon zu überzeugen, daß er ein Opfer der Staatsräson war.

In dieser Lage bestand für Philipp II. die einzige Lösung darin, sich an die Inquisition zu wenden, die in der Tat eine absolute Waffe darstellte, da nämlich das Oberste Inquisitionsgericht als einziges Gewalt über alle spanischen Königreiche hatte. Der Großinquisitor Gabriel Quiroga, der seit langer Zeit ein Freund von Pérez war und ihm sogar noch nach seiner Verhaftung seine Freundschaft erwiesen hatte, sah sich nun also gezwungen, eine Anklage wegen Ketzerei gegen ihn zu erheben, und es war der Beichtvater des Königs, Pater Chaves, der die notwendigen Anklagepunkte zusammenstellte, indem er in gewissen Reden, die Pérez geführt hatte, ketzerische Blasphemien bloßlegte. Auf dieser Grundlage ließen die Inquisitoren von Zaragoza Antonio Pérez am 24. Mai 1591 vom Gefängnis des Oberrichters von Aragón in das des Inquisitionsgerichts überführen.

Es war dies das charakteristische Beispiel einer politischen Intervention durch die Staatsräson, und niemand konnte behaupten, er sei hintergangen worden. Die Aragonesen ließen sich natürlich nicht täuschen und betrachteten das Einschreiten der Inquisition in diesem Fall als einen direkten Angriff auf ihre *Fueros*. Mit dem Ruf nach Freiheit brach im Mai 1591 der Volksaufstand los, in dessen Verlauf Pérez aus dem Gefängnis des Inquisitionsgerichts befreit und in das des Oberrichters von Aragón gebracht wurde, und der Aufstand tobte erneut im September, als die Inquisition versuchte, den Gefangenen zurückzuholen. Der Vizekönig von Aragón erlag den Verletzungen, die er während des ersten Aufstandes erlitten hatte, und Philipp II. sandte die kastilischen Streitkräfte nach Zaragoza, wo die Rebellion niedergeschlagen wurde. Gleichzeitig wurde der Oberrichter zum Tode verurteilt und im Anschluß an ein Schnellverfahren exekutiert. Unterdessen war Pérez nach Béarn und von dort aus nach Frankreich und England geflüchtet, wo er einer der Begründer der berühmten »schwarzen Legende« wurde. (...)

Nachdem die Inquisition ins Leben gerufen und organisiert worden war, die spanischen Konvertiten ausgeschaltet oder assimiliert und die Morisken unter Aufsicht gestellt worden waren, bemächtigte sich dieser Gerichtshof der altchristlichen Bevölkerung, um sie den vom Tridentinischen Konzil festgelegten Idealen und Regeln entsprechend zu formen; dies ergeben die allerjüngsten Forschungen von Jean-Pierre Dedieu. Die Jagd auf Bücher, auf kühne Kleriker und umherziehende Studenten, die das Europa der Renaissance im Überfluß hervorgebracht hatte, begann. Gleichzeitig stellte die Inquisition dem monarchischen Staat ein homogenes Volk mit angepaßten Überzeugungen und Reflexen zur Verfügung, das sich bereitwillig gegen Ketzer mobilisieren ließ, die leicht mit Ausländern verwechselt werden konnten. Wenn es nötig war, spielte sie die Rolle einer gerissenen politischen Polizei, die es vermochte, Gerüchte zu verfolgen und zu interpretieren und Spione zu fassen.

Dennoch ist es der Inquisition nicht gelungen, die Einheit Spaniens zu sichern, was heute offensichtlich ist. Vielmehr hat sie durch ihre Präsenz und ihre Hartnäckigkeit, durch die Angst, die sie einflößte, Spanien für lange Zeit zum Reich des Konformismus gemacht. Ich meine hier den politischen, den intellektuellen Konformismus. Indem sie die Anhänger des jüdischen Glaubens ausmerzte und die Konvertiten verfolgte, hat die Inquisition ein spanisches Bürgertum erstickt, das Ideen und Reichtümer hervorbrachte und deren Keim die Juden - als Ärzte, Finanzleute und Wissenschaftler - waren. Ricardo García Cárcel hat dies kürzlich am Beispiel von Valencia demonstriert. Sie brachte die sprudelnden Quellen der Forschung und der theoretischen Spekulation zum Versiegen, worunter die Theologie ebenso wie andere geistige Aktivitäten zu leiden hatten, und zwar in solchem Maße, daß Spanien, das im sechzehnten Jahrhundert die blühende Heimat der Theologen gewesen war, im siebzehnten Jahrhundert kaum noch welche hervorbrachte. Sie schuf Mißtrauen gegenüber dem Buch, dessen unheilvolle Auswirkungen die Menschen der Aufklärung im achtzehnten Jahrhundert erfuhren, und das bis in eine gar nicht weit zurückliegende Zeit angehalten hat. Sie ersetzte das Denken und die religiöse Meditation durch das affirmative Dogma.

In: *Bartolomé Bennassar: Inquisición española: poder político y control social. Barcelona: Crítica/Grijalbo 1984, S. 324ff.*

Bartolomé Bennassar

Das *mystische* Spanien

Ignatius unterrichtet auf der Straße, lockt Passanten an und versucht, gemeinsam mit seinen frühesten Anhängern die ersten unbeholfenen Schritte jener Methode zu tun, aus der bald die *Geistlichen Übungen* hervorgehen werden. Es ist eine Form der Frömmigkeit, des Apostolats, die stört, die beunruhigt. (...)

Wie ist es zu begreifen, daß dieser Außenseiter, dieser geistliche Bettler, der mit vierzig Jahren noch ein Unbekannter war und mit fünfundsechzig starb, ohne etwas anderes geschrieben zu haben als ein ganz kurzes Werk, ein Tagebuchfragment und ... mehrere Tausend Briefe, daß dieser Mann einer der am stärksten strukturierten, eine der mächtigsten, einflußreichsten und wirkungsvollsten religiösen Gemeinschaften der Menschheitsgeschichte ins Leben gerufen hat? (...)

Ignatius von Loyola war dies: ein Seher mit tränengefüllten Augen und gleichzeitig ein kluger Organisator, der eine vielschichtige Pädagogik entwickelte. Selbstverständlich war Ignatius ein »besonderer Fall«. Doch das Spanien jener Zeit ist eine Aneinanderreihung »besonderer Fälle«. (...)

Einen anderen Stil weisen die Werke des San Juan de la Cruz auf, eines der größten Dichter der spanischen Sprache. Der *Geistliche Lobgesang*, die *Dunkle Nacht der Seele* und die *Lebendige Flamme der Liebe* haben diesem unbeschuhten Karmeliter, dessen bescheidene und zurückhaltende Anfänge kein derart strahlendes Geschick vorherzusagen schienen, literarischen Ruhm gesichert. (...)

Einige herausragende Kritiker haben besonders auf die östlichen Quellen der Mystik des Juan de la Cruz hingewiesen, und Asín Palacios ist der Auffassung, daß man sie nicht unabhängig von der asketischen und mystischen Tradition begreifen kann, die die spanischen Morisken sich erhalten hatten. Die Liebe des Juan de la Cruz zur Einsamkeit steht ganz im Einklang mit dieser eremitischen Tradition, und sein Gefängnisaufenthalt im Jahre 1577 bildete wohl die letzte Etappe auf dem Weg der mystischen Vision.

Diese triumphiert erst, nachdem die Prüfungen der Seele bzw. die »Nächte« überwunden sind. In der Dunkelheit dieser Nächte befreit sich die Seele von den vergänglichen Elementen der Schöpfung und erlangt die Fähigkeit, sich mit dem Schöpfer zu vereinen, nachdem sie alle Hindernisse ausgeschaltet hat: das Festhalten an irdischen Gütern, den Willen des Einzelnen, die Erinnerung, die Phantasie und sogar die Gegenstände der Anbetung:

> Oh Nacht, die du mich führtest,
> Oh Nacht, lieblicher als das Morgengrauen,
> Oh Nacht, die du den Geliebten
> Mit der Geliebten vereintest,
> In der sich die Geliebte in den Geliebten verwandelt! (...)

Dennoch ist einer der faszinierendsten »Fälle« der einer Frau, der Teresa de Ahumada, eher bekannt als die Heilige Theresia vom Kinde Jesu (1515-1582). (...)

So wie das *Leben Christi* des Ludolf von Sachsen Ignatius von Loyola verändert hatte, so wandelt sich Theresias Gespräch mit Gott durch die Lektüre des *Dritten geistlichen Alphabets* von Francisco de Osuna, ein Geschenk ihres Onkels, von Grund auf. Sie entdeckt in diesem Buch die Methode des geistigen Gebets. Für die Karmeliterin tut sich damit ein langer und schwerer Weg auf: ihre Extasen, ihre Visionen, ihre Gespräche mit Christus erregen Mißtrauen, Gespött und, schlimmer noch, den Verdacht der Ketzerei. Teufelszeug, behauptet einer ihrer Beichtväter, Gaspar Daza; Gottes Werk, diagnostiziert ein anderer Beichtvater, ein einfacher Jesuit. Bei verschiedenen Gelegenheiten wird Theresia von dem gefährlichen Bannstrahl der Inquisition bedroht. (...)

Durch den Anstoß dieser edlen Figuren, die praktisch unerreichbare Modelle darstellten, erlebte Spanien eine wahre Mode der Heiligkeit, die ihren Höhepunkt in den zwanziger Jahren des siebzehnten Jahrhunderts erreichte, als Spanien in einem einzigen Jahr, 1622, die dreifache Kanonisierung von Ignatius von Loyola, Francisco Javier und Theresia von Avila feierte. (...)

Die Mystiker lebten wie Erdenreisende, die sich in ungewissen Grenzregionen bewegten, ohne Ausflüge jenseits der Begriffe und des Vokabulars zu scheuen, die den Universitätstheologen als Anhaltspunkte und Begrenzungen dienten. Der mystische Impuls, der ebenfalls zahlreiche Namenlose erfaßte, wie die unbestimmte Kundschaft der frommen Frauen, wich völlig von den logischen Wegen der positiven Theologie ab, die sich auf die Geschichte der Offenbarung und ihrer Weitergabe durch die Menschen stützte. Vielmehr suchte jene die Vereinigung mit Gott in der Askese, der Extase und der Ausschaltung des Willens, mit dem Ziel, die Seele für den Empfang der Gnade zu öffnen. Dieser zweigleisige Weg ist das beste Zeugnis für den Reichtum, die Vielfalt und auch die Widersprüchlichkeit der spanischen Spiritualität zur Zeit der katholischen Gegenreformation.

In: *Bartolomé Bennassar: La España del Siglo de Oro. Barcelona: Crítica/Grijalbo 1983, S. 142ff.*

Américo Castro

Glauben versus Wissen

Das Spanien der Gegenreformation

Der Literaturwissenschaftler und Kulturhistoriker Américo Castro (1885-1972) zählt zu den international bekanntesten Vertretern seines Faches. Neben literaturhistorischen Studien über Cervantes und die spanische Mystik erregte Castro mit seiner Deutung des spanischen »Wesens« als Folge bestimmter historischer Zäsuren großes Aufsehen - und Widerspruch. Sein Buch *La realidad histórica de España,* das zuerst 1948, in definitiver Fassung 1954 in Argentinien erschien, führte zu einem »Disput zur Unzeit«, der auf der Gegenseite von den Historikern Claudio Sánchez Albornoz und Ramón Menéndez Pidal angeführt wurde. Castros These, daß die im XIV. und XV. Jahrhundert bestandenen Modernisierungs- und Säkularisierungsmöglichkeiten (nach zentraleuropäischer Fasson) vor allem durch die religiösen Obsessionen der Altchristen (»Reinheit des Blutes«, Vertreibung von Mauren und Juden), zunichte gemacht wurden, rief unter spanischen Intellektuellen, auf der Halbinsel wie im Exil, vehementesten Widerspruch hervor. Der hier präsentierte Text stammt aus dem 1949 in Chile veröffentlichten, aber schon ca. 10 Jahre vorher abgefaßten Buch *Aspectos del vivir hispánico*, in dem die zentralen Thesen seines späteren Buches bereits in Ansätzen erkennbar sind.

Man verfällt gewöhnlich in Haarspalterei, will man den »Glauben mit Werken« im Spanien des sechzehnten Jahrhunderts mit dem »Glauben ohne Werke« der reformierten Länder vergleichen. Es ist unmöglich, die geistlichen Phänomene von der allgemeinen Färbung des weltlichen Lebens zu trennen und die spanische Religiosität ohne weiteres mit der anderer Länder zu vergleichen. »Werke« bedeuteten in Spanien Taten, die von einer Aura des Außerirdischen umgeben waren: Sakramente, Wohltätigkeiten, Gebete usw., die sich in einer Umgebung vollzogen, in der nur in den seltensten Fällen Tätigkeiten rein rationaler oder weltlicher Art ausgeübt wurden (Wissenschaft, Technik, Industrie, Bankgeschäft usw.). Manch einer hat seine Verwunderung darüber zum Ausdruck gebracht, daß die Völker, die die Werke aus ihrer Religion ausschlossen, diejenigen sind, die sie verrichtet haben, ohne in völlige Willenslähmung zu verfallen. Doch Tatsache ist, daß die reformierte Religion inmitten von Personen entstanden ist, die sich schon seit langem mit Wissenschaft, Industrie und den übrigen rein menschlichen Tätigkeiten befaßt hatten, auf die sie nur noch den »Glauben« zu projizieren brauchten, den sie dadurch vermenschlichten. Es war völlig ungefährlich, Holländern, Engländern oder Deutschen zu sagen, daß allein der Glaube sie erlöste, da sie ja schon im Diesseits auf ihre Erlösung hinarbeiteten; es wurde ihnen immer wieder beigebracht, daß sie, indem sie Erlösung im Diesseits fänden, automatisch auch im Jenseits erlöst würden, mehr nicht. Die Kunst und die ihr benachbarten Bereiche erlitten dadurch einen harten Schlag, doch in der Technik, dem Wohlstand und der Gewohnheit disziplinierten Zusammenlebens vollzog sich eine Entwicklung. Die religiöse Reform in Spanien, die auf der Einheit des Glaubens basierte, erhöhte den Wert des »Glaubens« gewaltig; in ihm verbanden sich Leben und Tun. Der Spanier war nicht daran interessiert, zu wissen, sondern vielmehr zu glauben. Die großen Taten und die kleinen Schöpfungen auf individueller und gesellschaftlicher Ebene erhielten ihren Sinn nur durch den Nimbus des Glaubens, der sie umgab. Kurzum, die religiöse Reform in Spanien potenzierte das, was schon seit der Reconquista Wirklichkeit geworden war. Sämtliche Versuche, sich diesem Kreis in irgendeiner Weise zu entziehen - man denke an Hieronymiten, Juden, Konvertiten, Erasmisten, Intellektuelle oder außenseiterische Träumer - waren lediglich Randerscheinungen, die letztlich den unveränderbaren Kreis des Hispanischen bis heute intakt gelassen haben, der zwar in seiner Ausdehnung variiert, jedoch seine wesentliche Form bewahrt hat.

In: *Américo Castro: Aspectos del vivir hispánico. Madrid: Alianza 1987, S. 139ff.*

Xavier Rubert de Ventós

Der *Dritte Weg*: Jenseits von Tradition und Moderne

Was in Spanien fehlt, sind das professionelle (jüdische oder moriske) Substrat und die organische Ideologie (Reform), die in der Zwischenzeit seine Modernisierung hätte tragen müssen. Was dagegen im Übermaß vorhanden ist, ist das barocke Festhalten an den Liturgien der Bürokratie und des Adels. Doch wovon die Spanier - zwischen dem einen und dem anderen - weder zuviel noch zu wenig haben, wodurch sie sich definieren und was sie irritiert, ist ihre »klassische« Ehrfurcht vor den Formen, ihr »aristotelisches« Grauen vor dem reinen Nutzen oder dem reinen Mitleid, ihr Sinn für das Figurative, ihre Ablehnung aller unpersönlichen oder abstrakten Beziehungen - und ebenso ihre fest verwurzelte christliche Tradition der Gleichheit und Freiheit des Menschen ... All das, was sie letztendlich daran hindert, sich dem neuen organischen Credo der Moderne anzuschließen. (...)

Der Katholizismus scheint diesem schizophrenen Credo ausweichen zu wollen, indem er sowohl die Freiheit des Einzelnen als auch den Wert der Gestalten und Bilder der Welt mit Starrsinn verteidigt. War jedoch auf der Grundlage dieser Verwirrung eine echte Entwicklung möglich? Konnte eine rationelle Ausbeutung stattfinden, die das Mitgefühl mit dem Einzelnen, die Achtung der Dinge und das Maß im Handeln nicht vernachlässigte? War es möglich, in die Moderne einzutreten, ohne sich ihrem Credo anzuschließen? Konnte sich eine christliche und gleichzeitig heidnische, d.h. eine katholische Modernisierung vollziehen?

Angesichts des legalen Paternalismus und des ritterlichen Idealismus betrachten die Jesuiten dieses Problem als eine Frage der *Entwicklung* und nicht nur der *christlichen Nächstenliebe* - der *Produktion* und nicht mehr nur der *Protektion* der Indios. *Doch wie war ein modernes Vorhaben möglich, das nicht von der »organischen Ideologie« dieser Moderne getragen war?* Dies ist die eindrucksvolle Forderung, mit der die Jesuiten den spanischen Kolonialismus konfrontieren: seinem ursprünglichen Wunsch nach Erneuerung und christlichem Leben treu zu bleiben, was bedeutete, daß er endgültig aufhören mußte, *noch* mittelalterlich zu sein, ohne jedoch *schon* protestantisch-aufgeklärt zu werden, sowie die mönchische oder ritterliche Ideologie zu überwinden, ohne die kaufmännische oder bürgerliche an ihre Stelle zu setzen.

Hat uns aber nicht schon Marx erklärt, daß »man nur überwindet, was man ersetzt«? Und wissen wir nicht seit Weber und Sombart, seit Heidegger und Habermas, daß die Entwicklung der Technik nicht möglich ist, wenn man nicht auch ihren »Geist« annimmt; daß die kapitalistische Modernisierung nicht durchführbar ist ohne ihren ideologischen Antrieb und/oder ihre ideologische Legitimation? Ob durchführbar oder nicht, der jesuitische Versuch, das Gleichgewicht zwischen beiden Kolonialisierungsstilen zu wahren - zwischen dem autokratischen und dem populistischen, dem rationellen und dem gemeinschaftlichen - stellt die einzig ernsthafte spanische Alternative zum angelsächsischen Modell dar; eine Alternative, die darauf ausgerichtet ist, politischen und wirtschaftlichen Erfolg zu erzielen, ohne dabei jedoch die Folgen seiner Theologie von der Ungleichheit der Menschen in Kauf zu nehmen.

In: *Xavier Rubert de Ventós: El laberinto de la Hispanidad. Barcelona: Planeta 1987, S. 52ff.*

Kapitel III

Der Idealismus sucht sich sein Reich: Die kulturelle Blüte des Goldenen Zeitalters

Friedrich Schiller

Spanien und die Unmöglichkeit von »Bürgerglück« und »Fürstengröße«

KÖNIG. Wann, denkt Ihr, würden diese menschlichen
Jahrhunderte erscheinen, hätt ich vor
Dem Fluch des jetzigen gezittert? Sehet
In meinem Spanien Euch um. Hier blüht
Des Bürgers Glück in nie bewölktem Frieden;
Und *diese Ruhe* gönn ich den Flamändern.
MARQUIS (*schnell*). Die Ruhe eines Kirchhofs! Und Sie hoffen
Zu endigen, was Sie begannen? hoffen,
Der Christenheit gezeitigte Verwandlung,
Den allgemeinen Frühling aufzuhalten,
Der die Gestalt der Welt verjüngt? *Sie* wollen
Allein in ganz Europa - sich dem Rade
Des Weltverhängnisses, das unaufhaltsam
In vollem Laufe rollt, entgegenwerfen?
Mit Menschenarm in seine Speiche fallen?
Sie werden nicht! Schon flohen Tausende
Aus Ihren Ländern froh und arm. Der Bürger,
Den Sie verloren für den Glauben, war
Ihr edelster. Mit offenen Mutterarmen
Empfängt die Fliehenden Elisabeth,
Und fruchtbar blüht durch Künste unsres Landes
Britannien. Verlassen von dem Fleiß
Der neuen Christen, liegt Grenada öde,
Und jauchzend sieht Europa seinen Feind
An selbstgeschlagenen Wunden sich verbluten.

In: *Friedrich Schiller: Don Carlos. Briefe über Don Carlos. Dokumente. Hamburg: Rowohlt 1960, S. 112f.*

Bartolomé Bennassar

Von der oralen Kultur zur Literatur

Die Kultur der großen Masse der Bevölkerung war eine orale und visuelle Kultur. Eine ganze Reihe von Autoren befaßte sich seit einigen Jahren ernsthaft mit dieser Frage, mit der auch ich mich auseinandergesetzt habe, und ich werde in diesem Kapitel eine vorläufige Bilanz der jüngsten Forschungen ziehen, die auf diesem Gebiet durchgeführt wurden. Auf jeden Fall leugnet heutzutage niemand, daß die schriftliche Kultur einer Minderheit vorbehalten war: sehr wahrscheinlich konnten drei Viertel oder vier Fünftel der spanischen Bevölkerung nicht lesen, obwohl zweifelsohne feststeht, daß die jeweiligen Anteile je nach Region, nach Lebensform - städtische oder ländliche -, nach sozialen Verhältnissen und beruflicher Tätigkeit und letztlich auch nach Geschlecht beträchtlich variierten. Wir werden später noch darauf zurückkommen. Für die große Mehrheit der Spanier war Kultur das Ergebnis all dessen, was langsam auf dem Wege der mündlichen Überlieferung, innerhalb der Familie, der Gemeinde und des Berufslebens, errungen worden war, wobei das religiöse Leben mit Sicherheit eine herausragende Rolle spielte. (...)

Dank der Arbeiten von Julio Caro Baroja und Jean-François Botrel über die Volksliteratur sowie der von Maxime Chevalier und Maurice Molho, die sich mit den folkloristischen Ursprüngen der Werke des Goldenen Zeitalters befassen, verfügen wir über gewisse Vorstellungen hinsichtlich des Inhalts dieser Überlieferungen, die von einigen frommen Autoren schriftlich festgehalten wurden. Die spanische *Floresta* des Melchior de Santa Cruz zum Beispiel führt eine Reihe kleiner Geschichten auf, in denen alle Facetten einer Bauernbeschreibung enthalten sind: sein Ehrgefühl, seine Schlauheit, seine Reibungen und Streitigkeiten mit dem Adel usw. Um zu veranschaulichen, wie volkstümlich die Figur des *lazarillo* war - obwohl das Werk *El Lazarillo de Tormes* im Goldenen Zeitalter relativ wenig gelesen wurde -, ruft Maxime Chevalier die Erzählsammlungen von Timoneda und Garibay sowie das *Libro de los chistes* von Luis de Piñedo in Erinnerung. Maurice Molho seinerseits ist es gelungen, auf die »folkloristischen Wurzeln« des Werks von Cervantes zu stoßen.

Tatsächlich tritt Sancho, als er seine vielen Spruchweisheiten hintereinander aufsagt, als Sprachrohr der Volkskultur auf, und auch über diese

Sprüche hinaus besitzen viele seiner Äußerungen einen Bezug zu volkstümlichen Traditionen, wie z.B. die Geschichte von der Schäferin Torralba. Sancho selbst ist eine Abwandlung des Typus des »Dorftrottels«, der durch den karnevalistischen Aspekt ergänzt wurde, denn Panza ist ein Karnevalsname. Ebenso wird, wenn wir uns in einen anderen Bereich begeben, der *Retablo de maravillas*, ein *entremés* von Cervantes, kaum verständlich ohne die Erinnerung an die europäische (und nicht nur spanische) Tradition der wundersamen Bilder, insbesondere des Wechselspiels zwischen dem Sichtbaren und dem Unsichtbaren, das in so vielen Fabeln wiederzufinden ist.

So trifft man also mitten im Goldenen Zeitalter eine reiche Volkskultur an, bestehend aus Spruchweisheiten, Liedern, kleinen Geschichten, Erzählungen älteren Ursprungs, die sich mehr oder weniger gut mit einer christlichen Tradition verbindet, welche in ständigem Wandel begriffen ist und vor dem Tridentinischen Konzil, also vor dem Goldenen Zeitalter, noch keine festen Richtlinien kennt. Doch wie wir soeben anhand der Figuren des Lazarillo oder des Sancho Panza gesehen haben, ist diese Volkskultur untrennbar von der Schriftkultur, umso mehr, als mächtige Vermittler im Spiel sind, deren Verbreitung sich viel stärker auf oralem als auf schriftlichem Wege vollzieht: die Sakramentspiele und die Komödie, in einem Wort, das Theater. (...)

Zweifellos können wir nun besser verstehen, warum Lope de Vega, dessen Leben eher skandalös als erbaulich war, bei seiner Bestattung die inbrünstige Anteilnahme von ganz Madrid erfuhr, während die Beerdigung von Molière fast im Geheimen stattfand, da sein Leichnam auf einem nicht christlichen Friedhof beigesetzt wurde. Beide stellen zwei unterschiedliche Auffassungen von Theater dar. (...)

Es besteht kein Zweifel, daß das spanische Theater eines der besten Verbindungsglieder zwischen der Volkskultur und der intellektuellen Kultur bildete. Und dies aus zwei Gründen: erstens, weil sein Publikum nicht lesen zu können brauchte und in nichts dem des »hôtel de Bourgogne« des siebzehnten Jahrhunderts glich. (...)

Der zweite Grund ist der, daß »das spanische Theater des Goldenen Zeitalters uns einen immensen folkloristischen Schatz bietet«. Auf der einen Seite hat die Komödie des Goldenen Zeitalters in umfassender Weise die Romanze aufgegriffen und sich ihrer bedient, d.h. die Volkslieder, kurze, in der Regel in achtsilbigen Versen verfaßte Kompositionen, die ihrerseits das

Vermächtnis der Heldendichtung (canciones de gesta) und die epischen Gedichte des Mittelalters aufgenommen hatten und die der Moderne die Erzählungen und Legenden der Reconquista übermittelten sowie gleichzeitig den Liebesgeschichten ihren Erfolg sicherten. Die valencianischen Autoren wie Guillén de Castro (durch den Corneille zu seinem *Le Cid* inspiriert wurde), Gaspar Aguilar, Miguel Beneito, Carlos Boil u.a. bedienten sich in umfangreicher Weise der Romanze, so auch Lope de Vega im ersten Teil seines Werks.

Auf der anderen Seite hat das Theater den *cuentecillo*, d.h. eine kurze Erzählung, die im allgemeinen in Dialogform präsentiert wurde, verarbeitet und integriert. Fast immer handelte es sich hierbei um komische Erzählungen, die zum Lachen bringen sollten und deren Gesamtheit eine äußerst umfangreiche mündliche Tradition bildet, die, wie Maxime Chevalier erklärt, »das Allgemeingut aller im Spanien des sechzehnten Jahrhunderts Lebenden darstellt: des Bauern, des Handwerkers, des Bürgers, des Klerikers und des Edelmannes«. (...)

Die Dramenautoren folgen nun ihrerseits dem Beispiel von Lope de Vega und verwenden ohne Bedenken den *cuentecillo*: Tirso de Molina, Ruiz de Alarcón, Pérez de Montalbán, Vélez de Guevara, Calderón de la Barca, alle lassen sie Elemente des *cuentecillo* in ihre Werke einfließen. Maxime Chevalier konnte zeigen, daß viele von diesen der mündlichen Tradition angehörten, so daß das Publikum sich wirklich in der Theatervorführung, der es beiwohnte, wiedererkannte und gleichzeitig noch nebenbei andere kulturelle Elemente aufnahm. (...)

Calderón de la Barca, einer der besten europäischen Dramaturgen, hat sich noch nicht einmal darum bemüht, seine Werke zu Lebzeiten zu veröffentlichen. Erst nach seinem Tod haben seine Freunde sie zusammengestellt und verlegt.

Das spanische Theater des Goldenen Zeitalters, das gleichzeitig mit dem großen elisabethanischen Theater in England seine Blüte erlebte, schuf gemeinsam mit diesem das moderne Theater, wie es sich in Europa seit fast drei Jahrhunderten entwickelt und ausgebreitet hat.

In: *Bartolomé Bennassar: La España del Siglo de Oro. Barcelona: Crítica/ Grijalbo 1983, S. 271ff.*

Lope de Vega

Der beste Richter ist der König

Lope de Vega (1562-1635), Hauptbegründer des spanischen Nationaltheaters, wurde als Sohn einfacher Eltern geboren, avancierte nach seinem Studium in Alcalá de Henares sowie in Salamanca zum Sekretär des jungen Herzogs von Alba und zum Schützling des späteren Grafen von Lanos; 1614 empfängt er die Priesterweihe. Lope de Vega soll 1500 *comedias* und 400 *autos sacramentales* (Fronleichnamspiele) verfaßt haben, von denen 426 *comedias* und 42 *autos* erhalten sind. Seine Theaterstücke lassen sich in historische Dramen (vgl. den folgenden Textauszug), Mantel- und Degenstücke, mythologische und Schäfer- sowie religiöse Stücke einteilen. Darüber hinaus hat Lope de Vega Schäfer- und Abenteuerromane, Versepik und Lyrik geschrieben. Während seine Theaterstücke für das Drama des 17. Jahrhunderts vorbildlich wurden (u.a. durch endgültige Einteilung in drei Akte, geschickten Wechsel metrischer Formen, die dem jeweiligen Inhalt bzw. den sozial unterschiedlichen Personen angepaßt sind, Mischung von tragisch-komischen Elementen, klaren Handlungsaufbau etc.), blieb das politische Credo des Autors, dessen Theater einen betont volkstümlichen Grundton besaß und einen Querschnitt durch nahezu alle sozialen Gruppen und Klassen darstellt, im Prinzip zeitlebens konservativ-monarchistisch. In diesem Sinne ist der Titel eines seiner bekanntesten historischen Dramen, dem das folgende Fragment entnommen wurde, programmatisch: Der König als Deus ex machina.

Tello: Seid Ihr etwa der Richter aus Kastilien, Hidalgo! der mich sucht?

König: Verwundert's Euch?

Tello: Bei Gott, nicht wenig! Wißt Ihr, wer ich bin?

König: Ist denn so weit vom König unterschieden, wer in des Königs Namen kommt?

Tello: Gar sehr, wo's mir gilt! und - wo habt Ihr denn das Schwert?

König: Noch in der Scheide, bald fährt es heraus, was dann geschieht, Ihr werdet es gewahren.

Tello: Schwert in der Scheide? ha, ein lustig Mährchen! Ihr kennt mich nicht; greift mich der König nicht, so faßt die Welt nicht den, der es vermag.

König: Wohlan, Unglücklicher! Ich bin der König.

Pelayo: Heiliger Sonntag Leatare!

Tello (*kniend*): Wie! solchen Brauch hält die Kastil'sche Macht? Ihr Selbst, Señor? Ihr in Person? ich flehe, vergebt mir!

König: Nehmt die Waffen ihm sofort! Bei meiner Krone, frecher Bösewicht. Des Königs Handschrift lehr' ich dich verehren!
Feliciana: Señor, ich flehe, laßt die Strenge weichen!
König: Hier gilt kein Flehn! Wo ist des Landmanns Frau?
Tello: Sie war nicht seine Frau, Señor!
König: Genug! Sie sollt' es wohl sein, und klagbar ward ihr Vater.
Tello: Nun seh' ich's wohl, dem verfiel mein Leben, Gott kränk't ich und den König! -

In: *Lope de Vega: Der beste Richter ist der König. Der Stern von Sevilla. Das Krugmädchen, hrsg. von Ernst Otto Freiherr von der Malsburg. Dresden 1836*

Martin Franzbach

Der Begriff des *honor*

Der Ehrenkodex im Rahmen der ständischen Gesellschaft des 16. und 17. Jahrhunderts spielt auch in dieser *comedia** die Hauptrolle:

> Los casos de la honra son mejores, Porque mueven con fuerza a toda gente,
>
> Die Ehrenfälle sind besser, weil sie alle gewaltig rühren.
>
> *(Lope de Vega, Arte nuevo, V. 327 f.)*

Grundsätzlich haben jeder Stand und jedes Individuum ihre Ehre. Dieser Zug innerhalb der spanischen Gesellschaftsordnung wird auch in diesem Stück deutlich. Die Ehre tritt dabei in vielfältigen Erscheinungsformen auf, die eine Begriffsbestimmung meistens erschweren. Das Problem in »El Alcalde de Zalamea« bestand für Calderón darin, das Handeln eines kleinen Bürgermeisters gegenüber Militär und Adel dem Zuschauer glaubhaft zu machen. Die dramatische Spannung entsteht aus der Geringschätzung der Ehre des Bauern durch den Soldaten:

* *El alcalde de Zalameo* von Pedro Calderón de la Barca

Capitán. ¿Qué opinión tiene un villano?

Juan. Aquella misma que vos;
que no hubiera un capitán
si no hubiera un labrador.
(I, 767-770)

Hauptmann. Welchen Ruf hat ein Bauer?

Juan. Denselbe wie Ihr;
denn es gäbe keinen Hauptmann,
wenn es keinen Bauern gäbe.

Selbst der General Don Lope spricht später abwertend von einem »alcaldillo« (III, 740) und »villanote« (III, 766). Diesem negativen Urteil setzt Pedro Crespo immer wieder seine »reine Abstammung« (»limpio linaje«) entgegen, die sich in ihrer Art sogar mit dem Adel messen könne. Dem Ehrbegriff ordnet sich nicht nur der Geburtsstolz des Bauern unter, sondern auch das Standesbewußtsein. Vor allem in den Dialogen zwischen Pedro Crespo und dem Hauptmann fällt häufig die selbstsichere Bemerkung, daß Isabel eine Bauerntochter und keine Dame sei. Diese Ehrauffassung beugt sich auch nicht vor dem König; sie ist allein Gott untertan:

Crespo [...] el honor
es patrimonio del alma,
y el alma sólo es de Dios.
(I, 874-876)

Crespo [...] die Ehre
ist Erbgut der Seele,
und die Seele gehört Gott allein.

Diese Konzeption ist sinngemäß nicht neu. Sie findet sich in vielen Stücken des »Siglo de Oro«. Auch daß ein Bauer sich zum Sprecher dieses Axioms macht, ist nichts Außergewöhnliches. Die Bauern in einer Gruppe von Stücken Lope de Vegas sind ebenso stolz auf ihre Ehre. Aber in dieser prägnanten Formel gehört der Ausspruch Pedro Crespos zu Recht zu den vielzitierten Worten. Honor - alma - Dios -, sobald dieser Dreiklang gestört wurde, waren die Gesetze der Gemeinschaft in Gefahr. Die Ehre des Individuums und sein Leben bedingen einander:

Crespo. ¿Qué importará, si está muerto
mi honor, el quedar yo vivo!

(II, 839f.)

Welche Rolle spielt es, wenn meine Ehre tot ist und ich am Leben bleibe?

Die Wiederherstellung der persönlichen und kollektiven Ehre war deshalb eine heilige Pflicht für den Beleidigten. Jedes Verschweigen der Schande lehnt der ehrbewußte Bauer ab (III. Akt, Szene 14). So spitzt sich die Spannung in dem Konfliktmonolog zwischen Pedro Crespo und dem Hauptmann zu (III. Akt, Szene 8). Die Vertreter zweier Ehrbegriffe stehen sich unversöhnlich gegenüber. Pedro Crespo zählt noch einmal alle Attribute seiner Individual- und Standesehre auf: makellose Geburt, Ansehen in der Gemeinde, redlich erworbenes Hab und Gut, wohlerzogene Kinder mit gutem Leumund. Dreimal bittet der Bauer um Wiederherstellung seiner Familienehre (III, 492, 508, 538). Der Hauptmann reagiert mit Spott und Hohn. Sein Ehrbegriff hält sich innerhalb enger Standesschranken. Für ihn sind die Bitten des Bauern sentimental-seniles Geschwätz. Durch die eines Soldaten unwürdige Behandlung fühlt er sich in seiner eigenen Ehre getroffen und verlangt Genugtuung. Denn »die Ehre ist aus so zerbrechlichem Stoff, daß sie mit einer Handlung zerbricht oder mit der Luft beschmutzt wird« (La Vida es Sueño, I, 446-450). Diese schweren Kränkungen lassen sich nicht mehr durch ein Duell wie in der Mantel- und Degenkomödie aus der Welt schaffen. Trotzdem nuanciert Calderón die Ausführung der Rache sehr subtil: nicht der Vater, sondern der Richter fällt den letzten Beschluß.

In: *Martin Franzbach: Pedro Calderón de la Barca. Der Richter von Zalamea. München: W. Fink 1971, S. 34ff.*

Francisco de Quevedo y Villegas

Der abenteuerliche *Buscón* und die Inquisition

Der in Madrid geborene Prosa-, Lyrik- und Theaterautor (1580-1645) ist einer der interessantesten Dichter des Goldenen Zeitalters. Im Unterschied zu Cervantes lebte Quevedo zeitlebens durchaus »kommod«. Sein Vater war Sekretär der vierten Gattin Philipps des II., seine Mutter Hofdame der Königin. Nach einer humanistischen Ausbildung in Alcalá de Henares und einem Theologiestudium in Valladolid fungierte er als rechte Hand des Herzogs von Ozuna, wurde hoher Beamter des Vizekönigs von Neapel, Diplomat und Sekretär Philipps des IV. Seine stilistische Originalität und seine Vielseitigkeit erweisen sich vor allem in seinem Hauptwerk, der *novela picaresca* (Schelmenroman) *El Buscón*, dem das folgende Fragment entnommen wurde. Im Mittelpunkt steht der *pícaro* Pablos aus Segovia, dessen wirtschaftliche Nöte, diebischer Lebenswandel und allerlei skurrile Begebenheiten und Abenteuer Einblicke in verschiedene soziale Milieus (u.a. das Gaunermilieu von Sevilla) gewähren, die Quevedo zu satirischen Karikaturen und Grotesken verzerrt. Dennoch war Quevedo mitnichten ein »sozialkritischer Autor«. Den ruinösen Zustand seines Landes, an dem Kirche und Inquisition maßgeblich beteiligt waren, konstatierte er zwar an vielen Stellen seines Werkes (u.a. in seinen politischen Schriften); seine politischen Utopien lagen indessen, wie Brenan schrieb, »nicht in der Zukunft, sondern in der ('glorreichen') Vergangenheit.« Sein sprichwörtlicher Zynismus und Pessimismus wurden allerdings durch seinen sarkastischen Humor relativiert.

Der friedfertige Leser wird nun glauben, daß wir beide stets wie die Tauben lebten, aber wem ist es unbekannt, daß zwei habgierige, um den eigenen Nutzen beflissene Freunde nicht immer in gutem Verständnis zusammen leben können? Es versucht doch einer den andern zu betrügen. Nun geschah es, daß die Haushälterin Hühnchen im Hofe großfütterte, und ich bekam eines Tages Lust, da sie dreizehn an der Zahl waren, sie auf eine glücklichere Zwölf zu mindern. Als sie ihnen wieder Futter streute, fing sie an zu rufen: »Pio pio pio!« Diese Lockung wiederholte sie einige Male. Ich, der sie solcherart rufen hörte, fing ein mörderisches Geschrei an und plärrte: »Gotts Tod, Frau, hättet Ihr doch jetzt lieber einen Menschen umgebracht oder dem König die Geldbörse gezogen, alles Dinge, die ich verschweigen dürfte, als das getan, welches unangezeigt zu lassen mir nimmer möglich ist. Weh mir und Euch!«

Da sie sah, wie ich so gänzlich außer mir war, erschreckte sie sich ein wenig und fragte: »Nun, was hab ich denn getan? Wenn es nur ein Spaß ist, den Ihr mit mir treibt, so erklärt Euch jetzt und ängstigt mich nicht länger.«

»Wie, Spaß? O du verwünschte Welt! Ich kann nicht anders als zur Inquisition gehen und Euer Vergehen melden, will ich nicht selbst exkommuniziert werden!«

»Inquisition«, sagte sie und begann heftig zu zittern, »habe ich denn etwas wider den Glauben begangen?«

»Wider den Glauben begangen?« sagte ich. »Spottet der Inquisitoren nicht, bekennt freimütig Eure Gotteslästerung, sagt, Ihr wäret ein unbesonnenes altes Weib und widerriefet, und leugnet nur nicht die Lästerung und Unehrerbietigkeit.«

Voller Angst sagte sie: »Und wenn ichs widerrufe, werde ich dann bestraft?«

Ich antwortete: »Nein, man wird Euch bloß absolvieren.«

»Nun, so widerruf ichs«, sagte sie, »aber sagt mir nur, was ich widerrufen soll, denn ich weiß wirklich nicht, in was meine Lästerung besteht, so wahr ich meiner Seele das Paradies wünsche!«

»Ist es wohl möglich, daß Ihr es nicht wißt«, sagte ich zu ihr.

»Ich weiß nicht, wie ich Euch das beibringen soll, denn die Gotteslästerung ist so schrecklich, daß sie mir Bangigkeit und Grausen bereitet. Erinnert Ihr Euch nicht, daß, als Ihr Eure Hühnlein gerufen habt, ein 'Pio pio' aus Eurem unvorsichtigen Mund an die Hühnerohren flog? Und was ist Pio? Ein Papstname, ein Name der Statthalter Gottes auf Erden und Häupter der einzig seligmachenden Kirche! Ha, deucht Euch das etwa eine Maus, was in der entsetzlichen Wahrheit ein Elefant ist?«

Auf diese meine Rede blieb sie vor Schrecken starr wie eine Tote, begann aber gleich wie Espenlaub an allen Gliedern zu zittern und sprach: »Ja, ich hab es gesagt, aber wenn es aus Bosheit geschehen ist, so verzeih mirs Gott nimmermehr, weder hier noch drüben! Ich bitte Euch, lieber Pablos, seht zu, ob Ihr was erdenken könnt, um zu machen, daß man mich nicht anklagt! Ich widerrufe! Oh, ich würde sterben, wenn ich vor die Inquisition müßte!«

»Wenn Ihr auf einem geweihten Altar schwört, daß Ihr nichts Böses im Sinne hattet, so werde ich es gewiß unterlassen dürfen, Euch anzuklagen; aber es wird nötig sein, daß Ihr mir die beiden Hühnlein übergebt, die eben fraßen, da Ihr den allerheiligsten Namen der Päpste rieft, auf daß ich sie einem Familiar bringe, der sie, weil sie doch durch Eure Lästerung verflucht sind, zu Asche verbrenne, und überdies müßt Ihr schwören, daß Ihr nie und nimmer in eine solche Sünde zurückfallen werdet.«

Ganz zufrieden sagte sie: »Tragt sie nur schnell hin, lieber Pablos, jetzt sofort, denn morgen will ich schwören.« Um sie noch sicherer zu machen, sagte ich: »Das schlimmste ist, Cipriana - denn so hieß sie -, daß mich der Familiar fragen wird, ob ich diese Übeltat begangen habe, und deshalb könnte er mir Scherereien machen. Tragt lieber Ihr sie hin, denn ich fürchte mich zu sehr.«

»Pablos, Erbarmen!« sagte sie, da sie solches aus meinem Munde vernahm, »um der Liebe Gottes und aller Heiligen willen, erbarmt Euch meiner, tut es für mich, denn Euch kann doch nichts widerfahren!«

Was andres wollte ich ja gar nicht haben. Ich ließ mich nicht lange bitten, nahm die zwei Hühnlein, verbarg sie in meiner Kammer unter dem Bette, tat so, als ginge ich tatsächlich zum Familiar, kehrte nach einer Weile zu Cipriana zurück und sagte: »Besser, als ich zuerst gedacht, ist es gegangen. Der liebe Familiar wollte mir, da ihm ob dieser Lästerung vor Zorn die Luft ausging, zwar nachkommen, um das Frauenzimmer der Hölle, so sagte er, zu sehen, ich aber habe ein paar artige Haken geschlagen, und somit verlor der Jäger seinen Hasen im Klee!«

Sie umarmte mich dafür mindestens tausendmal und gab mir noch ein andres Hühnlein für mich, und ich trug dasselbe hurtig unter mein Bette, wo bereits seine beiden Geschwister warteten, schnitt ihnen in aller Artigkeit den Hals ab und schaffte sie zu einem Pastetenbäcker, der aus ihnen ein sonderlich leckeres Ragout bereitete, welches ich mit den andren Bedienten in aller Fröhlichkeit verzehrte. Die Haushälterin und Don Diego erfuhren meinen Streich, und das ganze Haus ergötzte sich darüber. Der guten Cipriana aber schwoll die bittre Galle so sehr an, daß sie vor großer Verdrießlichkeit beinahe gestorben wäre, und außerdem war sie keine zwei Fingerbreit davon fern, hätte sie selbst nicht genug Ursach gehabt zu schweigen, meine andren Spitzfindigkeiten ans Tageslicht zu befördern.

In: *Francisco de Quevedo y Villegas: Der abenteuerliche Buscón oder Leben und Taten des weitbeschrieenen Glücksritters Don Pablos aus Segovia. Frankfurt a.M. 1963, S. 49ff.*

William Byron

Don Quijote

Der *Don Quijote* ist ein magisches Buch, es hat ein ganz eigenes Leben und ist doch wie unser aller Leben, es ist ein Spiegelkabinett, in dem wir Tiefen ahnen, die wir nie ganz ausloten, Wahrheiten, die wir fast nicht erfassen können, seine Wirklichkeitsschichten verschieben sich und verschwimmen ineinander. In den vielfältigen Annalen menschlicher Ausdrucksmöglichkeiten sind nur in einer Handvoll Figuren - Quijote, Hamlet, Faust, Don Juan, vielleicht noch Ödipus - bestimmte Gebiete der Conditio humana so vollkommen zusammengefaßt, daß sie sich dem Unbewußten als Symbol eingegraben haben; und keiner von ihnen hat so intensiv in allen Schichten der Erfahrung gelebt wie Cervantes' fahrender Ritter.

Ort und Zeit lösen sich auf im *Don Quijote*, so daß wir selbst heute das Gefühl haben, im Halbdunkel eines Gasthauses in der Mancha zu sitzen und zuzusehen, wie diese hagere, merkwürdig ausstaffierte Erscheinung in den Lichtschein tritt, den das Herdfeuer wirft, das staubverschmierte Gesicht fast verdeckt von dem komischen Visier. Er befindet sich im Zustand höchster Erregung, denn »kaum war er auf freiem Felde, als ihn ein furchtbarer Gedanke überkam, ein so schrecklicher Gedanke, daß er darum um ein Haar das kaum begonnene Unternehmen aufgegeben hätte«; er war nämlich nie zum Ritter geschlagen worden und hatte daher gar kein Recht, gegen einen anderen Ritter die Waffen zu erheben. Und weil es seiner Laune gerade zupaß kommt, hält er die erste Schenke, auf die er trifft, für eine Burg und bittet den vermeintlichen Kastellan auf Knien, er möge ihn doch zum Ritter schlagen.

Damit sind wir bereits mitten im ironischen Kern des Buches: Der »verrückte« Don Quijote ist, so wird es uns bald dämmern, nämlich nicht im mindesten verrückt, jedenfalls nicht in der Art, wie die meisten glauben. Beweis häuft sich auf Beweis für den Verdacht, daß er vielmehr ein brillanter Schauspieler ist, der nur eine Rolle spielt. Der Zweck, den er damit verfolgt, ist ernst: Er möchte seine Ideale - Gott, Wahrheit, Liebe, Treue, Dienst an der Menschheit, Gerechtigkeit, das höchste Streben des Menschen - einer materialistischen Welt aufzwingen, und zwar mit keinen anderen Mitteln als mit der Kraft seines Willens und der Energie seiner schöpferischen Vorstellung.

Don Quijote ist ein gebildeter Mann, ein Intellektueller, der sich mit allem befaßt, über alles nachgedacht hat; er ist der geborene Lehrer, dessen Wissen so weiträumig ist wie sein Geist, so voll intensiver Leidenschaft wie seine Sprache. Er hat sich auf seine Rolle sorgfältig vorbereitet, hat die Darbietungen seiner Vorgänger studiert, hat sich durch eingehende Beschäftigung mit den Details vorbereitet auf jedes Ereignis, das ihn zur Improvisation zwingen könnte; jetzt ist er bereit, aus Handlung Leben entstehen zu lassen. Er ist der Dichter als Kämpfer, der Sendbote des göttlichen Mysteriums - aber er weiß, daß die Welt ihn nur dann tolerieren wird, wenn er ihr erlaubt, ihn für verrückt zu halten. (...)

Aber vielleicht - Cervantes' ironischer Scherz erreicht damit seine dritte Ebene - ist der arme Alonso Quijana oder Quesada letzten Endes dennoch wirklich verrückt. Selbst wenn die Person des Don Quijote eine ausgeklügelte Kunstfigur ist - wer anders als ein Verrückter würde sich denn vornehmen, einer apathischen Welt Heldentum beizubringen, indem er sie mit der Spitze seiner Lanze kitzelt? Die Verrücktheit unseres fahrenden Ritters liegt nicht etwa darin, daß er der Wahrheit vermittels vorgefaßter Ideen zu Leibe rücken, daß er also die Erlebnisse und Erscheinungen mit einem mitgebrachten Zollstock messen will. Das tun wir alle; aber *welche* Form der Ordnung wir unbedeutenden Vorfällen aufzwingen, darauf kommt es an; und darauf, wie vernünftig wir dabei bleiben. Auch aus der Dichotomie der Vision des Don Quijote und der objektiven Gegebenheit kann man wohl kaum fehlenden Realitätssinn interpretieren; die Logik der Welt außerhalb des Buchs ist genauso eine eingebildete (das heißt nur gedachte) wie die Phantasiewelt des Ritters: Sicher sind Windmühlen keine Riesen, aber genausowenig ist die Erde der Mittelpunkt des Weltalls, wie es viele seiner Zeitgenossen glaubten. Hier wurde der Vernunft nur der ihr zustehende Platz als Dienerin der Poesie zugewiesen. Und Don Quijote hofft offensichtlich, der Welt begreiflich machen zu können, daß sein Wahnsinn nichts anderes ist als eine höhere Form der Vernunft.

In: *William Byron: Cervantes. Der Dichter des Don Quijote und seine Zeit. Frankfurt/M.: Fischer 1984, S. 458f. Mit freundlicher Genehmigung des R. Piper Verlages, München, und der Literarischen Agentur Liepman, Zürich.*

Miguel de Cervantes Saavedra

Quijotterien

Von dem guten Glücke, welches der tapfere Don Quijote in dem greulichen und unerhörten Abenteuer mit den Windmühlen hatte, nebst anderen Glücksfällen, die der Aufbewahrung würdig

Das soziale Milieu und die persönlichen Peripetien des legendären Dichters (1547-1616), der am selben Tag wie Shakespeare starb, scheinen eher mit den berühmtesten *pícaro*-Romanen jener Epoche vergleichbar zu sein, als daß sie in das Bild paßten, das man sich gemeinhin von einem berühmten Dichter macht. Als Sohn eines armen Chirurgen, der zeitlebens in wirtschaftlichen Aporien lebte, wurde Cervantes in Alcalá de Henares geboren. Ein Arme-Leute-Milieu, zu dem auch so »unehrenhafte« Aspekte wie Prostitution weiblicher Familienangehöriger zählten und zahlreiche Umzüge aus wirtschaftlichen Gründen (u.a. nach Valladolid, Córdoba, Sevilla und Madrid) prägten Kindheit und Jugend Cervantes'. Als Soldat des spanischen Heeres nahm er 1571 an der berühmten Seeschlacht von Lepanto teil (wodurch die türkische Vorherrschaft im Mittelmeer gebrochen wurde), wurde verwundet (seine linke Hand blieb gelähmt) und geriet während der Überfahrt von Neapel nach Spanien in türkische Gefangenschaft. Nach 5jähriger Sklaverei und verschiedenen Fluchtversuchen wird er 1580 freigekauft und kehrt nach Spanien zurück. In Madrid entsteht zwischen 1581 und 1584 sein Schauspiel *Numantia*. Als Verpflegungsoffizier und Steuereinnehmer in verschiedenen andalusischen Provinzen siedelt er 1585 nach Sevilla über und wird 1587 wegen angeblicher Unregelmäßigkeiten in seiner Amtsführung exkommuniziert. Wegen ähnlicher Vorwürfe wird er insgesamt dreimal verhaftet. Während seiner zweiten Haftzeit in Sevilla (1601-1602) entstehen vermutlich die Endfassung der *Exemplarischen Novellen* und die Konzeption des *Don Quijote*. 1605 wird der erste Teil des *Quijote* veröffentlicht, 1610 erscheinen die *Exemplarischen Novellen*. 1614 folgt die *Reise zum Parnaß*; der zweite Teil des *Quijote* erscheint zusammen mit *Acht Schauspiele und acht Zwischenspiele* 1615. Am 21. April 1616 stirbt Cervantes in Madrid, nachdem er die Arbeit an *Mühen und Leiden des Persiles und der Sigismunda* beendet hatte.

Indem sahen sie wohl dreißig bis vierzig Windmühlen, die hier auf dem Felde standen, und sowie sie Don Quijote erblickte, sagte er zu seinem Knappen: »Das Glück führt unsere Sache besser, als wir es nur wünschen konnten, denn siehe, Freund Sancho, dort zeigen sich dreißig oder noch mehr ungeheure Riesen, mit denen ich eine Schlacht zu halten gesonnen bin und ihnen all das Leben zu nehmen, mit der Beute wollen wir den Anfang unseres Reichtums machen, denn dies ist ein trefflicher Krieg und selbst ein Gottesdienst, diese Brut vom Angesichte der Erde zu vertilgen.«

»Welche Riesen?» fragte Sancho Pansa.

»Die du dorten siehst«, antwortete sein Herr, »mit den gewaltigen Armen, die wohl zwei Meilen lang sind.«

»Seht doch hin, gnädiger Herr«, sagte Sancho, »das, was da steht, sind keine Riesen, sondern Windmühlen, und was Ihr für Arme haltet, sind die Flügel, die der Wind umdreht, wodurch der Mühlenstein in Gang gebracht wird.«

»Es scheint wohl«, antwortete Don Quijote, »du bist in Abenteuern nicht sonderlich bewandert. Es sind Riesen, und wenn du dich fürchtest, so gehe von hier und ergib dich in einiger Entfernung dem Gebete, indes ich die schreckliche und ungleiche Schlacht mit ihnen beginne.«

Mit diesen Worten gab er seinem Pferde Rosinante die Sporen, ohne auf die Stimme seines Knappen Sancho zu achten, der ihm noch immer nachrief, daß es ganz gewiß Windmühlen und nicht Riesen wären, was er angreifen wollte. Aber er war so fest von den Riesen überzeugt, daß er weder auf die Stimme seines Stallmeisters Sancho hörte, noch sich zu sehn bemühte, bis er dem Orte, wo sie standen, nahe gekommen war. Da rief er mit lauter Stimme: »Entflieht nicht, ihr feigherzigen und niederträchtigen Kreaturen! Ein einziger Ritter ist es, der euch die Stirn bietet.« Zugleich erhob sich ein kleiner Wind und setzte die großen Flügel in Bewegung. Als Don Quijote dies gewahr ward, fuhr er fort: »Strecket ihr auch mehr Arme aus als der Riese Briareus, so sollt ihr es dennoch büßen!« Und indem er dies sagte und sich mit ganzer Seele seiner Gebieterin Dulzinea empfahl, die er anflehte, ihm in dieser Gefährlichkeit zu helfen, wohl von seinem Schilde bedeckt, in der Rechten die Lanze, sprengte er mit dem Rosinante im vollen Galopp auf die vorderste Windmühle los und gab ihr einen Lanzenstich in den Flügel. Doch der Wind drehte ihn so heftig herum, daß die Lanze in Stücke sprang, Pferd und Reiter aber eine große Stecke über das Feld weggeschleudert wurden.

In: *Miguel de Cervantes Saavedra: Don Quijote von la Mancha. München: W. Goldmann (o. J.), S. 42f.*

Juan Goytisolo

Der spanische Sündenfall: Die Verdrängung der Sinnlichkeit in der Literatur

Neben dem Willen, die »jüdische« Unruhe des Intellekts zu ersticken, spiegelt die spanische Literatur des 16. und 17. Jahrhunderts die ausdrücklich bekundete oder durch Verschweigen zu erkennen gegebene Nebenabsicht wider, die hispano-arabische Sinnlichkeit zu verdrängen. Bis heute hat kein Geschichtsschreiber die ungeheure, einschneidende Wirkung dieses Phänomens auf die Bildung des spanischen Nationalcharakters hinreichend erkannt. Wie Xavier Domingo treffend bemerkt, hat der Araber den sexuellen Bereich in die Struktur seines elementarsten Lebensgefühls miteinbezogen: »Der Christ dagegen sucht das Geschlechtliche mehr und mehr auszuschließen, es gänzlich zu negieren. Gefühl und Sexualität sind für den Araber eine untrennbare Realität. Für den Christen ist alles, was das Geschlecht angeht, etwas Unheilvolles, das die Seele verderben kann. Obwohl Christen und Mohammedaner als Nachbarn auf demselben Boden lebten, widersprachen sich ihre Ideen über die erotische Liebe so unüberbrückbar, daß es nicht verwunderlich erscheint, wenn der acht Jahrhunderte währende Krieg zwischen ihnen erst durch die völlige Vernichtung der besiegten Araber beendigt wird. Alles Arabische, das der Spanier in sich hat, wird erbarmungslos unterdrückt, vor allem die Sexualität.« Während im Mittelalter die erotische Literatur im arabischen Andalusien und in dem von dort beeinflußten Kastilien einen hohen künstlerischen Ausdruck erlangt (es dürfte genügen, die Namen von Ibn Hazm aus Córdoba und von Juan Ruiz, dem Erzpriester von Hita, zu erwähnen), wird seit der Zeit der Reyes Católicos das Geschlechtliche für die spanischen Schriftsteller zu einem Gegenstand der Ablehnung und des Hasses. Die Sinnlichkeit ist der schlimmste Feind: In seinem *Antichrist* erinnert Nietzsche daran, daß die erste Anordnung der kastilischen Monarchen nach der Eroberung von Córdoba der Befehl war, die dreihundert öffentlichen Bäder, die es in der Stadt gab, zu schließen. Und als die Morisken endgültig aus dem Königreich vertrieben werden, rechtfertigt Pedro Aznar de Cardona in einer Streitschrift das katastrophale königliche Dekret mit der Begründung, diese seien »plump«,

»roh«, »Freunde viehischer Vergnügungen«, »weibisch« und »dem Laster des Fleisches ausschweifend ergeben«.

Ein Werk wie *Die Celestina* (1502) konnte zu einer Zeit Verbreitung finden, da das Heilige Offizium Leben und Gewissen der Spanier noch nicht völlig kontrollierte. Aber von der Mitte des 16. Jahrhunderts an verschwindet die körperliche Liebe aus dem Gesichtskreis der Literatur. (...)

Das Geschlecht, das die dramatische Achse der *Celestina* bildet, tritt auf den Seiten des *Don Quijote* nie in Erscheinung: Wie fast alle Romanfiguren der Epoche ist der Ritter von der traurigen Gestalt ein geschlechtsloses Wesen, und seine Liebeserlebnisse sind rein platonischer Art. Bei Quevedo steigert sich der Haß auf das Weib ins Krankhafte. Die Schilderung, die er uns von der Frau gibt, ist abstoßend. Das Weib ist das Böse schlechthin, der Satan, die Liebe ein Betrug, eine Falle: »Schau sie dir an (die Frau), wenn sie ihr Monatsleiden hat, und es wird dich ekeln vor ihr; wenn sie aber davon frei ist, erinnere dich, daß sie es gehabt hat und daß sie es wieder erleidet, und es wird dich entsetzen, was dich verliebt macht; und schäme dich, daß du in Dinge vernarrt bist, die an jedem hölzernen Standbild weniger widerlich sind.« Um eine vergleichbare Feindseligkeit gegen das Weibliche zu finden, muß man bis zu Tertullian zurückgehen. Der leiblichen Liebe sich entziehend, verfällt Quevedo der Eschatologie. Er entfernt sich am weitesten von der sinnlichen Atmosphäre der von spanisch-arabischen Lyrikern besungenen Nächte von al-Andalus mit ihren erlesenen Speisen, köstlichen Weinen, mit ihren schönen, blonden Sklavinnen und den schmachtenden Epheben als Mundschenke.

Seltsamerweise wird der anti-erotische Angriff und die Verdammung des ungehemmten Sexualgenusses nicht, wie es später in Frankreich und anderen europäischen Ländern geschah, im Namen der neuen bürgerlichen Ethik vorgetragen, die mit dem »vernünftigen« Begriff der Arbeit das »Tierische« bekämpft (eine Tyrannei, gegen die noch später de Sade, Baudelaire und Rimbaud rebellierten). In Spanien wird das Verdrängen der Sexualität nicht mit ökonomisch-sozialen Überlegungen begründet, sondern mit inneren, existentiellen Faktoren - in der latenten Absicht, das Individuum in eine ausweglose Problematik zu treiben und ein schlechtes Gewissen in ihm zu erzeugen, das den einzelnen in den Privatbereich einsperrt und zu jeder mündigen und freien Aktivität in der Gesellschaft unfähig macht. Es gibt hier keinen Gegensatz von wirtschaftlicher Produktivität und Geschlecht. Die Unterdrückung der Libido wird auf kaltem Wege bewerkstelligt, in strikt negativer Weise, in der Perspektive einer abstrakten und angstvollen Leere. Die spanische Gesellschaft des 17. Jahrhunderts entwikkelt sich jenseits vom Geschlecht wie auch jenseits der ökonomischen und intellektuellen Aktivität. Die Sexualität zu verfolgen, bedeutet Verfolgung der Intelligenz, insofern die echte intellektuelle Freiheit die sexuelle Freiheit einschließt.

In: *Juan Goytisolo: Spanien und die Spanier. Übersetzt von Fritz Vogelgsang, Frankfurt/M.: Suhrkamp 1982, S. 65ff.*

Fernando de Rojas

Die *Celestina*

Die vollständige Autorenschaft Fernando Rojas (1465-1541), Sohn getaufter spanischer Juden (conversos), an der erstmals 1499 in Burgos erschienenen *Trágicomedia de Calisto y Melibea* ist nach wie vor ungeklärt. Umstritten ist auch die Gattungszugehörigkeit (Roman, Drama) des unter dem Titel *La Celestina* (Die Kupplerin) bekanntgewordenen Prosatextes. Die Moral der *Celestina* scheint eindeutig: Am Ende einer ausgesprochen leidenschaftlich-sinnlichen Liebesbeziehung zwischen Calisto und Melibea steht der Tod des »sündigen« Liebespaares als exemplarische Warnung. Im Unterschied zu den meisten *novelas sentimentales* jener Zeit überrascht indessen die freizügige Schilderung erotisch-sexueller Situationen, die man in späteren Werken, gerade auch bei Cervantes, so nicht mehr findet.

MELIBEA: Da ist der Orangenbaum. Ihr pflücktet Euch eine Frucht, wißt Ihr es noch?

CALIXTUS: Ihr wolltet mich mit den Hunden jagen!

MELIBEA: Ich wollte es nicht, ich sagte es nur!

CALIXTUS (*umarmt sie*): Du! Ich halte dich in meinen Armen! Ich kann es nicht glauben! Bist du es wirklich, die meine Hände berühren?

MELIBEA: Ich bin es, Señor! Ich bitt' Euch, habt Erbarmen, seid gut zu mir!

CALIXTUS: Komm, meine Traute! Auch deine Arme sollen mich umschlingen! Schaudervoll wild war der Ozean meiner Sehnsucht!

(*Er küßt sie.*)

MELIBEA: Geliebter! Was mein Mund auch Törichtes spricht, seid taub gegen solche Worte!

CALIXTUS: Sprecht, ihr roten Lippen, sprecht immerzu!

MELIBEA: Oh, schweigt, Señor, seid still! Laßt auch Eure Hände nicht reden!

CALIXTUS: Vergib diesen schamlosen Händen, die nicht hoffen durften, den Saum deines Gewandes zu berühren!

MELIBEA: Señor, ich bitt' Euch!

(*Sie will sich wehren, er zwingt sie unter den Orangenbaum.*)

CALIXTUS: Wie zart ist dein Leib! O Götter, welche Nacht!

MELIBEA: Entferne dich, Lukrezia!

CALIXTUS: Weshalb, mein Glück? Ich freue mich der Zeugen unserer Seligkeit!

MELIBEA (*sträubt sich*): Ich freue mich nicht der Zeugen meiner Verirrung! ...

PARMENO: (*kommt aus dem Versteck*): Pfui! Vor einem Nachtwächter davonlaufen! Ich habe meinen Degen verloren!

SEMPRONIO: Und ich bin vier Pfund Steine losgeworden!

PARMENO: Wir sind Helden!

SEMPRONIO: Aber - der dritte Held ist in seiner Burg.

(*Sie lauschen.*)

STIMME DES CALIXTUS: Du mein Glück!

STIMME DER MELIBEA: Mein Geliebter!

STIMME DES CALIXTUS: Mein Leben!

STIMME DER MELIBEA: Meine Seele!

STIMME DES CALIXTUS: Du Einzige!

STIMME DER MELIBEA: Oh! Nicht das! ...

SEMPRONIO: Was denn? Wer die Gans verspeisen will, muß sie zuerst rupfen.

In: *Spanische Meisterdramen. Lope de Vega, Tirso de Molina, Calderón de la Barca, Fernando de Rojas. Mit einem Vorwort von Salvador de Madariaga. Wien/München/Basel: 1961, S. 105f.*

Kapitel IV

Der Lange Weg zur Moderne: Die *Zwei Spanien* formieren sich

Gwyn A. Williams

Die Widersprüche im bourbonischen Spanien

Das Jahrhundert der »Lichter« (*luces*) war geprägt durch die Interaktion zwischen einer aufdringlichen und geschäftigen Monarchie und den Impulsen europäischen Wachstums. Demographischer und wirtschaftlicher Aufschwung hatte eigentlich schon seit den achtziger Jahren des 17. Jahrhunderts eingesetzt, am Tiefpunkt der Dekadenz. (...)

Im Innern verlagerte das Wachstum den wirtschaftlichen Schwerpunkt Spaniens in die Randprovinzen. Barcelona verdreifachte seine Einwohner und näherte sich damit den 150.000 des wimmelnden Madrid. Es waren die dynamischen Randprovinzen, vor allem Valencia, Sevilla und die Hafenstädte des Nordens, in denen die Bevölkerung am stärksten anwuchs. Die Mitte stagnierte und entvölkerte sich. Diese Entwicklung des wirtschaftlichen und gesellschaftlichen Lebens in Provinzen, die schon lange für ihre partikularistischen Bestrebungen berühmt waren, lief der zentralistischen Stoßrichtung der bourbonischen Monarchie konträr zuwider, die darauf aus war, ihrer regenerierenden Kraft alle archaischen Hindernisse aus dem Weg zu räumen. Eine artifizielle Hauptstadt zwang einem Land, dessen wirtschaftliche und gesellschaftliche Initiative sich an die Peripherie verlagert hatte, eine artifizielle politische Einheit auf. Kastilien, das politische Herz Spaniens, war hohl. (...)

Denn es hatte nichts gegeben, was einer »bürgerlichen Revolution« geglichen hätte. Nur in Barcelona, Cádiz und wenigen anderen Handelszentren bildete sich ein strukturiertes Bürgertum heraus, das dem englischen oder französischen Modell nahe kam. Genau das Fehlen dieses europäischen Archetypus war es, was der Modernisierung Spaniens seinen besonderen Stempel aufdrückte. In den dichter werdenden »Mittelständen«, die sich in Madrid und anderen Großstädten überwiegend aus Akademikern, Militärs und Bürokraten zusammensetzten, war der handeltreibende Bürger eine Einzelerscheinung. Was anderswo die Form bürgerlicher Modernisierung annahm, war in Spanien ein maßvolles monarchisches Erneuern, das auf eine Bürokratie gegründet war, die sich aus einem »arbeitenden« Kleinadel rekrutierte, der versuchte, für gutgemeinte Verbesserungsgesellschaften und Reformprogramme eine »öffentliche Meinung« heranzubilden, die im wesentlichen seine eigene Schöpfung war. Unter den führenden Klassen und langsam entstehenden, weithin abhängigen Mittelschichten trieb dieser Kleinadel zollweise seine utilitaristische »Aufklärung« voran und nagte zaghaft an tief verwurzelten archaischen Interessen, die garantiert waren durch das, was spanische »Tradition« geworden war. Die Stoßrichtung dieser aufgeklärten Monarchie zielte also unvermeidlich gegen »Tradition«, gegen Ideologie und Vorstellungen vom *auténtico ser* Spaniens. Im Spanien der Volkszählung von 1797 mit seinen zehn Millionen Einwohnern betrug der Anteil der aktiven Bevölkerung magere 25 Prozent. Noch immer gab es 400.000 »Aristokraten«, und noch immer war die Ideologie des *hidalgo* vorherrschend und fand ein breites Echo bei einem städtischen Plebs, der größtenteils noch immer in einer vorindustriellen, vorkapitalistischen Welt der Gelegenheitsarbeit, halber Bettelei und ungesicherten Handwerkertums lebte, in der die stolzierenden, pikaresken *majos* und *majas* die Helden stellten, für die das Leben ein *Stil* war, der auf Messers Schneide ausgelebt wurde. Noch immer gab es 170.000 Kleriker, 2000 Klöster, 1000 Konvente und ein nicht unansehnliches Heer von 85.000 Mönchen und Nonnen. (...)

In einem vielgegliederten und unterentwickelten Land mußte es für eine königliche Reform eine obere Grenze geben. Die Krone bekam die örtlichen Behörden, den eigentlichen Angelpunkt effektiven Regierens, nie fest genug in den Griff, um ihre Maßnahmen strikt durchzusetzen. Hinzu kommt, daß keine Monarchie, wie »aufgeklärt« sie auch sein mochte, ihre gesellschaftliche Basis zerstören konnte. Dennoch war Spanien zu einem langsamen Treck in Richtung Modernisierung aufgebrochen und wurde aus seiner »traditionellen« Identität herausgezerrt. Das Sprachrohr der »Erleuchteten« in Spanien war das epische Großwerk des Benito Feijoo, eines Benediktiners, der zwischen 1720 und 1759 sein vielbändiges »*Teatro Crítico Universal*« veröffentlichte. In einem frommen, aber resoluten Stil setzte Feijoo die Trugschlüsse des Aberglaubens erbarmungslos dem Licht der (sorgfältig ausgewählten) neuen Erkenntnisse aus, zu denen die Wissenschaft bis dahin fortgeschritten war. Das Werk erzielte einen bemerkenswerten Erfolg. Bis 1780 waren fünfzehn Auflagen erschienen; es errang den wichtigen Beifall des Hofes. Nicht weniger als 37 Entgegnungen wurden allein durch den Angriff auf den Ärztestand provoziert. Nur der ewig populäre Don Quijote konnte mit dem Werk konkurrieren. »Dank dem unsterblichen Feijoo«, schrieb ein Bewunderer, »werden unsere Häuser nicht mehr von Geistern heimgesucht, sind die Hexen aus unseren Städten geflohen, wird das zarte Kind nicht mehr vom bösen Blick gequält, und eine Sonnenfinsternis hat ihre Schrecken verloren.« (...)

Ihren Höhepunkt erreichte die karolinische Aufklärung in den achtziger Jahren. Nicht nur am Hof wurde der Ton durch maßvolle und kluge »Erleuchtung« bestimmt. Auch Adelshäuser erlagen der Mode der Aufklärung, pflegten Salons, standen ökonomischen Gesellschaften vor und schickten vielversprechende junge Männer mit Stipendien nach Frankreich und England. In Salamanca und andernorts tauchten Scharen neuer Männer auf, die Generation Jovellanos', Männer wie der Historiker Ceán Bermúdez, der radikale Bankier Cabarrús, der Dichter Meléndez Valdés, der Dramatiker Moratín - der »europäische« Spanier, der *afrancesado*. Man darf die Stärke ihrer Reihen jedoch nicht zu hoch veranschlagen. Noch immer war ein Drittel der mageren Buchproduktion Spaniens der Religion gewidmet. Die Mehrzahl der Universitäten schleppte sich auf einem mühsamen Marsch noch immer mit Banalitäten ab. Es ist zweifelhaft, ob die *ilustrados* mehr als ein Prozent der Bevölkerung ausmachten. Aber sie konzentrierten sich an den Punkten des Wachstums und ihre Ideologie wurde dominierend.

In: *Gwyn A. Williams: Goya. Reinbek: Rowohlt 1978, S. 29ff.*

José Luís Comellas

Die politische Instabilität des 19. Jahrhunderts

Die Eigenschaft, die als das herausragende Merkmal des 19. Jahrhunderts bezeichnet werden kann, ist die Instabilität. Mit etwas Geduld können wir diesen Eindruck statistisch untermauern: 130 Regierungen, neun Verfassungen, drei Entthronungen, fünf Bürgerkriege, Dutzende von provisorischen Regimes und eine fast unüberschaubare Zahl von Revolutionen, die wir vorläufig auf 2.000 festlegen können, oder, was auf dasselbe hinausläuft, auf durchschnittlich alle siebzehn Tage einen Versuch, die bestehende Herrschaft zu stürzen. So sieht die Bilanz dessen aus, was Federico

Suárez das »historische 19. Jahrhundert« nennt, das 1833 beginnt und 1936 endet und den typischsten Wesenskern der Phänomenologie der spanischen Gegenwart bildet.

In: *José Luís Comellas: Historia de España moderne y contemporánea. Madrid: Rialp 1983, S. 264.*

Karl Marx

Der Kampf gegen Napoleon oder Die spanische *Unübersichtlichkeit*

Die politischen Ereignisse Mitte der 50er Jahre des vorigen Jahrhunderts, vor allem der Coup d'Etat des Generals O'Donell 1856, weckten in Marx (1818-1883) ein lebhaftes Interesse an spanischer Politik und Geschichte. In einem Brief an Engels (1820-1895), der ebenfalls mehrere Artikel über die spanischen Peripetien jener Jahre publizierte, schrieb der deutsche Philosoph 1854: »Mein gegenwärtiges Hauptarbeitsgebiet ist Spanien. Ich habe bereits intensiv die Zeiträume von 1808 bis 1814 und von 1820 bis 1823 bearbeitet und dabei hauptsächlich spanische Quellen benutzt. Jetzt beginne ich mit dem Zeitraum von 1824 bis 1843. Es handelt sich um eine ziemlich konfuse Geschichte.« In mehreren Artikelserien für die *New York Daily Tribune* versucht Marx den Ariadnefaden dieser »konfusen« Geschichte zu entwirren. Trotz einiger »eurozentristischer« Interpretationen zeigen die Ergebnisse eine verblüffende Sachkenntnis und analytische Schärfe - Charakteristika, die den Spanien-Texten noch heute Bedeutung verleihen.

Alle gegen Frankreich geführten Unabhängigkeitskriege tragen den gemeinsamen Stempel einer Regeneration, die sich mit Reaktion paart; nirgends aber in solchem Maße wie in Spanien. Der König erschien der Phantasie des Volkes im Lichte eines romantischen Prinzen, den ein gigantischer Räuber schimpflich mißhandelte und gefangenhielt. Die eindrucksvollsten und volkstümlichsten Epochen der Vergangenheit wurden mit den geheiligten und wundersamen Traditionen der Kreuzzüge gegen den Halbmond verknüpft; und ein großer Teil der niederen Klassen war es gewohnt, die Kutte der Bettelmönche zu tragen und auf Kosten des Kirchenvermögens zu leben. (...)

Wenn nun aber auch die Bauernschaft, die Bewohner der Kleinstädte im Innern des Landes und die zahlreiche Armee der Bettelmönche mit und ohne Mönchskutten, die alle von religiösen und politischen Vorurteilen tief durchdrungen waren, die große Mehrheit der nationalen Partei bildeten, so enthielt sie doch auf der anderen Seite eine rührige und einflußreiche Minderheit, die die Volkserhebung gegen die französische Invasion als das Signal zur politischen und sozialen Erneuerung Spaniens betrachtete. Diese Minderheit setzte sich aus den Bewohnern der Hafen- und Handelsstädte und einem Teil der Provinzhauptstädte zusammen, wo sich unter der Regierung Karls V. die materiellen Bedingungen der modernen Gesellschaft bis zu einem gewissen Grade entwickelt hatten. Sie wurde verstärkt durch den gebildeteren Teil der oberen Klassen und der Bourgeoisie, Schriftsteller, Ärzte, Rechtsanwälte und sogar Priester, für die die Pyrenäen keine genügende Barriere gegen das Eindringen der Philosophie des 18. Jahrhunderts gebildet hatten. Als das wahre Programm dieser Partei kann man das berühmte Memorandum Jovellanos' über die Verbesserung der Landwirtschaft und das Agrargesetz ansehen, das 1795 erschien und auf Befehl des Königlichen Rats von Kastilien abgefaßt worden war. Schließlich war da noch die Bourgeoisiejugend, zum Beispiel die Universitätsstudenten, die die Bestrebungen und Grundsätze der Französischen Revolution mit glühendem Eifer in sich aufgenommen und einen Moment sogar erwartet hatten, ihr Vaterland durch Frankreichs Hilfe wiederaufleben zu sehen.

Solange es sich nur um die gemeinsame Verteidigung des Vaterlandes handelte, blieben die beiden großen Elemente der nationalen Partei vollkommen einig. Ihre Gegnerschaft trat erst zutage, als sie sich in den Cortes begegneten, auf dem Kampfplatz, wo die neue Konstitution entworfen werden sollte. Die revolutionäre Minderheit hatte, um den patriotischen Geist des Volkes zu nähren, ihrerseits keine Bedenken getragen, an die nationalen Vorurteile des alten Volksglaubens zu appellieren. So günstig nun diese Taktik für die unmittelbaren Zwecke des nationalen Widerstands erschienen sein mochte, so mußte sie doch für diese Minderheit verhängnisvoll werden, als die Zeit gekommen war, wo die konservativen Interessen der alten Gesellschaft sich hinter eben diesen Vorurteilen und Volksleidenschaften verschanzten, um sich gegen die eigentlichen und weiteren Pläne der Revolutionäre zu verteidigen.

Als Ferdinand, der Aufforderung Napoleons gehorchend, Madrid verließ, hatte er eine oberste Regierungsjunta unter der Präsidentschaft des Infanten Don Antonio eingesetzt. Aber schon im Mai war diese Junta verschwunden. Eine Zentralregierung gab es nicht, und die aufrührerischen Städte bildeten ihre eigenen Juntas, die von denen der Provinzhauptstädte geleitet wurden. (...)

Die Proklamationen, die dieser verschiedenen Juntas an das Volk erließen, waren wohl alle von dem heldenmütigen Geist eines Volkes erfüllt, das plötzlich aus langer Lethargie erweckt und durch einen elektrischen Schlag in einen Zustand fieberhafter Tätigkeit versetzt ward, waren aber doch nicht frei von jener schwulstigen Übertreibung, jenem Stil, gemischt aus Windbeutelei und Bombast, und jener hochtönenden Großsprecherei, die Sismondi veranlaßten, der spanischen Literatur den Beinamen einer orientalischen zu geben. Auch die kindische Eitelkeit des spanischen Charakters drückte sich in ihnen aus; die Mitglieder der Juntas legten sich zum Beispiel den Titel Hoheit bei und überluden sich mit prunkenden Uniformen.

In: *Karl Marx, MEW Band 10. Berlin: Dietz 1977, S. 326ff.*

Kurt Tucholsky

Die Basken

Ein Graf von Montmorency rühmte einst vor einem Basken das Alter seines Namens, seines Adels, seiner Familie, rühmte, von welch großen Männern er abstammte. Der Baske erwiderte: »Wir Basken, Herr Graf: wir stammen überhaupt nicht ab!«

So alt dünken sie sich. Sie haben es gut: man kann ihnen nichts beweisen. Man weiß nicht, wer sie sind, weiß nicht, woher sie stammen, was für eine Sprache das ist, die sie sprechen - nichts. Denn kein Latein, keine romanische, keine nordische Sprache hilft dir hier. Eine Sprache, in der die Worte

»Wer durch diese Tür tritt, mag sich wie zu Hause fühlen«:
Atehan psatzen dubena bere etchean da

heißen - die ist für uns wohl nicht zu enträtseln. Es hat sie auch keiner enträtselt. Versucht habens viele. Eine unaufgeklärte wissenschaftliche Sache? Das läßt keinen deutschen Professor ruhen. So sehen wir denn eine ganze Reihe Deutscher unter den Forschern Eskual Herrias, wie die Basken ihr Land nennen: Wilhelm von Humboldt verstand und sprach baskisch, und Hübner, Uhlenbeck, Linschmann, der Begründer einer Baskischen Gesellschaft zu Berlin; Philipps, Schuchardt in Graz und viele andre haben an diesem Rätsel gearbeitet. Gelöst hats keiner. Es gibt da Schulen und Gruppen; erste Theorie: die Basken seien vom Süden gekommen, zweite: sie seien vom Norden gekommen, dritte: sie seien Asiaten ... für alles gibt es Beweise, für nichts gibt es Beweise. Nur für eine traurige Sache gibt es ein Anzeichen: diese Sprache kann eines absehbaren Tages aussterben.

Zunächst bildet sie sich schwer fort. Sie formt keine neuen Wörter für neue Begriff, und wenn die Basken »Bleistift« sagen wollen, so müssen sie sich, da die Sprache das Ding nicht kennt, des französischen Wortes bedienen, dem sie die baskisches Endung »a« anhängen: »crayona«. Die alte Generation sprach nur baskisch, und ich habe Leute gesehen und ihnen zugehört, mit denen ich mich gar nicht verständigen konnte; die jüngere Generation versteht fast durchweg französisch und spricht also beides - aber es gibt schon junge Leute und ganze Dörfer, da ist es aus, und die baskischen Forscher unter den Franzosen schildern mit Trauer, wie man sie auf Forschungsreisen von einem Dorf ins andre geschickt hat: Ja, bei uns spricht man nicht mehr baskisch ... Aber vielleicht in Izaba ... Die Sprache kann erlöschen.

Die Rasse sobald nicht. Sie sind ungefähr fünfhunderttausend Leute, nicht mehr - vier Provinzen liegen auf spanischem Boden, drei auf französischem: Labourd, das ist die westlichste, mit Bayonne und Saint-Jean-de-Luz; Nieder-Navarra mit Saint-Jean-Piede-Port und Soule mit Mauléon. Die Basken kehren sich nicht an die bürokratische französische Departementseinteilung, die ja offiziell alle die schönen Namen wie Bretagne, Normandie überhaupt nicht kennt, sie nennen ihre Provinzen mit den alten Namen. Aber so stolz sie auf sich sind: es ist nichts Aggressives dabei, und eine »baskische Frage« gibt es nicht. Hier will niemand erlöst werden, weil sich niemand bedrückt fühlt.

In: *Kurt Tucholsky: Ein Pyrenäenbuch. Reinbek: Rowohlt 1979, S. 30f.*

Rainer Wohlfeil

Zur Tradition des spanischen Militarismus

Wer den spanischen Bürgerkrieg in seiner Eigentümlichkeit verstehen will, muß bestimmte Vorgänge der spanischen Militärgeschichte kennen. Als auslösendes Moment der zu dieser Auseinandersetzung hinführenden Entwicklung, die das Militär sich in die Politik einmischen und es sogar zu einem beherrschenden Faktor des staatlichen Lebens werden ließ, wirkte der Unabhängigkeitskrieg gegen Napoleon (1808-1814). Er bereits zwang den Offizier zu politischen Entscheidungen, politisierte damit das Heer, das sich auch in seiner geistigen Struktur wandelte. Versuche des restaurierten bourbonischen Königtums, das Offizierskorps in die Stellung eines widerspruchslos dienenden Instrumentes zurückzuführen, scheiterten. Dessen Exponenten beantworteten vielmehr die Bestrebungen Ferdinands VII. mit Militärputschen. Eine führende Rolle spielten hierbei zunächst Guerillachefs des Unabhängigkeitskrieges, wie Comellas aufgezeigt hat. Das »pronunciamiento« als Mittel der politischen Auseinandersetzung bildete sich also nach 1814 heraus. Damit bahnte sich zugleich die von Christiansen dargestellte Entwicklung zum spanischen Militarismus an, »der es als seine Mission betrachtete, die politischen Probleme zu lösen, wo die zivilen und konstitutionellen Autoritären versagten« (Konetzke).

Im Hinblick auf den Bürgerkrieg von 1936 bis 1939 stellt sich hier das Problem, warum ein Offizierskorps, das während der »Ära der Pronunciamientos« (1815-1875) als liberal angesehen werden konnte - denn es unterstützte die liberale Bewegung und stellte sich sogar revolutionären Bestrebungen zur Verfügung -, im 20. Jahrhundert zur konservativen oder gar restaurativ-reaktionären Kraft wurde. Eine Antwort gibt Payne mit der These, daß sich Haltung und Verhalten der bewaffneten Macht zwischen 1830 und 1930 im Vergleich zu den strukturellen Wandlungen in Spaniens Gesellschaft und Organisationsformen des öffentlichen Lebens relativ wenig verändert hätten. Das Denken der Offiziere wurde - verallgemeinernd gesagt - zu jeder Zeit von der Sorge um die nationale Einheit und Einigkeit beherrscht. Diesem Ziel schien in der ersten Hälfte des 19. Jahrhunderts am besten die konstitutionelle Monarchie zu dienen. Zu ihren Gunsten putschten Offiziere, überließen ihre politische Gestaltung jedoch den Liberalen. (...)

In der fortschreitenden politischen, sozialen, wirtschaftlichen und geistigen Differenzierung, die das Gesicht Spaniens wesentlich veränderte, sahen die Offiziere eine Gefährdung der »nationalen Ordnung« und fühlten sich zum Hüter der Tradition berufen. Andere Träger der Überlieferung, insbesondere die Politiker, erwiesen sich ihrer Auffassung nach nicht fähig, dem Auflösungsprozeß Einhalt zu gebieten. Das Pronunciamiento im Stil des 19. Jahrhunderts reichte unter diesen Umständen nicht mehr aus. So wurde es als eine Art patriotischer Pflicht angesehen, bestimmend in das politische Leben einzugreifen. Ausdruck dieser Tendenz wurde die Militärdiktatur, wie sie Primo de Rivera 1923 erstmals errichtete. Als 1936 eine Gruppe politisch engagierter Offiziere eine radikale Lösung erreichen wollte - zusätzlich wahrscheinlich angeregt durch die inzwischen etablierten anderen totalitären Regime -, beschworen sie einen knapp dreijährigen Bürgerkrieg herauf.

In: *Walter L. Bernecker: Der Spanische Bürgerkrieg. Materialien und Quellen. Frankfurt/M.: Vervuert 1986, S. 50f.*

Gerald Brenan

Die Restauration

Das Oeuvre des englischen Hispanisten, der 1987 92jährig in seiner Wahlheimat Andalusien starb, fasziniert durch seine lebendige Sprache ebenso wie durch seine kenntnisreichen, vom »fremden Blick« (Goytisolo) des Engländers geprägten Darstellungen, in denen die spanischen Idiosynkrasien scharfsinnig analysiert werden. Der folgende Text stammt aus *The Spanish Labyrinth* (dtsch.: Die Geschichte Spaniens. Über die sozialen und politischen Hintergründe des spanischen Bürgerkriegs), seinem bekanntesten Buch. Neben einer umfangreichen Literaturgeschichte und einer kritischen Reisebeschreibung aus den 50er Jahren ist u.a. seine Regionalstudie *Südlich von Granada* ausgesprochen lesenswert.

In der ersten Hälfte des 19. Jahrhunderts hatte es Militärdiktaturen oder reaktionäre Regierungen gegeben, alle paar Jahre unterbrochen von Militäraufständen. Seit 1814 war keine liberale Regierung friedlich an die

Macht gekommen. Cánovas war intelligent genug, diese Schwierigkeiten und Gefahren zu erkennen. Deshalb ordnete er an, daß auf konservative regelmäßig liberale Regierungen folgen sollten. Der Plan, den er verfolgte, war, im Falle einer Wirtschaftskrise oder schwerwiegender Streiks zurückzutreten und den Liberalen die Regierung zu überlassen. Das erklärt, warum die meisten der repressiven Gesetze am Ende des Jahrhunderts von ihnen verabschiedet wurden. Aber eigentlich gab es keinen Unterschied mehr zwischen Liberalen und Konservativen, außer daß die Liberalen kirchenfeindlich eingestellt waren und sich für die Bildungspolitik interessierten, während die Konservativen ein gewisses Interesse für die Landwirtschaft und die sozialen Bedingungen bekundeten.

1885 starb der König an Schwindsucht und ein paar Monate später gebar die Königliche Regentin ein posthumes Kind - Alfonso XIII. Als der König auf dem Totenbett lag, trafen sich die Politiker im Palast des Prado und unterzeichneten einen Vertrag, durch den die Art der Regierungsbildung, wie sie sie bereits praktizierten, formal bestätigt wurde. So wurden Risiken für die Dynastie vermieden. Cánovas, der damals an der Macht war, trat zurück und sein liberaler Gegenspieler P. Mateo Sagasta bildete eine Regierung. Um die Radikalen ruhig zu halten, wurde das allgemeine Wahlrecht mit großem Getöse eingeführt, aber das änderte überhaupt nichts. Es blieb die Regel, daß diejenige Regierung, die die Wahlen durchführte, sie auch gewann. Das war so selbstverständlich, daß die Wahlergebnisse manchmal in der offiziellen Zeitung veröffentlicht wurden, bevor die Wahl überhaupt stattgefunden hatte. Es war eine Seltenheit, daß ein einzelner Kandidat, der nicht von der Regierung aufgestellt worden war, es schaffte, hineinzukommen.

Aber wahrscheinlich wäre es trotzdem günstig zu erklären, wie diese Resultate zustande kamen. Die Wahlmaschinerie hatte ihr Zentrum im Innenministerium. Von dort aus wurden Befehle an die Zivilgouverneure der Provinzen erteilt, in denen ihnen die Namen der Regierungskandidaten genannt wurden und manchmal sogar die ungefähre Mehrheit, mit der sie gewinnen sollten. Nicht alle gehörten derselben Partei an. Wenn eine konservative Regierung die Wahl leitete, wurde auch immer eine entsprechende Anzahl von Liberalen und manchmal sogar ein oder zwei ungefährliche Republikaner zugelassen. Die Regierungsabgeordneten wollten nicht, wie die faschistischen Staaten, ins Leere sprechen - sie waren kultivierte, vernünftige Männer und sie benötigten eine Opposition, um ihre Ideen deutlich zu entwickeln und um Erfolge zu erzielen. Sie waren Redekünstler und jeder, der einen guten rhetorischen Stil hatte, bekam einen Sitz, auch wenn seine Ansichten von den ihren verschieden waren.

Die erste Aufgabe des Zivilgouverneurs war es dann, sobald er seine Befehle vom Innenministerium bekommen hatte, die Gemeindeverwaltungen vorzubereiten. Falls die richtigen Männer zufällig nicht in diese gewählt worden waren, wurden Unregelmäßigkeiten in den Berechnungen der Behörde entdeckt, und ihre Plätze durch andere ersetzt. Die Gemeindeverwaltungen stellten dann eine Liste der Wähler auf. Natürlich wurden nur diejenigen auf die Listen genommen, denen zugetraut werden konnte, daß sie den offiziellen Kandidaten unterstützen würden. Wenn es eine ungenügende Anzahl von diesen gab, wurden dieselben Personen mehrmals aufgenommen. Selbst auf Tote konnte man zählen: bei einer Gelegenheit gab ein ganzer Friedhof, siebenhundert Mann stark, seine Stimme ab und es war erbaulich zu sehen, daß, obwohl sie zu Lebzeiten alle Analphabeten gewesen waren, sie alle im Grab schreiben gelernt hatten. (...)

Aber ich denke, man muß aufpassen, welche Schlußfolgerungen man aus diesem Zustand zieht. Spanien ist nicht das einzige Land, daß durch Perioden politischer und sozialer Korruption gegangen ist. Zu irgendeiner Zeit hat jede europäische Nation ähnliche Erfahrungen gemacht. Deshalb mag es nützlich sein, zum Vergleich das England gegen Ende des 18. Jahrhunderts heranzuziehen. Damals war England, wie Spanien 1880, ein Agrarland, das von einem aus Großgrundbesitzern bestehenden Parlament regiert wurde, dessen Hauptforderung es war, einen hohen Zoll auf ausländischen Weizen zu legen. Eine Industrie- und Bergbauarbeiterbewegung begann gerade, unbeachtet vom Parlament, zu wachsen. In den großen Städten machten Hungerlöhne die Bevölkerung aufsässig und man merkte, daß ihre Existenz eine ständige Gefahr für die Gesellschaft war.

Es gab auch einen verarmten unteren Mittelstand, dessen Lebensunterhalt gefährdet war.

Und in beiden Ländern waren die Großgrundbesitzer damit beschäftigt, ihren eigenen Ländereien das Gemeindeland einzuverleiben: In England durch Abgeordnetenanträge, die die Rechte der Dorfbewohner völlig mißachteten, in Spanien als Resultat einer umfassenden Politik, die nicht so sehr durch den Druck der eifrigen Großgrundbesitzer verursacht wurde, als durch liberale Ideen. Die politische Korruption war groß und die Kirche, die jeden Sinn für ihre religiösen Verpflichtungen verloren hatte, war nur noch eine Stütze für die Reichen. Jedoch hier schon hört die Ähnlichkeit auf. In England gab es keine Kaziken. Die Großgrundbesitzer verbrachten den größten Teil des Jahres auf ihrem Gut und sie blieben, trotz der Einverleibung des Gemeindelandes und der grausamen Gesetze gegen Wilderer, populäre Persönlichkeiten und unparteiische Richter. Und in England gab es auch eine großzügige Armenrechtspflege und keine Polizei. In Spanien, auf der anderen Seite, gab es eine bewaffnete Polizeimacht und kein Armenrecht. Der spanische Adel lebte in den großen Städten und besuchte kaum seine Ländereien und die Rechtsverwaltung, obwohl sie milder war als in England, war korrupt und parteiisch.

Außerdem blühte in England der Handel, englisches Kapital und englische Energie entwickelten geschäftig neue Industrien. In Spanien war der größte Teil des Kapitals ausländischer Herkunft, während der Großteil des Handels und der Industrie des Landes (genauso, wie es im 17. Jahrhundert gewesen war) in den Händen von Engländern und Franzosen lag. Kurz, England war 1750 ein reiches und dynamisches Land, wenn auch herzlos und brutal, und seine Fehler waren die eines wachsenden und sich rasch ändernden Organismus, während Spanien, das dieselbe ökonomische Phase 150 Jahre später durchlief, einer der Kranken Europas war.

In: *Gerald Brenan: Die Geschichte Spaniens: Historische und politische Hintergründe des spanischen Bürgerkrieges. Berlin: Karin Kramer 1978, S. 12ff.*

Hans Magnus Enzensberger

Über die Wurzeln des spanischen Anarchismus

Im Gesamtwerk des 1929 geborenen Lyrikers, Romanciers, Theaterautors, Essayisten, Übersetzers und Verlegers, der zu den Initiatoren der außerparlamentarischen Opposition der 60er Jahre gehörte, nehmen die genuin spanischen Themen zwar nur einen relativ kleinen Platz ein. Seine luziden und auf den Punkt gebrachten Analysen sowie sein geschliffener, meist hoch virituoser Stil geben auch seinen Spanien-Texten einen besonderen Reiz. Neben den hier vorgestellten Texten aus dem dokumentarischen Roman über den legendären Anarchistenführer Buenaventura Durutti und seiner politischen Reisereportage von 1985 hat Enzensberger u.a. schon früh lateinamerikanische Lyrik übersetzt und publiziert, ein Dokumentarstück über die kubanische Revolution verfaßt sowie einen Text über Las Casas herausgegeben und kommentiert. Neuerdings scheint der radikale Gesellschaftskritiker und langjährige Herausgeber des *Kursbuches* jedoch einen Teil seiner politischen Luzidität von einst verloren zu haben. Während des Golfkrieges entpuppte sich Enzensberger als entschiedener Verfechter der amerikanischen Kriegsstrategie.

An einem Oktobertag des Jahres 1868 traf Guiseppe Fanelli, ein Italiener, in Madrid ein. Er war etwa vierzig Jahre alt, von Beruf Ingenieur, trug einen dichten schwarzen Bart, hatte funkelnde Augen, war groß von Gestalt und legte eine heitere Entschiedenheit an den Tag. Sogleich nach seiner Ankunft suchte er eine Adresse auf, die in seinem Notizbuch verzeichnet war: ein Café, in dem er eine kleine Gruppe von Arbeitern traf. Die meisten von ihnen waren Typographen aus den unscheinbaren Druckereien der spanischen Hauptstadt. (...)

Keiner seiner Zuhörer hatte je zuvor von der Organisation gehört, als deren Emissär Fanelli nach Spanien gereist war: der Internationalen Arbeiter-Assoziation. Fanelli war ein Anhänger Bakunins, er gehörte dem »antiautoritären« Flügel der Ersten Internationale an, und die Botschaft, die er nach Spanien brachte, war die des Anarchismus.

Der Erfolg dieser revolutionären Lehre war augenblicklich und sensationell; sie breitete sich unter den Land- und Industriearbeitern des westlichen und südlichen Spanien wie ein Steppenbrand aus. Schon auf ihrem ersten Kongreß, 1870, entschied sich die spanische Arbeiterbewegung für Bakunin und gegen Marx, und zwei Jahre später konnte die Föderation der Anarchisten beim Treffen von Córdoba auf 45.000 aktive Mitglieder zählen. Die Bauernaufstände von 1873, die sich über ganz Andalusien erstreckten, standen bereits eindeutig unter anarchistischer Führung. Spanien ist das einzige Land der Welt, in dem die revolutionären Theorien Bakunins zur materiellen Gewalt geworden sind. Bis 1936 haben die Anarchisten ihre beherrschende Rolle in der spanischen Arbeiterbewegung behauptet; sie waren nicht nur zahlenmäßig in der Mehrheit, sie bildeten auch ihre militanteste Fraktion.

Dieser historisch einzigartige Sachverhalt hat eine ganze Reihe von Erklärungsversuchen auf den Plan gerufen. Keiner von ihnen leistet, für sich genommen, was er verspricht, und eine kohärente Ableitung nach den Spielregeln der politischen Ökonomie ist bisher nicht gelungen. Immerhin lassen sich die Bedingungen angeben, unter denen der spanische Anarchismus gediehen ist; sie mögen eine Entwicklung, die der rein ökonomischen Erklärung bisher getrotzt hat, immerhin verständlich machen. (...)

In Spanien hat der Anarchismus seine endgültige Organisationsform erst 1910 gefunden, mit der Gründung des anarchistischen Gewerkschaftsbundes CNT (Confederación Nacional del Trabajo).

Die CNT war die einzige revolutionäre Gewerkschaft der Welt. Sie hat sich nie als »Sozialpartner« verstanden, der mit den Unternehmern verhandelt, um die materielle Lage der Arbeiterklasse zu verbessern; ihr Programm und ihre Praxis bestanden darin, den offenen, permanenten Krieg der Lohnarbeiter gegen das Kapital bis zum endgültigen Sieg zu führen. Dieser Strategie entsprach ihr Aufbau und ihr taktisches Verhalten.

Sie war nie ein Zusammenschluß von Beitragszahlern, und sie hat keine finanziellen Reserven akkumuliert. Ihr Mitgliedsbeitrag war in der Stadt sehr geringfügig, auf dem Lande war die Mitgliedschaft oft ganz umsonst. Noch 1936 hatte die CNT bei über einer Million von Organisierten nur einen einzigen bezahlten Funktionär! (...)

Es ist nicht leicht, die Vorzüge der anarchistischen Organisationsform gegen ihre Nachteile abzuwägen. Unvergleichlich waren ihre Nähe zur Basis, ihr revolutionärer Eifer, ihre militante Solidarität; aber diese Vorzüge wurden durch einen empfindlichen Mangel an Effizienz, Koordination und zentraler Planung erkauft. So kam es bis kurz vor dem Bürgerkrieg immer wieder zu spontanen, isolierten Aufstandsversuchen und Revolten, die allesamt niedergeschlagen worden sind: »Muster davon«, wie Engels schon 1873 sagte, »wie man eine Revolution nicht machen muß.«

Eine Erklärung dafür, daß solche elementaren und gewaltsamen Versuche, der Unterdrückung hier und jetzt ein Ende zu machen, über ein Jahrhundert lang mit größter Hartnäckigkeit immer wieder unternommen worden sind, ist von bürgerlichen und von marxistischen Historikern immer wieder vorgebracht worden. Ihr zufolge wäre der spanische Anarchismus im Grunde eine religiöse Erscheinung. Seine Anhänger stellen sich den Tag der Revolution als ein Jüngstes Gericht vor, dem das Millenium, das Tausendjährige Reich der göttlichen Gerechtigkeit, auf dem Fuße folgt. Messianische Züge sind, dieser Hypothese zufolge, auch der Fanatismus und die Opferbereitschaft der spanischen Anarchisten. Daß sich besonders die Bewegung auf den Dörfern von quasi religiösen Vorstellungen und Erwartungen genährt hat, ist in der Tat unbestreitbar. Aber das Verfahren, sie auf religiöse Formen zu reduzieren, greift wie alle Säkularisierungsthesen zu kurz. Es unterschlägt, nach Art der »Geistesgeschichte«, den politischen Inhalt dieses Kampfes. Die spanischen Arbeiter haben die Verheißungen der Religion bewußt und resolut auf die Füße gestellt. Wenigstens die materialistischen Historiker sollten es dabei lassen.

In: *Hans Magnus Enzensberger: Der kurze Sommer der Anarchie. Buenaventura Durrutis Leben und Tod. Frankfurt/M.: Suhrkamp 1972, S. 27ff.*

Kapitel V

Echtheitsphatos, Europamimese und cultura popular: Kulturelle Idiosynkrasien

Benito Jerónimo Feijoo

Nationale Leidenschaften

Das Werk des »spanischen Voltairs«, Theologieprofessors in Oviedo und Benediktiners Feijoo (1676-1764) kann als Synthese von Aufklärung und (religiöser) Tradition verstanden werden. Das enzyklopädische Interesse des Universalgelehrten und Kenners der klassischen Philosophie Griechenlands galt sowohl der Medizin als auch den Natur- und Geisteswissenschaften. Sein neunbändiges *Téatro crítico universal* (1726-1740) sowie seine fünfbändigen *Cartas eruditas y curiosas* (1742-1760) avancierten mit ca. 400.000 Exemplaren im 18. Jahrhundert zu wahren Bestsellern. Der Beitrag Feijoos zur Popularisierung wissenschaftlicher und aufklärerischer Gedanken und seine Polemiken gegen den Aberglauben seiner Zeit sowie die Dekadenz seines Landes provozierten unter zeitgenössischen Traditionalisten fulminante Gegenattacken. In einigen Positionen, vor allem zur Kolonialgeschichte, erwies sich Feijoo allerdings als durchaus orthodox.

Wir leben in verzückter Abhängigkeit von den Lebensmitteln unseres täglichen Gebrauchs, doch gibt es kein Volk, dem es anders erginge. Die nordischen Völker begeistert das Fleisch des Bären, des Wolfes und Fuchses; die Tartaren das Pferdefleisch; die Araber das Kamelfleisch; die Bewohner Guineas das des Hundes, ebenso wie die Chinesen, die ihre Hunde mästen und sie auf den Märkten verkaufen, wie wir die Schweine. In einigen Gebieten Afrikas ißt man Affen, Krokodile und Schlangen. Scaliger sagt, daß in einigen Teilen des Orients die Fledermaus ein so beliebtes Gericht ist wie bei uns das beste Hühnchen.

Wie bei den Speisen, so ist es auch bei allen anderen Dingen; sei es durch die Macht der Gewohnheit, oder durch das jeweilige Maß an Temperament einer jeden Nation, oder es liegt daran, daß die Dinge derselben Gattung in den verschiedenen Ländern unterschiedliche Eigenschaften besitzen, wodurch sie angenehm oder unangenehm werden. Was es auch sei, jeder zieht die Dinge des eigenen Landes denen eines fremden vor, und so bindet ihn an sein Land seine größte Bequemlichkeit und nicht die vermeintliche Vaterlandsliebe. [...]

Das Schlimmste ist, daß auch noch diejenigen, die sich nicht zum Pöbel zählen, wie der Pöbel sprechen. Das ist die Folge der sogenannten nationalen Leidenschaft, dieser ehelichen Tochter des Dünkels und der Eifersucht. Der Dünkel betrifft uns insofern, als unser Volk sich allen anderen überlegen fühlt, weil jedes Individuum dadurch seinen Teil des Beifalls bekommt. Die Eifersucht, mit der wir fremde, insbesondere die benachbarten Länder betrachten, veranlaßt uns, ihre Erniedrigung zu fordern. Aus beiden Gründen schreiben genau diejenigen ihrer Nation tausend erheuchelte Vorzüge zu, die wissen, daß sie nur erheuchelt sind.

Dieser Mißbrauch hat die Welt mit Lügen erfüllt und den Glauben in fast alle Geschichtsbücher erschüttert. Wenn es um den Ruhm der eigenen Nation geht, findet man kaum einen wirklich ehrlichen Geschichtsschreiber.

In: *Benito Jerónimo Feijoo: Teatro crítico universal. Madrid: Cátedra 1989, S. 101ff.*

Horst Hina

Die kastilische Literatur des achtzehnten Jahrhunderts

Feijoo, Cadalso, Jovellanos - »variedad« als Prinzip der Spanienkritik

Die Literaturgeschichte hat das spanische (und wieviel mehr das katalanische) achtzehnte Jahrhundert stiefmütterlich behandelt. Das negative Urteil des jungen Menéndez Pelayo über das Jahrhundert der *afrancesados* wirkt auch heute noch nach, selbst auf französischer Seite: »*époque sans gloire*«, »*siècle gris*« hat etwa Jean Camp den Zeitraum zwischen dem Tode Calderóns und dem Beginn der Romantik genannt, geblendet wie so viele andere vom Glanz des *Siglo de Oro*. Mit dieser Blütezeit kann und will das Zeitalter der Aufklärung nicht gemessen werden; es erfordert einen eigenen oder jedenfalls nicht diesen Maßstab. Wenn man jedoch diese Epoche nicht vom siebzehnten Jahrhundert, also von der Vergangenheit her sieht, sondern von dem, was folgte, vom neunzehnten und vor allem vom zwanzigsten Jahrhundert her, dann ergibt sich sogleich ein anderes Bild. So hat Pedro Salinas schon 1924 von Feijoo gesagt, er sei »*padre de ensayistas*«, und von der neueren Kritik ist immer wieder darauf hingewiesen worden, daß die Ursprünge der von der Achtundsechziger-Generation gepflegten Essayistik im spanischen achtzehnten Jahrhundert liegen. Wenn man die Bedeutung dieser Gattung für die neuere Literatur erwägt, dann wird man gerade auch die literarische Leistung der spanischen Aufklärungsepoche nicht hoch genug einschätzen können.

Die Literatur dieser Epoche des aufsteigenden Bürgertums ist kritischer und pragmatischer Natur. Das französische und in geringerem Maße auch englische Aufklärungsdenken wird rezipiert und mit dem traditionsbetonten historischen Denken eigener Herkunft zu einer gemäßigten Synthese verbunden, zu jener Mischung von Avantgarde und Tradition, in der nach Pierre Vilar seit je die Originalität des spanischen Denkens liegt. Der Anschluß an das europäische Geistesleben, unterbrochen seit der Gegenreformation, wird erneut gesucht. Vor allem auch wird das Phänomen der nationalen Dekadenz erkannt und im Rahmen des bourbonischen Reformprogramms zu einem der Hauptthemen der geistigen Auseinandersetzung erhoben. Die Literatur des achtzehnten Jahrhunderts ist daher in hohem Maße spanienkritisch, auf eine andere Weise, als das bis dahin der Fall war, und in dieser neuen Art der Kritik kann sie für spätere Epochen vorbildlich werden.

In dieser neuen spanienkritischen Literatur wird - sicher nicht unbeeinflußt von gleichgerichteten Überlegungen auf französischer Seite, etwa bei Montesquieu - dem Aspekt der »*diversité*«, auf spanisch der »*variedad*«, erhöhte Aufmerksamkeit geschenkt. In der geographischen, sozialen, wirtschaftlichen, kulturellen Vielfalt der Monarchie soll eine Kraftquelle erschlossen werden, mit der die nationale Dekadenz überwunden werden kann, besonders dann, wenn diese Reichtümer planmäßig entwickelt werden (etwa durch die schon genannten *Sociedades económicas de amigos del país*, an denen Aufklärer wie Jovellanos führend beteiligt sind). Es ist wohl nicht zufällig, daß die großen spanischen Aufklärungsschriftsteller allesamt aus der Peripherie stammen (auch hier ist wiederum die Parallele zur Generation von 1898 frappierend): Feijoo und Jovellanos aus dem asturisch-galicischen Raum, Aranda aus Aragonien, Forner aus Extremadura, Cadalso aus dem Baskischen, Capmany aus Katalonien. Und kaum zufällig ist wohl auch die demographische Parallele, daß nämlich der bedeutende Bevölkerungszuwachs im spanischen achtzehnten Jahrhundert fast ausschließlich die Peripherie betrifft.

In: *Horst Hina: Kastilien und Katalonien in der Kulturdiskussion 1714-1939. Tübingen: Niemeyer 1978, S. 26f.*

Mariano José de Larra

Für eine neue spanische Literatur

Der Vater Mariano José de Larras (1809-1837) war Militärarzt im Heere Napoleons. Dem Vorwurf des »afrancesamiento«, der übertriebenen Frankreichliebe, war auch der Sohn ausgesetzt. Noch 1982 inkriminierte ein Herausgeber seiner zeitkritischen Artikel »bestimmte französische Modismen, trotzt seines Willens zum *casticismo*«. Die beißenden Sittenschilderungen des weitgereisten Journalisten, die gegen die Apathie im öffentlichen Leben, gegen Korruption, Bürokratie, Frömmelei und die verstaubten Erziehungsideale seiner Zeit polemisierten, waren in der Tat geeignet, die mehrheitlich konservativen Zeitgenossen des »romantischen Aufklärers«, der romantische Impulse und liberales Credo zu verbinden trachtete, auf den Plan zu rufen. Der »spanische Werther«, der sich schließlich aus Liebeskummer das Leben nahm und als einer der geistigen Väter der *98er Generation* gilt, war in seinen Beschreibungen des politisch-kulturellen Status quo so plastisch wie prophetisch: »Hier ruht halb Spanien. Es starb an seiner anderen Hälfte«, so einer seiner bekanntesten Sätze. Auch ein anderes Diktum: »In Madrid schreiben, heißt weinen« sollte bis weit in dieses Jahrhundert hinein seinen prophetischen Charakter nicht verlieren.

In Spanien hemmten also lokale Ursachen den intellektuellen Fortschritt und mit ihm unweigerlich auch die literarische Bewegung. Der Untergang der nationalen Freiheit, die beim Zusammenbruch der kastilischen Kommunen bereits einen so schweren Schlag erlitten hatte, fügte zur religiösen noch die politische Tyrannei; und wenn wir noch ein Jahrhundert hindurch unsere literarische Vormachtstellung aufrechterhielten, so war das bloß die notwendige Wirkung des vorhergehenden Impulses; aber unsere Literatur hatte keinen systematischen, forschenden, philosophischen Charakter - mit einem Wort, keinen *nützlichen* und *fortschrittlichen*. Ganz Phantasie, eignete sie sich mehr für Dichter als für Prosaschriftsteller, so daß selbst in unserem Siglo de Oro die Reihe der rationalen Schriftsteller, die wir anführen könnten, sehr kurz ist. Abgesehen von den mystischen und theologischen Schriften sowie von den spitzfindigen Abhandlungen über Moral und Metaphysik, von welchen wir unglücklicherweise eine vollständigere alte Bibliothek aufzuweisen haben als jede andere Nation, müssen wir uns, suchen wir Prosaschriftsteller, in die Geschichtsschreibung flüchten. Solís, Mariana und einige andere vertraten wirklich die Muse von Tacitus und Sueton. Wir müssen freilich eingestehen, daß auch sie mehr als Säulen der Sprachkultur denn als Interpreten der geistigen Entwicklung ihrer Zeit auftraten; beeinflußt von den Überzeugungen des Volkes, taten sie keinen einzigen Schritt nach vorn; sie übernahmen sagen- und märchenhafte Überlieferungen wie tatsächliche politische Geschehnisse; sie versuchten viel eher, ihr bedeutendes Ingenium durch erlesenen Stil zur Geltung zu bringen als die Beweggründe der Ereignisse aufzudecken, die zu erzählen sie sich berufen fühlten. Ihre Schriften erscheinen mehr als eine Sammlung von zusammenhanglosen Materialien und Fragmenten, eine auswählende Wiedergabe wahrscheinlich klingender Erzählungen denn als ein belegtes und durchdachtes Geschichtswerk. Da sie es nicht verstanden, die Chronik von der Geschichte, die Geschichte vom Roman abzugrenzen, füllten sie viele Bände, ohne ein einziges Buch zustandezubringen. (...)

Wenn unsere frühere Literatur im Siglo de Oro eher strahlend als solide war, wenn sie danach unter dem Druck der religiösen Intoleranz und der politischen Tyrannei ihren Geist aufgab, wenn sie nicht anders wiederbelebt werden konnte als am französischen Gängelband, und wenn selbst dieser von außen kommende Einfluß durch das traurige Schicksal des Vaterlands erstickt wurde, wollen wir hoffen, daß wir binnen kurzem den Grundstein für eine *neue* Literatur werden legen können. Ausdruck der *neuen Gesellschaft*, die wir bilden, ganz *Wahrheit*, ganz so wie in *Wahrheit* unsere Gesellschaft ist, ohne andere Regeln als diese *Wahrheit* selbst, ohne andere Lehrmeister als die *Natur*, mit einem Wort, jung wie das Spanien, das wir bauen. *Freiheit* in der Literatur wie in den Künsten, wie im Gewerbe, wie im Handel, wie im Gewissen. Das ist das Motto unserer Epoche, das Maß, mit dem wir messen werden; bei unseren Werturteilen werden wir ein Buch fragen: Lehrst du uns etwas? Bist du für uns Ausdruck des menschlichen Fortschritts? Bist du für uns nützlich? Dann bist du gut!

In: *Hans Hinterhauser (Hrsg.): Spanien und Europa. Stimmen zu ihrem Verhältnis von der Aufklärung bis zur Gegenwart. München: dtv 1979, S. 133ff.*

Peter Burke

Volkskultur

Kurz gesagt, die Entdeckung des Volkes und seiner Kultur war Teil einer Bewegung des Kulturprimitivismus, in der das Alte, das Weitabgelegene und das Volkstümliche als gleichbedeutend angesehen wurden. Es kann nicht überraschen, daß Rousseau Volkslieder liebte, die er rührend fand, weil sie einfach, naiv, archaisch seien, denn er war in seiner Generation der Wortführer dieses Kulturprimitivismus. (...)

Diese Bewegung war auch eine Reaktion auf die Aufklärung, als deren Hauptvertreter man Voltaire ansah. Man wandte sich gegen den elitären Geist der Aufklärung, gegen ihre Ablehnung der Tradition, gegen ihre Betonung der Vernunft. Die Brüder Grimm priesen z.B. die Überlieferung auf Kosten der Vernunft, erhoben das natürlich Gewachsene über das rationell Geplante, stellten die Eingebung des Volkes über die Argumente der Intellektuellen. (...)

Die Aufklärung wurde in bestimmten Teilen Europas, so zum Beispiel in Deutschland und Spanien, auch deshalb abgelehnt, weil sie von außen kam und als Anzeichen der französischen Vorherrschaft betrachtet wurde. Im Spanien des ausgehenden achtzehnten Jahrhunderts bot der neue Hang zur Volkskultur eine Gelegenheit, die Gegnerschaft zu Frankreich zur Schau zu stellen. Die Entdeckung der Volkskultur war eng verknüpft mit der Ausbreitung des Nationalismus. (...)

Was Spanien anbelangt, so begann die Entdeckung der Folklore nicht im Zentrum, in Kastilien, sondern an der Peripherie, in Andalusien. Auch in Deutschland kam die Initiative aus den Grenzgebieten; sowohl Herder als auch Arnim stammten aus Gebieten östlich der Elbe.

Es lassen sich also gute literarische und politische Gründe als Antwort auf die Frage finden, warum die Volkskultur gerade damals entdeckt wurde. Vielleicht wäre allerdings die Entdeckung rein literarisch geblieben, wenn nicht bereits eine ältere Forschungsrichtung bestanden hätte, in deren Mittelpunkt das Interesse an Sitten und Bräuchen stand. Sie war antiquarisch ausgerichtet, ging auf die Renaissance zurück, nahm indes im achtzehnten Jahrhundert eine soziologische Färbung an. Die Variationsbreite religiöser Sitten und Praktiken in den verschiedenen Teilen der Welt schien allmählich eine immer größere Faszination auszuüben und forderte dazu heraus, eine Ordnung zu suchen, die dem scheinbaren Chaos zugrunde lag.

In: *Peter Burke: Helden, Schurken und Narren. Europäische Volkskultur in der frühen Neuzeit. Aus dem Englischen von Susanne Schenda. Stuttgart: Klett-Cotta 1981, S. 24ff.*

Lion Feuchtwanger

Granden, Pícaros und Majos

Im achtzehnten Jahrhundert hatte es zwei große Vertreter des spanischen Menschen gegeben; der eine war der Ritter, der Grande, der andere der Pícaro, der Unterprivilegierte, der Lump, der in ständigem, unterirdischem Kampf gegen alle durch List, Betrug und Geistesgegenwart sein Leben fristete. Das Volk und seine Dichter verehrten und priesen den Helden und Ritter, aber sie priesen nicht weniger und liebten mehr den Pícaro und die Pícara, das schlaue, nie verzagte, immer lustige, lebenstüchtige Gesindel der unteren Klassen. Der Pícaro war dem Volk ein ebenso gütiger Ausdruck Spaniens wie der Grande, sie ergänzten einander, und große Dichter haben die Pícaros Guzmán und Lazarillo, die Schelme und Lumpen, mit ihrem Elend, mit ihrem saftigen, von keiner Moral benagten Materialismus und mit ihrem tüchtigen, fröhlichen, erdnahen Verstand ebenso lebendig erhalten wie die Repräsentanten des Rittertums, den Cid und den Don Quichotte.

Im achtzehnten Jahrhundert waren Pícaro und Pícara zum Majo geworden und zur Maja.

Deren Wesen und Brauch, der Majismo, war aus dem Spanien jener Zeit sowenig fortzudenken wie das absolute Königtum und die Inquisition.

Es gab Majos in allen großen Städten. Doch Hauptsitz des Majismo blieb Madrid, ein bestimmter Teil von Madrid, die Manolería. Die Majos waren Schmiede, Schlosser, Weber, kleine Gastwirte, Fleischer, oder sie lebten vom Schmuggel, vom Hausieren, vom Spiel. Die Majas hielten wohl einen Weinschank, oder sie flickten Kleider und Wäsche, oder sie waren Straßenverkäuferinnen, boten Früchte an, Blumen, Lebensmittel aller Art; sie und ihr Tand fehlten auf keinem Jahrmarkt. Auch verschmähten sie es nicht, aus reichen Männern Geld zu ziehen. (...)

Im Kampfe gegen Aufklärung und Vernunft, gegen französisches Wesen, gegen die Revolution und alles, was damit zusammenhing, war der Majo der beste Alliierte der Monarchie und der Kirche. Der Majo liebte die prunkvollen Königsschlösser, die farbigen Aufzüge der Granden, die prächtigen Prozessionen der Kirche, er liebte Stiere, Fahnen, Pferde und Degen, und sein wilder Nationalstolz sah mit Mißtrauen und Haß auf den Intellektuellen, den Liberalen, auf den Afrancesado, der das alles abschaffen wollte. Umsonst versprachen fortschrittliche Schriftsteller und Staatsmänner dem Majo bessere Wohnstätten und üppigeres Brot und Fleisch. Er verzichtete darauf, wenn man ihm bloß seine großen Spiele und Feste beließ.

Denn die Majos und die Majas waren das bunte und fanatische Publikum dieser großen Feste. Sie drängten sich im Patio der Theater, sie bildeten die Kerntruppe der Chorizos und Polacos, sie randalierten, als die Autos Sacramentales verboten wurden, die volkstümlichen Heiligen Spiele, in denen etwa Christus, vom Kreuze gestiegen, Dornenkrone und Lendenschurz mit dem Kostüm des Majos vertauschte, um mit den anderen Darstellern der Leidensgeschichte eine Seguidilla zu tanzen. Die Majos waren begeisterte Anhänger, Apasionados, der Autodafés und ebenso enthusiastische Anhänger, Aficionados, der Stierkämpfe, empört, wenn ein Torero, ein Stier oder ein Ketzer schlecht starben. Sie sahen auf gute Haltung.

In: *Lion Feuchtwanger: Goya oder Der arge Weg der Erkenntnis. Berlin/Weimar: Aufbau Verlag 1975, S. 255f.*

Benito Pérez Galdós

Tradition und Fortschritt im Dauerkonflikt

Pérez Galdós (1843-1920) ist vermutlich einer der produktivsten und vielseitigsten Autoren der spanischen Literaturgeschichte. Von ihm liegen 76 Romane und 24 Theaterstücke vor (u.a. historisch-politische Romane, religiöse Thesenromane über Fanatismus und Toleranz, sentimentale Romane, tragische Liebesgeschichten und Beobachtungsstudien). Sein unvollendet gebliebener

Romanzyklus *Episodios nacionales* umfaßt 46 Werke, die nahezu alle wesentlichen Ereignisse, Personen und Aspekte des 19. Jahrhunderts thematisieren. Während Galdós, was die ästhetische Seite seines Werkes betrifft, praktisch zeitlebens ein realistischer Autor war (eine gewisse Ausnahme stellt z.B. sein später Roman *El caballero encantado* dar), läßt sich politisch eine Entwicklung von eher liberalen zu betont gesellschaftskritisch-sozialistischen Positionen konstatieren (vgl. auch hier *El caballero encantado).* Wenngleich einige Positionen (z.B. eine gewisse Europa-Euphorie und paternalistische Haltungen gegenüber Lateinamerika) Kritik verdienen, war Galdós *der* Portraitist seiner Zeit (nicht zuletzt der Hauptstadt Madrid, wo er fast ausschließlich lebte), dessen Romane und Theaterstücke zum Verständnis des 19. Jahrhunderts unverzichtbar sind.

»Noch habe ich mir kein Urtheil über das Städtchen bilden können«, antwortete Pepe, »nach dem wenigen, was ich gesehen habe, scheint mir, als würde es Orbajosa nicht schlecht bekommen, wenn ein halbes Dutzend großer Kapitalisten ein Paar intelligente Köpfe und einige tausend thätige Hände anstellten, um die Stadt zu renoviren. Vom Eintritt in die Stadt bis an dieses Haus habe ich mehr als hundert Bettler gesehen, von denen der größte Theil gesunde kräftige Männer sind. Es ist ein trauriges Heer, dessen Anblick das Herz bedrückt.«

»Dafür ist die Mildthätigkeit da«, ließ sich Don Inocencio vernehmen. »Uebrigens ist Orbajosa kein elendes Dorf. Sie wissen doch, daß hier der beste Knoblauch von ganz Spanien gebaut wird. Es leben wohl an zwanzig reiche Familien unter uns.«

»Allerdings ist er«, warf Doña Perfecta ein, »in den letzten Jahren in Folge der großen Trockenheit schlecht gerathen; aber trotzdem sind die Vorrathskammern nicht leer und es wurden neulich viele Tausende von Knoblauchschnüren zum Markt gebracht.«

»In den vielen Jahren, die ich hier in Orbajosa lebe, habe ich zahlreiche Personen aus der Hauptstadt hier gesehen, von denen die Einen den Wahlkampf mitmachten, die Andern irgend ein verlassenes Terrain besuchten oder die Alterthümer der Kathedrale sehen wollten, und Alle sprachen uns von englischen Pflügen, Dreschmaschinen, von Springbrunnen, von Banken und wer weiß noch wie vielen Albernheiten. Der Refrain ist immer, daß es hier schlecht sei und besser sein könnte. Mögen sie zu allen Teufeln gehen, wir befinden uns ohne die Herren von der Hauptstadt sehr gut, viel besser, wenn wir das ewige Klagen über unsere Armuth und das Rühmen der Herrlichkeiten und Wunder anderer Städte nicht hören. Der Narr weiß in seinem Hause besser Bescheid, als der Kluge in dem fremden; ist es nicht wahr, Señor Don José? Ich setze voraus, daß Sie nicht etwa glauben, ich hätte das für Sie gesagt, gewiß nicht. Ich weiß wohl, daß wir in Ihnen einen der eminentesten jungen Männer des modernen Spanien besitzen, dem es gelingen könnte, unsere öden Steppen in das fruchtbarste Land zu verwandeln. - Es stört mich auch nicht, wenn Sie mir das alte Lied von englischen Pflügen, Baumzucht und Waldcultur singen. Nein, durchaus nicht; einem Manne von so ausgezeichneten Gaben kann man die Verachtung schon verzeihen, die er gegen unsere Unbedeutendheit hat. Nein, mein Freund, mein Señor Don José, Ihnen ist Alles, Alles erlaubt, selbst wenn Sie uns sagen sollten, daß wir nicht viel mehr als Kaffern sind.«

Diese in sehr ironischem und impertinentem Tone gesprochene Philippika gefiel unserem Freunde sehr wenig, doch er hütete sich, das leiseste Mißfallen zu äußern und setzte die Unterhaltung fort, indem er sich bemühte so viel als möglich die Punkte zu vermeiden, welche den empfindlichen Patriotismus des Herrn Kanonikus verletzen konnten. (...)

In: *Benito Pérez Galdós: Doña Perfecta. Aus dem Spanischen von E. Reichel. 1. Band. Dresden/Leipzig: E. Pierson's Verlag 1886, S. 53ff.*

Angel Ganivet

»Noli foras ire«

Auf den ersten Blick erscheint Ganivet (1865-1898) wie eine Art »zweiter Larra«: Als Konsul in Antwerpen, Helsinki und Riga war der Romancier, Kulturphilisoph und Literaturkritiker ebenfalls ein weltläufiger Mann; und gleich Larra beging Ganivet in jungen Jahren Selbstmord. Während der Madrider Journalist jedoch auf eine Öffnung seines Landes setzte, auf eine moderate Europäisierung, sah der Granadiner Konsul in einer »heilsamen Selbstisolierung« den einzigen Ausweg für die »Abulie« (Willensschwäche) seines Landes. Im *Idearium español*, ein Jahr vor seinem Freitod publiziert, vermischt er geopolitische, historische, sozial- und nationalpsychologische Aspekte zu einem »Gebietsgeist« und zu nietzschianischer Willensmetapyhsik. Die Karriere des Buches zur »Bibel der Generation vor 1898« verwundert nicht: der prononcierte Antieuropäismus Ganivets und sein trotziges Insistieren auf den »ewigen« spanischen Werten - was zumindest partiell als psychologische Kompensation der als unzulänglich erkannten Realität seines Heimatlandes verstanden werden kann - fand bei den *98ern*, die durch die Ereignisse im Todesjahr von Ganivet zutiefst verunsichert waren, ein nachhaltiges Echo.

Welchen der Wege Spaniens wir auch immer beschreiten, überall wird uns die ewiggleiche Sphinx mit der ewiggleichen Fangfrage entgegentreten: ist es besser, so weiterzuleben, wie wir bisher gelebt haben, gestern mit Ruhm überhäuft, heute gescheitert und kraftlos am Boden liegend, morgen von neuem im Wohlstand, und immer unser Leben nach Bohème-Art gestaltend - oder ist es besser, endgültig mit den schlechten Traditionen zu brechen und zu einer wohlgeordneten und ausgeglichenen Nation im modernen Stil zu werden? Weder das eine noch das andere. (...)

Die Besatzung eines Schiffes besteht nicht nur aus Männern: zur Besatzung gehören auch die nationalen Ideen, und eine Nation, der es an der expansiven Kraft eines gut verankerten Ideals mangelt, wird nichts Brauchbares zustande bringen mit einer Seemacht, die den Kurs nicht kennt, den sie mit Zuversicht und Ausdauer verfolgen muß. Unsere ganze Geschichte zeigt uns, daß unsere Siege eher unserer geistigen Energie als unserer Kraft zuzuschreiben waren (denn unsere Kräfte waren unseren Werken immer unterlegen); wir sollten heute nicht danach streben, die Rollen zu vertauschen und unsere Zukunft einer rein materiellen Macht anzuvertrauen. Bevor wir Spanien verlassen, müssen wir im Lande selbst Vorstellungen entwickeln, die uns bei unseren Taten leiten, denn blind vorwärts zu gehen, kann zu nichts anderem führen, als zu gefährlichen und flüchtigen Triumphen und zu sicheren und endgültigen Katastrophen. (...)

Eine Wiederherstellung des spanischen Lebens in seiner Ganzheit kann keinen anderen Ausgangspunkt haben als den der Konzentration all unserer Energien auf unserem Territorium. Wir müssen mit Schlüsseln und Riegeln die Türen verschließen, durch die der spanische Geist aus Spanien entwichen ist, um sich in alle Winde zu zerstreuen, und durch die die Rettung kommen soll, auf die Spanien heute hofft; und an jede dieser Türen werden wir, statt der dantesken Aufschrift *Lasciate ogni speranza*, vielmehr diese tröstlichere, menschlichere, zutiefst menschliche schreiben, die dem Heiligen Augustinus nachempfunden ist: *Noli foras ire: in interiore Hispaniae habitat veritas.*

In: *Angel Ganivet: Idearium Español. El porvenir de España. Madrid: Espasa-Calpe 1981, S. 51, 106f.*, 123f.

Miguel de Unamuno

Kastilien - Meer aus Steinen und *intrahistoria*

Vita und Werk des baskischen »Dichterphilosophen des tragischen Lebensgefühls« (F. Schurr) Miguel de Unamuno (1864-1936) spiegeln auf exemplarische Weise die politischen Widersprüche der *98er Generation* wider, deren unbestrittener geistiger Führer er war. In seiner Jugend sympatisierte der bereits mit 20 Jahren zum Doktor in *Filosofia y Letras* avancierte Gräzist mit der Arbeiterbewegung, unterhielt freundschaftliche Beziehungen mit dem Sozialistengründer Pablo Iglesias und schrieb Artikel in sozialistischen Zeitungen. Bevor die religiöse Krise des Jahres 1897 eine tiefe Zäsur im Leben Unamunos markiert, veröffentlicht er mit *En Torno al casticismo* eine stilistisch brillante Hommage an die kastilische Landschaft und den »lebenden Fels« (roca viva) ihrer einfachen Bewohner, den Vertretern der sogenannten »intrahistoria«; die hellsichtigen Attacken gegen die »dominante Kaste« und die unheilvolle historische Rolle Kastiliens sind gleichwohl der Schwanengesang auf einen »sozialistisch-europaorientierten Frühling«, der fortan von spiritualistisch-existentialistischen Positionen abgelöst wird. In allen späteren Werken (*Vida de Don Quijote y Sancho* von 1905, *Mi religión y otros ensayos* von 1910 sowie in *Del sentimiento trágico de la vida* von 1912) spielen die Existenz- und Todesproblematik sowie eine ausgesprochen pessimistische, in Teilen offen reaktionäre Geschichtsperspektive eine zentrale Rolle. Im Gegensatz zum *casticismo* eines Azorin oder den imperial-faschistischen *grandeza-* Träumen eines Ramiro de Maeztu blieb der langjährige Universitätsprofessor von Salamanca, Philosoph, Essayist sowie Roman-, Theater-, und Lyrikautor , der während der Diktatur Primo de Riveras auch das politische Exil kennenlernte, einem liberal-republikanischen Credo in weiten Teilen dennoch treu, wenngleich seine anfängliche Europabegeisterung einer betont willkürlich-widersprüchlichen Antipathie gegen Europa und einem vagen Hispanitätsideal in späteren Jahren Platz machte. Das an stilistischen Bonmots und gedanklichen Aperçues überaus reiche Werk Unamunos (das gilt in eingeschränkter Form auch für seine Romane, u.a. *Niebla* und *San Manuel Bueno, Martir)* erfreut sich noch immer einer großen Leserschaft.

Welche Schönheit hat ein Sonnenuntergang in dieser feierlichen Einsamkeit! Die Sonne bläht sich auf, wenn sie den Horizont berührt, als wollte sie die Erde noch länger genießen, sie versinkt und hinterläßt goldenes Puder am Himmel und auf der Erde das Blut ihres Lichts. Dann wird das unendliche Himmelsgewölbe langsam weiß, verdunkelt sich plötzlich und nach der flüchtigen Dämmerung bricht die dunkle Nacht herein, in der die Sterne blinken. Das sind nicht die lieblichen, sehnsuchtsvollen und langsamen Abenddämmerungen des Nordens.

Weit ist Kastilien! Und wie schön ist die ruhige Traurigkeit dieses versteinerten Meeres voller Himmel! Es ist eine gleichförmige und eintönige Landschaft mit ihren Kontrasten von Licht und Schatten und mit ihren aufgelösten Farben ohne viele Zwischentöne. Die Landstriche erscheinen wie ein unendlich großes Mosaik ohne sonderliche Vielfalt, über das sich das intensive Blau des Himmels spannt. Weiche Übergänge fehlen, und es gibt auch keine andere harmonische Fortsetzung als die der unendlichen Weite und des dichten Blaus, das sie bedeckt und beleuchtet.

Diese Landschaft erweckt weder sinnliche Empfindungen von Lebenslust, noch gibt sie das Gefühl von begehrenswerter Behaglichkeit und Weite: Dies ist kein grünes und saftiges Land, auf dem man sich wälzen möchte, noch gibt es Falten in der Erde, einladend wie ein Nest. [...]

Die Bevölkerung des kastilischen Landes lebt zum größten Teil zusammengefaßt in Ortschaften, in Dörfern oder in Städten. Die Häusergruppen sind dicht gedrängt, dazwischen breiten sich weite und kahle, einsame Flächen aus. Das Dorfgebiet ist dicht und genau umgrenzt, ohne daß sich vereinzelte Häuser, die es umgeben, in der Weite verlieren oder auflösen würden. Es scheint, als ob sich die Behausungen rund um die Kirche zusammendrängten, um sich gegenseitig zu wärmen und sich gegen die Härte der Natur zu wehren, als ob die Familien eine zweite Decke bräuchten, die sie gegen die Unbarmherzigkeit des Klimas und die Traurigkeit der Landschaft schützt. So kommt es, daß die Bewohner dieser Landschaft manchmal lange Strecken auf ihrem Maulesel zurücklegen müssen, bis sie zu ihrem Feld gelangen, auf dem sie vereinzelt, einer hier, einer dort, arbeiten. Bis zum Abend können die Bauern nicht nach Hause zurückkehren, um sich nach getaner Arbeit auf der harten Küchenbank einem stärkenden Schlaf hinzugeben. Und welch ein Anblick ist es, sie bei Einbruch der Nacht zu sehen, wie sich ihre Silhouetten gegen den weißen Himmel abzeichnen und sie, auf ihren Mauleseln reitend, in die dünne Luft hinein ihre langsamen, eintönigen und traurigen Lieder singen, die sich in der unendlichen Weite des von Furchen durchzogenen Landes verlieren.

Während sie ihr Werk verrichten und sich mit der harten Erde abmühen, tun auch die Frauen ihre Arbeit und schwätzen auf den sonnigen Plätzchen, wo sie den kurzen Tag genießen. An den langen Winterabenden pflegen Herren und Knechte unter dem weiten Herdmantel des Hauses zu versammeln und nicht selten tanzen sie zum Rhythmus der schlichten Schellentrommel und irgend einer alten Romanze.

Kommt zu einem dieser Orte oder in eine dieser alten, verschlafenen Städte der Ebene, wo das Leben ruhig und langsam in einförmigen Stunden zu verlaufen scheint: Dort drinnen gibt es lebendige Seelen mit einem vergänglichen und einem ewigen Wesen und einer kastilischen *intrahistoria.*

In: *Miguel de Unamuno: En torno al casticismo. Madrid: Cátedra 1983, S. 53ff.*

Dietrich Briesemeister

Die *98er Generation*, Spanien und Europa

Die Niederlage im Krieg mit den USA 1898 und die Aufgabe der letzten bedeutenden Kolonialgebiete (Kuba, Puerto Rico, Philippinen) wurden als Liquidierung der ehemaligen spanischen Großmacht verstanden. »Wir haben den Charakter einer amerikanischen Nation verloren und sehen uns nun zurückverwiesen auf einen europäischen Rang, werden aber von ganz Europa in unserer Schwäche und Niederlage verspottet«, klagte Rafael M. de la Labra. Die nationale Katastrophe nach einigen Jahren relativen Wohlstands führte zu einer Neubesinnung darüber, wie sich das Land von diesem Schlag erholen könnte. Es fehlte nicht an Diagnosen und Empfehlungen von Heilmitteln für das nationale Problem, die sich in Erwartung einer Wiedergeburt zwischen kosmopolitischen Träumereien, Utopien und der Rückbesinnung auf die geheimnisvollen Tiefen ewigen Spaniertums bewegten.

Die Verdrossenheit an Spanien, aber auch die Sorge um Bestand und Bestimmung der Nation bildeten eine wichtige Motivgröße der spanischen Literatur, die bei den Vertretern der sogenannten Schriftstellergeneration von 1898 wieder deutlich hervortrat. Im »Leiden an Spanien« gab Europa im positiven wie im negativen Sinn ständig den Maßstab der Erfahrung ab. Spanien, ein leidender oder ein schlafender Riese? Manchen erschien die Öffnung der Fenster zu Europa hin, die Zufuhr frischer Luft als einzige Chance für das Überleben. (...)

Manche erhoben den Isolationismus zum Programm und Heilmittel. Spanien sollte seine eigenen Möglichkeiten ausschöpfen, anstatt seine Abhängigkeit vom Ausland zu vergrößern. »Die besten Sherry-Marken werden von den Engländern kontrolliert; die besten Gruben gehören Deutschen, Engländern, Franzosen, Belgiern. Unser bestes Obst ... wird in anderen Ländern verbraucht ... Die meisten Fabriken gehören nicht uns«, klagte Julio Puyol. Der Wiederaufbau müsse im Einklang mit den bleibenden Wesensbestimmungen, traditionellen Werken und Kräften der spanischen Geschichte erfolgen. Angel Ganivet verzichtete überhaupt auf europäischen Fortschritt, denn materieller Wohlstand erzeuge unweigerlich neue Krisen. Mit spiritualem Optimismus feierte man Armut als »großen Glanz aus innen«. (...)

Miguel de Unamuno (1864-1936), ein baskischer Gelehrter, Dichter und Schriftsteller, der zum eifernden Verteidiger kastilischen Wesens wurde - für Hermann Graf Keyserling der »ewige Spanier«, »Exicator Hispaniae« nach den Worten von Robert Curtius -, war mit seinen Widersprüchen und irrationalen Gedankensprüngen auch ein Spiegel alter Zwiespälte im Verhältnis Spaniens zu Europa. Zunächst zeigte er sich, von sozialistisch-marxistischen Ideen beeindruckt, wie viele fortschrittliche junge Leute, Europa gegenüber sehr aufgeschlossen. In seinem Essay *Über das echte spanische Wesen* (1895) wird Spaniens geistige Stagnation auf die Abschirmung zurückgeführt, in der die Inquisition das Land gehalten und seine Reform vereitelt hatte. Die Europa-Idee war jedoch als Möglichkeit in Spanien durchaus vorhanden; daher wollte Unamuno »die Fenster öffnen für die frischen Winde aus Europa«, »das kontinentale Ambiente in sich aufsaugen«, sich europäisieren, damit neue Lebensformen erstünden in dem moralisch versteppten Spanien. Spanien bleibt zu entdecken, und nur europäisierte Spanier können es entdecken.

Dann schlug Unamunos Verhältnis zu Europa plötzlich um in einen antieuropäischen Affekt, der das Spanische schlechthin als Gegensatz zu Europa bestimmte. Im Kontrast zu diesem Widerpart sollte das eigene Wesen um so deutlicher hervortreten. In einem berühmten Aufsatz über die Europäisierung (1906) warnte Unamuno vor der spirituellen Verfremdung Spaniens durch eine Annäherung an das moderne Europa. Dagegen setzte er auf »unsere alte, afrikanische Weisheit«, die letztlich religiös gegründet ist, und sprach von einer »infamen Vermischung« mit Europa, von dem »abscheulichen, geistigen Mestizentum«. Den echten Spaniern stellte er die

Entwurzelten gegenüber, die ihre Wesensform verraten haben, also »unspanisch werden« (desespañolizar) und aus der Art fallen (descaracterizar). Gegen den Weckruf der Europäisierung Spaniens setzte Unamuno auf die umgekehrte, paradox-quijoteske Formel, daß Europa gleichsam in einem Prozeß der Verdauung Spanien anzuverwandeln sei: »Die echte und eigentliche Europäisierung Spaniens, das heißt unsere Verdauung jenes Teils des europäischen Geistes, der unserem Geist gemäß aufgenommen werden kann, setzt erst dann ein, wenn wir daran gehen, uns der geistigen Ordnung Europas aufzuprägen, den Europäern unser Wesen, das unvermischt echte Spanische zu schlucken geben im Austausch für das Ihrige, bis wir versuchen, Europa zu hispanisieren.«

Diese mit der Physiologiemetaphorik ausgedrückte geistige Assimilation bedeutete bei Unamuno nicht, daß die Welt am spanischen Wesen genesen müsse, wie es fast gleichzeitig Kaiser Wilhelm II. vom deutschen Wesen behauptete, sondern diese Weise der Einverleibung sollte den dialektischen Vorgang einer Ausfilterung der (metaphysischen) Essenz des unvergänglichen Spanischen (castizo) umschreiben. Europa bildete dafür sozusagen nur eine Negativfolie: »Andere Völker haben uns vor allem Institutionen, Bücher hinterlassen, wir haben Seelen hinterlassen.« Die Heilige Theresia wog jedes Institut, jede »Kritik der reinen Vernunft auf«. Auf die Klage, Spanien habe wenig geleistet für den wissenschaftlichen Fortschritt, entgegnete der Philologe und Philosoph: »Erfinden sollen die anderen!« Spanien habe seine Seele zu retten als Botschaft für die Welt. Er blieb überzeugt, »daß wir Spanier immer wir sein werden, und wenn die Sintflut von außen über uns kommen sollte«.

Unamuno sah die eigentlichen Brüder nicht in Europa, sondern in (Spanisch-)Amerika: »dort ist unser Blut, unsere Sprache, dort liegt unsere Zukunft. Die iberoamerikanische Rasse ist die große lateinische Rasse«. Um die eigene Geschichte zu verstehen, müßten die Spanier den Blick auf die Neue Welt richten und sich gleichsam hispanoamerikanisieren (hispanoamercanizar). Vom Ausblick auf die arabisch-afrikanische Welt hielt er dagegen nichts.

In: *Dietrich Briesemeister: Die Iberische Halbinsel und Europa. Ein kulturhistorischer Rückblick. In: Aus Politik und Zeitgeschichte. Beilage zur Wochenzeitung 'Das Parlament', B 8/86, 22.2.86, S. 16ff.*

Ramón del Valle-Inclán

Das spanische *esperpento*

Der aus der nordwestlichen Provinz Galicien stammende Valle-Inclán (1866-1936) stellt im Kontext der *98er Generation* gleich in mehrfacher Hinsicht eine Ausnahmeerscheinung dar. Der radikale Ästhet und Erneuerer der spanischen Sprache war in seiner Jugend praktisch der einzige Autor von Rang, der den *Modernismo* (eine französisch beeinflußte, aber aus Lateinamerika stammende literarische Innovation) verteidigte und übernahm , sowie den gesellschaftspolitischen Pessimismus seiner meisten Generationskollegen trotz seiner adeligen Abstammung überwand. Er war neben Ramiro de Maeztu (1874-1936, einem der Wortführer der spanischen Rechten) zudem der einzige 98er, der Lateinamerika persönlich kennengelernt hatte. Frucht dieser Reisen waren direkte Kenntnisse der dortigen literarischen Tendenzen und gesellschaftspolitischen Realitäten. In seinem Roman *Tirano Banderas* (1926) verbindet sich internationalistisches, antikolonialistisches Denken mit beißender Kritik an imperialistischen Attitüden des spanischen »Mutterlandes«. Neben seinen betont sozialkritischen »Esperpentos« (1924-30), vier Grotesken, deren Gattung der Autor selbst schuf, zählen zum Gesamtwerk Valle-Incláns u.a. die *Comedias Bárbaras*, eine Theatertrilogie über die Dekadenz der galicischen Adelsdynastie, eine Trilogie über die Karlisten-Kriege (im Unterschied zu liberalen Zeitgenossen sah Valle-Inclán im Karlismus nicht nur eine reaktionäre Bewegung) sowie mehrere *Sonatas*, fingierte Memoiren eines dekadenten Aristokraten. Luzide Gesellschaftskritik und ästhetische Innovation bildeten im Werk des extravaganten Bohemiens stets eine Einheit.

Don Latino: Du erschreckst mich. Diesen Scherz solltest du lieber lassen.

Max: Die Ultraisten sind Schwindler. Den *esperpentismo*[1] hat Goya erfunden. Die klassischen Helden gehen in der Katzengasse[2] spazieren.

Don Latino: Du bist ja vollkommen betrunken!

Max: Die klassischen Helden ergeben, in konkaven Spiegeln betrachtet, den *Esperpento*. Die tragische Bedeutung des spanischen Lebens kann nur mit Hilfe einer systematisch verzerrten Ästhetik wiedergegeben werden.

Don Latino: Ach was! Du läßt dich anstecken!

Max: Spanien ist eine groteske Verzerrung der europäischen Zivilisation.

---

1 Die Begriffe *esperpento* und *esperpentismo* beziehen sich auf eine von Valle-Inclán geschaffenen Gattung, dessen Gestalten und Szenen sich mit den Worten »grotesk«, »makaber«, »tragisch«, »verunstaltet« charakterisieren lassen (Anm. *d. Übers.*).

2 Callejón del Gato, kleine Gasse in Madrid, in der man sich in Verzerrspiegeln betrachten kann (Anm. *d. Übers.*).

Don Latino: Könnte sein! Ich halte mich da heraus!

Max: Die schönsten Bilder sind in einem konkaven Spiegel absurd.

Don Latino: Stimmt. Doch mir macht es Spaß, mich in den Spiegeln der Katzengasse zu betrachten.

Max: Mir auch. Die Verzerrung ist keine Verzerrung mehr, wenn sie einer perfekten Mathematik unterworfen ist. Meine gegenwärtige Ästhetik besteht darin, mit der Mathematik eines konkaven Spiegels die klassischen Normen zu verändern.

Don Latino: Und wo ist der Spiegel?

Max: Auf dem Boden des Glases.

Don Latino: Du bist genial! Alle Achtung.

Max: Latino, laß uns den Ausdruck in demselben Spiegel verzerren, der auch unsere Gesichter und das ganze jämmerliche spanische Leben verzerrt.

Aus: *Ramón del Valle-Inclán: Luces de Bohemia. Madrid: Espasa-Calpe 1981, S. 106f.*

Martin Franzbach

Die Söhne und Enkel der 98er Generation zwischen Nationalismus und Faschismus

José A. Gómez Marín hat die Suche der Faschisten nach einer geeigneten Ideologie für ihre blutigen Ziele und die gewaltsamen Anleihen an die Gedanken der 98er Generation skizziert. Er kam zu einem negativen Befund für die geglückte Assimilation der liberalen Ideologie, der jedoch bei Vertretern wie Ramiro de Maeztu modifiziert werden müßte. Generell versuchten die Falangisten, das Desaster des verlorenen Kubakrieges von 1898 mit dem »Chaos« der II. Spanischen Republik zu parallelisieren und daraus ihre Forderungen nach einem »eisernen Chirurgen« im Sinne Costas abzuleiten. Obwohl der »Kult der Aktion« Hand in Hand mit einer Verurteilung des entschlußschwachen Intellektuellen ging, so waren doch Leitfiguren zur Gewinnung der spanischen liberalen Intelligenz und für die Grundzüge einer eigenen Ideologie vonnöten.

Wenn auch der Faschismus seine geistige Ahnentafel schon im glorreichen 16. Jahrhundert ansetzte, so buhlten die faschistischen Winkelideologen doch besonders um die 98er Generation und ihre Vorläufer. Obwohl Lob und Kritik für einen und denselben Intellektuellen häufig je nach Bedürfnissen hin- und herschwankten, so kristallisierten sich doch einige Konstanten in der Argumentation heraus. Es wäre eine fruchtbare Aufgabe, die Programmentwürfe und das Programm der Falange auf die ihres Kontextes beraubten Schlüsselwörter der 98er Generation zu untersuchen. Mit dem Begriff der »Regenerierung« Spaniens an der Spitze bis zum Schrei nach dem »Mann der Tat«, der den messiashungrigen Massen den Weg weise, fänden sich viele Ideologeme zusammen. Der Irrationalismus und die vage Utopisiererei vieler 98er trugen das Ihre zu dieser Umfunktionierung bei. (...)

Denn Giménez Caballero beabsichtigte nichts anderes als das Katastrophendatum 1898 auf die Vergangenheit Spaniens seit dem verlustreichen Westfälischen Frieden von 1648 (»das erste 98«) bis auf den Pakt von San Sebastián im August 1930, die Vorstufe zur Ausrufung der II. Spanischen Republik (1931-1939), zu transponieren. Während die Söhne der 98er Generation den schimpflichen Friedensschluß des Generals Berenguer 1921 gegen die Rifkabylen miterlebten, sahen die Enkel der 98er der Liquidierung der Monarchie zu. In seinem Katalog der 13 für die Größe Spaniens fatalen Geschichtsdaten, in denen das Land sein Rückgrat verlor (eine deutliche Anspielung auf das Bild des Volkskörpers in Ortega y Gassets Essay *España invertebrada, Spanien ohne Rückgrat*, 1921), legte Giménez Caballero das Schwergewicht allein auf die Konsequenzen aus den militärischen Niederlagen: den Westfälischen Frieden (1648), den Pyrenäenfrieden (1659), den Verlust Portugals im Frieden von Lissabon (1668) und den Frieden mit Frankreich im gleichen Jahre; zehn Jahre später (1678) Gebietsverlust der Franche-Comté (Pfalzgrafschaft Burgund); weitere Schrumpfprozesse (darunter Abgabe Gibraltars) nach dem Spanischen Erbfolgekrieg (1713). Noch unter den Bourbonen (1763, 1792-1795) Verluste in Übersee und in Afrika; 1800 ging Louisiana an die Franzosen; 1802 Verlust Trinidads. Die Herausbildung der Nationalstaaten in Lateinamerika (1810-1825), der Verlust der letzten überseeischen Kolonien (1898), die Gebietsverluste in Afrika (1921) und die Ausrufung der II. Republik (1931) setzten den vorläufigen Schlußpunkt unter diese Ereigniskette, die Giménez Caballero mit lyrisch-rhetorischem Pathos wie ein Gesetz der Serie herbetete.

Diese Filiation der Katastrophen war jedoch kein nostalgischer Schwanengesang, sondern ein Appell an die Söhne und Enkel der 98er Generation, die gesellschaftliche Lähmung zu überwinden und sich für die Wiedererlangung der Größe der Nation einzusetzen. In diesem Sinne lag sie auf der Linie des 27-Punkte-Programms der Falange de las J.O.N.S. (Juntas de Ofensiva Nacional-Sindicalista), das von José Antonio Primo de Rivera (1903 bis 1936) im November 1934 formuliert worden war (Übersetzungen nach Bernd Nellessen, *Die verbotene Revolution. Aufstieg und Niedergang der Falange*, S. 101-107): »Wir glauben an die hohe Wesenheit Spaniens. Seine Stärke, Größe und Macht zu mehren ist die vordringliche Gemeinschaftsaufgabe aller Spanier. Dieser Aufgabe haben sich unerbittlich Einzel-, Gruppen- und Klasseninteressen unterzuordnen.«

Die Gemeinschaftsideologie sollte soziale Gegensätze verschleiern; der neoimperialistische Anspruch gab das gemeinsame Ziel an. Was für Vertreter der 98er Generation noch im ideellen Bereich angesiedelt war, trat jetzt als unverhüllter aggressiver Chauvinismus zutage: »Wir haben den Willen zum Imperium. Wir bekunden, daß die geschichtliche Erfüllung Spaniens das Imperium ist. Wir fordern für Spanien einen hervorragenden Platz in Europa. Wir dulden keine internationale Isolierung. Ausländische Einmischungen sind uns unerträglich.«

Die spanienzentrierte Öffnung nach Europa fand im Gedanken der »Hispanidad« ihre Entsprechung: Denn trotz der verlorenen überseeischen Kolonien blieb Spanien die geistige Ziehmutter der iberischen Völker. Hinter dem Anspruch auf geistige Einheit aber stand das kulturimperialistische Wunschdenken der jahrhundertelangen Kolonialherrschaft. Denn im Falange-Programm Primo de Riveras, des Enkels der 98er Generation, hieß es weiter: »Hinsichtlich der Beziehungen zu den hispanoamerikanischen Ländern erstreben wir eine einheitliche Ausrichtung der Kultur, der wirtschaftlichen und machtpolitischen Interessen. Spanien ist die geistige Achse der hispanischen Welt; dies begründet unseren Anspruch auf Teilnahme am internationalen Geschehen an hervorragender Stelle.« Die ideologische Kongruenz zwischen dem historischen Katastrophen-Kaleidoskop Giménez Caballeros und den faschistischen Programmaussagen Primo de

Riveras ist ein lehrreiches Beispiel für die Umfunktionierung der Grundgedanken der 98er Generation im totalitären Interesse.
In: *Martin Franzbach: Die Hinwendung Spaniens zu Europa. Die generación del 98. Darmstadt: Wissenschaftliche Buchgesellschaft 1988, S. 142ff.*

Rafael Alberti

Jugend und Katholizismus

Alberti wurde 1902 in der Nähe von Cádiz geboren. Mit Gedichtsammlungen, vor allem den »Engelsgedichten« sowie Theaterstücken errang er bereits früh literarischen Ruhm. Für seinen Gedichtband *Der Matrose an Land* erhielt der damals 21jährige den Nationalpreis und lernte u.a. die Dichter García Lorca, Salinas, Cernuda, Machado und Unamuno kennen. Sein Beitritt zur kommunistischen Partei, der er noch immer angehört, veranlaßte ihn zur Emigration (Paris, Argentinien, Uruguay und Italien), bevor er 1977 wieder nach Spanien zurückkehrte. Der Autor der »Generation von 1927« publizierte Gedichte über das Exil, lyrische Musikparaphrasen, der Malerei (die er zeitlebens selbst betrieb) gewidmete lyrische Aperçues, *Balladen und Lieder* vom Parana. *Der verlorene Hain,* dem der folgende Text entnommen wurde, entstand ursprünglich in zwei Teilen (1942 in Paris und 1958 in Buenos Aires) und kann als Symbol für Albertis Verlusterfahrungen verstanden werden, vor allem für den Verlust Spaniens infolge seines langen Exils. Die aktuelle Situation des Berichtenden ist stets gegenwärtig; die Reiseerlebnisse, politischen Erfahrungen und Begegnungen mit spanischen und lateinamerikanischen Dichtern (u.a. mit Pablo Neruda und César Vallejo) machen das Buch zu einem wichtigen Werk der Literatur- und Kulturgeschichte.

Wie man noch sehen wird, war meine ganze Familie vor allem um unsere religiöse Erziehung besorgt, um unsere Schulung in den strengsten Prinzipien des katholischen Glaubens mit all seinen überaus lästigen Konsequenzen. Meine Eltern, meine Onkel und Tanten und alle übrigen Verwandten zogen ein ohne Stottern aufgesagtes Salve oder »Herr, du mein Jesus Christ« einer mittelmäßigen Vorführung von Lese- und Schreibkünsten vor, denn dergleichen Dinge kamen für sie erst nach solchen, die dem Seelenheil dienten. So war, zum Beispiel, mein Onkel Javier mit seinen zwanzig und soundsoviel Jahren über alle Pflichten des Christen vollkommen im

Bilde, aber während der Messe hielt er sein Gebetbuch verkehrt herum und runzelte andächtig leidend seine Analphabetenstirn. Aus all diesen religiösen Elementar- und Oberschulen Andalusiens wurde man mit einem von Vaterunsern und furchterregenden Predigten verdrehten Kopf und einem solchen Übermaß von Rechtschreibfehlern und Wissenslücken entlassen, daß ich noch mit zwanzig Jahren, von denen ich schon fünf in Madrid verbracht hatte, vor Scham errötete angesichts der Kenntnisse eines elfjährigen Jungen, der das *Instituto Escuela* oder irgendeine andere Lehranstalt besuchte. Beklagenswerte spanische Generationen, die aus solchem Moder hervorgingen, die in solchen armseligen, schmutzigen Höhlen großgezogen wurden! Obgleich ich heute die dumme antireligiöse Prahlerei verabscheue und hasse, die, wennschon in ihrer extremsten Form nicht schlimmer, so doch mindestens ebenso widerwärtig und ungebildet ist wie das Geplapper des engstirnigsten Frömmlers, so möchte ich doch noch einmal in meinem Werk den Abscheu ausdrücken, den ich vor diesem spanischen katholischen Geist empfinde, diesem reaktionären, rohen Geist, der uns schon in frühester Kindheit das Blau des Himmels verdunkelte und uns hundert Aschensäcke überwarf, in deren Finsternis so manche echte Intelligenz erstickte. Wie viele Arme, Unterdrückte sahen wir wild und verzweifelt ringen, um aus diesem Abgrund emporzusteigen, ohne daß sie zuletzt auch nur für einen Augenblick eine Handvoll Sonne erhaschten! Wie viele zerstörte Familien! Furchtbares Erbe an Trümmern und Schiffbrüchen! Die liebsten Menschen meiner Kindheit und Jugendjahre schwimmen in der Tiefe dieser traurigen Trümmerseen, für immer verloren, und schon ist in mir die Hoffnung gestorben, sie eines Tages kraftvoll ins Licht treten zu sehen. Durch diese Meere des Unheils treiben wie lebendige Ertrunkene meine Brüder und Schwestern, meine Vettern, eine Unzahl ferner Schulfreunde und, was mich am meisten schmerzt, bewunderte Lehrer, literarische Generationsgefährten, Menschen, deren Echo ich noch in mir vernehme, von deren Stimmen und Gebärden ich noch Fragmente in mir aufbewahre. Das Ende eines Ortega y Gasset, eines Pérez de Ayala, die beide Jesuitenzöglinge gewesen waren, ist nicht schlimmer als das meiner närrischen Tante Josefa oder irgendeines meiner falangistischen Vettern, die ebenfalls Zöglinge jener Gesellschaft Jesu waren, die Franco so sehr bewunderte. Trauriger Niedergang der Gestirne, gewisser Lichter, die wir für Sterne hielten und die heute jäh in die Abtritte stürzten, wo sie zuletzt, nach einem Zug an der Kette, unter Wasserrauschen in den wohlverdienten schwarzen Schächten verschwanden!

In: *Rafael Alberti: Der verlorene Hain. Erinnerungen. Frankfurt/M.: Insel 1976, S. 30f.*

Kapitel VI

Kain und Abel: Politisch-kulturelle Frontverläufe im Bürgerkrieg

Volker Mauersberger

Testfall Spanien. Der 18. Juli 1936 und seine Folgen für Europa

Es gehört noch heute zu den widersprüchlichen Begleiterscheinungen des Spanischen Bürgerkrieges, daß der Aufstand des Francisco Franco und seiner 34.000 »Moros«, den Fremdenlegionären und marokkanischen Söldnern, fast steckengeblieben wäre - als ein verunglückter Operetten-Putsch und als längst vergessene Metapher der Geschichte. (...)

Heute steht fest, daß es die faschistischen Achsenmächte waren, die ihrem Schützling Franco am Ende den Sieg erkämpft haben - die Eroberung Málagas durch die Italiener im Februar 1937, der eine verheerende Niederlage des italienischen Oberkommandierenden Generals Roatta vor Guadalajara folgen sollte: Beide Ereignisse - Sieg wie Niederlage - symbolisieren die Relevanz der ausländischen Intervention. Denn nach der verheerenden Niederlage der Italiener vor Guadalajara und der damit gescheiterten Eroberung der Hauptstadt Madrid schlägt erst recht die Stunde der Deutschen, die ihre Truppenverbände schamlos als »freiwillige« deklarieren und die doch längst daran gegangen sind, ihre fliegenden Verbände unter dem Namen *Legion Condor* als schlagkräftiges Instrument auf der Iberischen Halbinsel einzusetzen. Bis zum Ende des Bürgerkrieges werden 20.000 deutsche Soldaten auf spanischen Schlachtfeldern eingesetzt - niemand ausser Franco war berechtigt, dem I. Befehlshaber der *Legion Condor*, Generalleutnant Hugo Sperrle, Weisungen zu erteilen. Zur historischen Wahrheit gehört, daß Franco seinen Aufstand ohne die Hilfe der faschistischen Mächte Italiens und Deutschlands nicht gewonnen hätte. (...)

Warum haben die Westmächte solange tatenlos zugesehen, bis die spanische Republik von Hitler und Mussolini erwürgt werden konnte? Die Frage führt mitten in jene fragwürdige Appeasement-Politik hinein, die von Frankreich und Großbritannien betrieben wurde - eine Haltung, von der die faschistischen Achsenmächte profitierten und die doch Auftakt einer schmachvollen Kette von Kapitulationen war, die geradewegs in den Zweiten Weltkrieg führte. (...)

Zu den Unbegreiflichkeiten der damaligen Außenpolitik zählt bis heute, daß man in London und Paris glaubte, mit Hitler und Mussolini wie mit anständigen Leuten reden zu können - der Vorschlag eines »Nichteinmischungsabkommens« an die Adresse aller europäischer Staaten, darunter auch Italien und Deutschland, war gewiß eine der zynischsten Komödien, die das 20. Jahrhundert erlebte.

Feature (Radio Bremen) vom 18.7.1986.

George Orwell

Kadavergehorsam oder »organisierte Antidisziplin«?

George Orwell (1903-1950), eigentlich Eric Arthur Blair, wurde in Indien geboren, diente mehrere Jahre bei der indischen Polizei in Birma und gab diesen Dienst 1927 aus Protest gegen die britische Kolonialpolitik auf. Anschließend schlug er sich u.a. als Tellerwäscher und Vagabund durch' s Leben. Frucht seiner dabei gemachten Erfahrungen ist u.a. der autobiographisch-sozialkritische Text *Down and out in Paris and London* (1933). Der folgende Text ist in *Mein Katalonien. Bericht über den spanischen Bürgerkrieg* enthalten. Darin schildert der englische Schriftsteller, der 1937 als Freiwilliger in den Reihen der Arbeiterpartei der Marxistischen Einheit (POUM) gegen die Franco-Truppen kämpfte, seine schmerzhaften Erfahrungen mit Krieg und Revolution: Der stalinistischen Politik, deren hautnaher Zeuge er wurde, kam die Revolution in Katalonien, die Orwell nachdrücklich verteidigte, ausgesprochen ungelegen. Die Desillusionierungen, die Orwell in Spanien erlebte, machten ihn fortan zu einem erbitterten Kritiker des (stalinistischen) Totalitarismus. Seine u.a. in Spanien gemachten Erfahrungen nehmen in einem seiner berühmtesten Bücher *Farm der Tiere* Gestalt an. Sein letzter Roman, *1984*, entwirft das Bild eines von totalitärer Gewalt bis in das Privateste hinein beherrschten Menschen der Zukunft.

Der wesentliche Punkt dieses Systems war die soziale Gleichheit zwischen Offizieren und Soldaten. Jeder, vom General bis zum einfachen Soldaten, erhielt den gleichen Sold, aß die gleiche Verpflegung, trug die gleiche Kleidung und verkehrte mit den anderen auf der Grundlage völliger Gleichheit. Falls man den General, der die Division befehligte, auf den Rücken klopfte und ihn um eine Zigarette bitten wollte, konnte man das tun, und niemand hätte es als merkwürdig empfunden. Theoretisch war jedenfalls jede Milizeinheit eine Demokratie und nicht eine Hierarchie. Es herrschte Einigkeit darüber, daß Befehle befolgt werden mußten, aber es war ebenso selbstverständlich, daß ein Befehl von Kamerad zu Kamerad und nicht von Vorgesetzten an Untergebene erteilt wurde. Es gab Offiziere und Unteroffiziere, aber keine militärischen Ränge im normalen Sinn, keine Titel, keine Dienstabzeichen, kein Hackenzusammenschlagen und kein Grüßen. Sie hatten versucht, in den Milizen eine Art einstweiliges Arbeitsmodell der klassenlosen Gesellschaft zu schaffen. Natürlich gab es dort keine vollständige Gleichheit, aber es war die größte Annäherung daran, die ich je gesehen oder in Kriegszeiten für möglich gehalten hatte.

Aber ich gebe zu, daß mich die Verhältnisse an der Front beim ersten Eindruck sehr erschrecken. Wie war es möglich, daß der Krieg mit einer derartigen Armee gewonnen werden konnte? Das sagte damals jeder, und obwohl es stimmte, war es doch unvernünftig, denn die Milizen konnten unter den gegebenen Umständen nicht viel besser sein, als sie waren. Eine moderne, mechanisierte Armee springt nicht aus dem Boden. Wenn die Regierung gewartet hätte, bis ausgebildete Truppen zur Verfügung standen, hätte man Franco nie widerstehen können. Später gehörte es zum guten Ton, die Milizen zu beschimpfen. Deshalb tat man so, als ob die Fehler, die auf den Mangel an Ausbildung und Waffen zurückzuführen waren, das Ergebnis des Systems der Gleichheit seien. In Wirklichkeit war eine neu zusammengestellte Milizabteilung nicht etwa deshalb ein undisziplinierter Haufen, weil die Offiziere ihre Soldaten »Kameraden« nannten, sondern weil neue Truppen *immer* ein undisziplinierter Haufen sind. In der Praxis ist die demokratisch-'revolutionäre' Art der Disziplin zuverlässiger, als man erwarten sollte. Disziplin ist in einer Arbeiterarmee theoretisch freiwillig. Sie basiert auf der Loyalität gegenüber der Klasse, während die Disziplin einer bürgerlichen, wehrpflichtigen Armee letzten Endes auf der Furcht beruht. (Die Volksarmee, die an Stelle der Milizen trat, war ein Mittelding zwischen den beiden Typen.) Drohungen und Beschimpfungen, die in einer normalen Armee üblich sind, hätte in den Milizen niemand auch nur für einen Augenblick ertragen. Es gab die normalen militärischen Strafen, sie wurden aber nur bei sehr schwerwiegenden Vergehen zu Hilfe genommen. Wenn ein Soldat sich weigerte, einen Befehl zu befolgen, war es nicht üblich, ihn sofort bestrafen zu lassen; zunächst appellierte man im Namen der Kameradschaft an seine Vernunft. Zynische Menschen, die keine Erfahrung im Umgang mit Soldaten haben, werden sofort sage, daß es so niemals

»geht«, aber tatsächlich »geht« es auf die Dauer. Mit der Zeit verbesserte sich die Disziplin selbst der schlimmsten Abteilungen in der Miliz sichtlich. Im Januar bekam ich beinahe graue Haare vor Anstrengungen, um ein Dutzend roher Rekruten zu den geforderten Aufgaben anzuhalten. Im Mai befehligte ich für kurze Zeit als diensttuender Leutnant dreißig Mann, Engländer und Spanier. Wir alle hatten monatelang unter Beschuß gelegen, und ich hatte niemals die geringste Schwierigkeit, daß ein Befehl befolgt wurde oder sich die Soldaten freiwillig für eine gefährliche Aufgabe meldeten. »Revolutionäre« Disziplin ist vom politischen Bewußtsein abhängig - von dem Verständnis dafür, *warum* Befehle befolgt werden müssen. Es dauert einige Zeit, bis sich diese Einsicht verbreitet, aber es dauert auch einige Zeit, einen Mann auf dem Kasernenhof zu einem Automaten zu drillen. Die Journalisten, die das Milizsystem verhöhnten, dachten selten darüber nach, daß die Milizen die Front halten mußten, während die Volksarmee in der Etappe ausgebildet wurde. Es ist ein Beweis für die Stärke der revolutionären Disziplin, daß die Milizen überhaupt draußen aushielten. Denn etwa bis zum Juni 1937 hielt sie nichts an der Front als ihre Klassenloyalität.

In: *George Orwell: Mein Katalonien. Bericht über den Spanischen Bürgerkrieg. Übersetzt von Wolfgang Rieger. Zürich: Diogenes 1975, S. 36ff.*

Walther L. Bernecker

Die soziale Revolution

Die primär von Anarcho-Syndikalisten, häufig auch Sozialisten, weniger oft von anderen (Agrar-)Organisationen eingerichteten landwirtschaftlichen Kollektive verstanden sich in ihrer überwiegenden Mehrheit als freiheitliche kommunistische Organisationen und Keimzellen eines neuen Gesellschaftsaufbaus, die sich anfangs häufig am ideal-typischen Prinzip: »Jeder nach seinen Fähigkeiten, jedem nach seinen Bedürfnissen« orientierten. Bei vollständiger Abschaffung des Geldes übernahm das Kollektiv dem Individuum gegenüber sämtliche sozialen Verpflichtungen; bei Verwendung von Lokalgeld wurden wirtschaftliche Transaktionen mit anderen Kollektiven entweder über Tauschhandel oder unter Rückgriff auf die offizielle Landeswährung abgewickelt. Nach Leistung gestaffelter Individuallohn wurde durch an Bedürfnissen ausgerichteten Familienlohn ersetzt. Dabei ging man nicht selten von einer erwünschten, faktisch jedoch nicht vorhandenen Übereinstimmung der Bedürfnisse der Individuen mit den Notwendigkeiten der Kriegswirtschaft aus. Der Gegensatz von zentralgeplanter Kriegswirtschaft und individueller Freiheit konnte unter den Bedingungen eines Bürgerkrieges nicht aufgehoben werden. Auf lokaler Ebene behielt man in den ersten Monaten die Landeswährung nur selten bei - allerdings sind zu diesem Komplex starke regionale Differenzierungen zu verzeichnen -, im Verlauf des Krieges wurde sie häufiger wieder eingeführt. Charakteristisch für das Verhalten der Mitglieder und Kollektive untereinander war eine in der ideologischen Schulung der CNT stets propagierte, durch die Ausnahmesituation des Bürgerkriegs unter den Kollektivisten potenzierte Demonstration solidarischen Verhaltens, dessen sichtbarster Ausdruck freiwillige Leistungen, Spenden und Verpflegungssendungen an die Front, zusätzlicher Arbeitsaufwand und zumeist überdurchschnittliche Arbeitsmoral waren. Der bei rentabel wirtschaftenden Kollektiven entstehende »Neo-Kapitalismus« wurde mit Hilfe institutionalisierter Ausgleichskassen bekämpft. Trotzdem blieben zwischen den einzelnen Kollektiven ein nicht unerhebliches Wohlstandsgefälle und z.T. beträchtliche Lohndifferenzen bestehen. (...)

Die Kollektivwirtschaften stellten in einer einzigartigen Symbiose von utopisch-sozialistischem Zukunftsideal und Rückgriff auf kollektivistisch-kommunalistische Lebensformen den Versuch der Regeneration autonomer, häufig autarker Dorfgemeinschaften dar, die in der agrarisch-traditionalen Gesellschaft Spaniens vor der Durchsetzung der durch die industrielle Epoche und die Änderung der Wirtschaftsordnung bedingten sozialen und ökonomischen Veränderungen die charakteristischen »Gesellungseinheiten« (Hellwege) auf dem Lande waren. Trotz des prinzipiellen Beharrens auf kommunaler Selbständigkeit - das z.B. darin zum Ausdruck kam, daß sich jedes Kollektiv eine eigene »Charta« gab - bedeutete die Einsicht in die Notwendigkeit zentralisierter Organisation und Aufgabe gewisser »souveräner« Rechte die Anerkennung veränderter Konstituierungsbedingungen; gerade die Anpassung an und die Einfügung in einen historisch-politischen Kontext, der in der anarchistischen Lehre nicht als Ausgangssituation für die kollektivwirtschaftlichen Veränderungen in Betracht gezogen worden war, stellte die doktrinäre Flexibilität - die im weiteren Kriegsverlauf allerdings nicht selten zur nahezu vollständigen Aufgabe ursprünglich »reiner« anarchistischer Prinzipien führte -, Organisationsfähigkeit und Eingang zur Selbstverwaltung der sich auf die genossenschaftlich-kollektivistischen Traditionen berufenden Arbeiter unter Beweis.

Unabhängig vom rein ökonomischen Sektor erzielten die Agrar-Kollektivwirtschaften besondere Erfolge im sozial-humanitären und kulturell-bildungspolitischen Bereich. Um das für spanische Agrarverhältnisse der dreißiger Jahre anspruchsvolle Bildungsprogramm, das sie zu realisieren trachteten, durchführen zu können, wurden Schulen aller Art sowie Bildungs- und Unterrichtszentren für Erwachsene eingerichtet. 1938 hatte jedes Kollektiv in der Levante seine eigene Schule. Programme der Alphabetisierung und technischen Ausbildung von Jugendlichen und Erwachsenen trugen zur Anhebung des allgemeinen Bildungsniveaus der Landbevölkerung bei. Gleichzeitig wurde für eine möglichst allgemeine Erfassung aller schulpflichtigen Kinder gesorgt. Ein umfangreiches Versicherungsprogramm und zahlreiche Sozialleistungen garantierten den im Kollektiv tätigen Arbeitern und ihren Familienangehörigen ein sicheres Auskommen. Die Agrarkollektive eröffneten einem erheblichen Teil der im republikanischen Sektor tätigen Landbevölkerung den Weg der wirtschaftlich-sozialen Besserstellung und der kulturell-politischen Integration in das nicht mehr à priori als Feind empfundene Gemeinwesen. Das vorläufige Ergebnis der sich 1936/37 über weite Teile des republikanischen Spanien ausbreitenden Agrarrevolution war das Ende der halbfeudalen Agrarverhältnisse, die Zerstörung der überkommenen Grundeigentumsverteilung, die Auflösung bestehender Abhängigkeitsverhältnisse und ein sozialer Umsturz zugunsten der Masse der landlosen Agrarproletarier sowie der an ihrer überlieferten familiären Eigenbedarfswirtschaft hängenden Klein- und Zwergbauern; parallel dazu wurde eine Reihe betriebswirtschaftlicher Reformen in die Wege geleitet, deren sichtbarster Ausdruck einschneidende Änderungen in der Bodennutzung, betriebliche Rationalisierungsmaßnahmen, Verbesserungen der Agrarstruktur (Neulandgewinnung, Flurbereinigung, künstliche Bewässerung) und eine forcierte Mechanisierung der Landwirtschaft waren. Dabei ging es den Anarchisten keineswegs nur um die Fragen einer Effektivierung, Optimierung und Rationalisierung einer sozialisierten Wirtschaft, d.h. um eine Agrarreform im engeren Sinne, sondern vielmehr um die Grundprinzipien der »Solidarität, der Gleichheit an Rechten, der Freiheit, der Selbstbestimmung«.

In: *Walther L. Bernecker: Anarchismus und Bürgerkrieg. Zur Geschichte der sozialen Revolution in Spanien 1936-1939. Hamburg: Hoffmann und Campe 1978, S. 55ff. und S. 133ff.*

Antonio Machado

Der Dichter und das Volk

Für zahlreiche Literaturhistoriker gilt der in Andalusien geborene Antonio Machado (1875-1939) zurecht als derjenige *98er*, der zusammen mit Valle-Inclán den ideologischen »Sperrbezirk« seiner Generationskollegen am konsequentesten überwand. Als Sohn eines bekannten Volkskulturforschers und Schüler der liberalen *Institución Libre de Enseñanza* ist das Gedicht- und Prosawerk des ausgebildeten Französischlehrers im Unterschied zu Valle-Incláns Oeuvre jedoch durchgängig von einer Ästhetik »komplexer Einfachheit« (Aguinaga) bestimmt. Sein erster Gedichtband *Soledades* (1903) besteht aus Meditationen über »die Zeit und wie sie vergeht«; formal erwecken die dominanten Elfsilber mit einfachem Reim den Eindruck einer überaus schlichten semantischen Struktur. In deutlicher Opposition zu den *Soledades* und den Landschaftsbeschreibungen anderer *98er* sind die Landschaften in *Campos de Castilla* (seinem zweiten Gedichtband von 1912) von Menschen bevölkert, die in die historisch-kollektiven Ereignisse eingebunden sind. Außer den *Nuevas Canciones* (1917-1930), den Gedichten für Giomar und den Bürgerkriegsgedichten (u.a. sein berühmtes Gedicht über die Ermordung García Lorcas: »Das Verbrechen geschah in Granada« von 1936) schrieb Machado in den folgenden Jahren hauptsächlich Prosa (vor allem die Apokryphen Juan de Mairena), die in geschliffen-elementarer Einfachheit philosophische, kulturelle und politische Themen behandeln. Nach der russischen Oktoberrevolution plädierte der zeitlebens parteilose Dichter zunehmend deutlicher für politisch-soziale Reformen; während des Bürgerkrieges ergreift er Partei für die Volksfrontregierung. Nach seiner Flucht aus Spanien stirbt Machado im südfranzösischen Colliure. Sein ästhetisches Vermächtnis kristallisiert sich in dem Satz: »Es gibt keine Dichtung ohne Ideen«; das politische Credo ist am eindruckvollsten in seinem Gedicht von den »beiden Spanien« enthalten, das an das zitierte Diktum von Larra erinnert:

»Kleiner Spanier, der du
auf die Welt kommst, behüt' dich Gott.
Eines der beiden Spanien
wird dir das Herz gefrieren lassen.«

Vor mehreren Jahren fragte mich jemand: Glauben Sie, daß der Dichter für das Volk schreiben soll, oder daß er in seinem Elfenbeinturm - dies war das beliebteste Schlagwort jener Zeit - eingeschlossen bleiben und sich jener aristokratischen Tätigkeit widmen soll, die sich in den Sphären der Kultur bewegt, die nur einer kleinen, elitären Gruppe zugänglich sind. Ich antwortete mit folgenden Worten, die vielen ein bißchen ausweichend und naiv erschienen: »Für das Volk zu schreiben - so pflegte mein Lehrer immer zu sagen -, was wünschte ich mir mehr! Da ich begierig war, für das Volk zu schreiben, lernte ich von ihm soviel ich konnte, weitaus weniger - versteht sich - als es weiß. Für das Volk zu schreiben, bedeutet an erster Stelle, für die Menschen unserer Rasse, unserer Welt und unserer Sprache zu schreiben - drei Dinge mit unerschöpflichen und unergründlichen Bedeutungen. Und es bedeutet noch mehr, weil uns das Schreiben für das Volk dazu zwingt, die Grenzen unseres Vaterlandes zu überschreiten, und für die Menschen anderer Rassen, anderer Welten und anderer Sprachen zu schreiben. Für das Volk zu schreiben, bedeutet in Spanien Cervantes, in England Shakespeare und in Rußland Tolstoi zu heißen. Es ist das Wunder der Sprachgenies. Manch einer mag es gewesen sein, ohne es selber zu gemerkt zu haben - ja, ohne es überhaupt beabsichtigt zu haben. Der Tag wird kommen, an dem das zum bewußten und obersten Streben des Dichters gehört. Was micht betrifft, einen bloßen Lehrling der Poesie, so glaube ich nicht, daß ich mehr bin als ein Folklorist, auf meine Weise ein Lehrling der Weisheit des Volkes.

Meine Antwort war die eines Spaniers, der sich seiner Hispanität bewußt ist, der weiß, der wissen muß, wie in Spanien das eigentlich Aristokratische in bestimmter Weise das Volkstümliche ist. In den ersten Monaten des Krieges, der Spanien heute mit Blut befleckt, als der Kampf den Charakter eines bloßen Bürgerkrieges noch nicht verloren hatte, schrieb ich diese Worte, mit denen ich mein Vertrauen in die Demokratie und meinen Glauben an die Überlegenheit des Volkes über die privilegierten Klassen zu rechtfertigen suche.

In: *Aurora de Albornoz (ed.): Antonio Machado. Antología de su prosa. I. Cultura y sociedad, Madrid: Cuadernos para el Diálogo 1976, S. 220f.*

John Berger

Picasso und *Guernica*

Am 26. April 1937 wurde die baskische Stadt Guernica (10.000 Einwohner) durch deutsche Bomber, die für General Franco flogen, zerstört. (...)

Keine Woche später begann Picasso mit seinem Bild. Er war bereits zuvor von der spanischen republikanischen Regierung beauftragt worden, für die Pariser Weltausstellung ein Wandbild zu malen. Im Juni wurde das Bild im spanischen Pavillon der Ausstellung aufgestellt. Sofort provozierte es erregte Debatten. Viele Linke warfen ihm Unklarheit vor. Die Rechte griff es aus Selbstverteidigung an. Doch das Bild wurde schnell legendär und ist es seither geblieben. *Guernica* ist das berühmteste Bild des 20. Jahrhunderts. Es gilt als ständiger Protest gegen die Brutalität des Faschismus und des modernen Krieges überhaupt.

Wieviel ist daran wahr? Wieviel geht auf das Bild selbst zurück, und was ist erst durch die Ereignisse nach seinem Entstehen hinzugekommen?

Ohne Zweifel erhöhten (und veränderten möglicherweise) die späteren Entwicklungen die Bedeutung des Bildes. Picasso malte es unter Druck und schnell, als Antwort auf ein bestimmtes Ereignis. Dieses Ereignis zog andere nach sich - Ereignisse, die zu jener Zeit noch niemand voraussehen konnte. Drei Jahre später hatten die deutsche und die italienische Armee, die 1937 Francos Sieg sicherten, ganz Europa in ihrer Hand. Mit Guernica wurde zum erstenmal überhaupt eine Stadt bombardiert mit dem Ziel, die Zivilbevölkerung einzuschüchtern: aus dem gleichen Grund wurde Hiroshima bombardiert.

So kam es, daß Picassos persönlicher Protest gegen ein verhältnismäßig unbedeutendes Ereignis in seinem eigenen Land später weltweite Bedeutung erlangte. Der Name Guernica klagt heute, in den Augen von Millionen, alle Kriegsverbrecher an. Doch *Guernica* ist im objektiven Sinn des Wortes kein Bild über den modernen Krieg. (...)

Als Picasso *Guernica* malte, benutzte er die persönliche Metaphorik, die er bereits im Kopf und für ein scheinbar ganz anderes Thema schon verwendet hatte. Doch es ist nur scheinbar oder jedenfalls nur oberflächlich anders. Denn *Guernica* ist ein Bild über das Leiden, wie Picasso es sich *vorstellt.* Und genauso, wie die Intensität seiner Empfindungen es ihm unmöglich macht - wenn er an einem Bild oder einer Skulptur zum Thema der sexuellen Liebe arbeitet -, zwischen sich selbst und seiner Geliebten zu unterscheiden, genauso, wie seine Frauenporträts häufig Bildnisse seiner selbst sind, wie er sich in diesen Frauen wiedererkennt - genauso malt er auch in *Guernica* seinen eigenen Schmerz, den er bei den täglichen Nachrichten aus seinem Land empfindet. (...)

So gesehen ist *Guernica* ein ausgesprochen subjektives Werk, und dadurch erhält es auch sein Gewicht. Picasso hat nicht versucht, das tatsächliche Ereignis nachzuvollziehen. Es gibt weder eine Stadt noch Flugzeuge, noch Explosionen, noch einen Hinweis auf die Tageszeit, das Jahr, das Jahrhundert oder die Gegend in Spanien, wo sich das alles zutrug. Es gibt keinen Feind, den man beschuldigen kann. Es gibt kein Heldentum. Und doch ist das Werk ein Protest, und man würde das selbst dann erkennen, wenn man nichts von seiner Geschichte wüßte. Doch worin liegt eigentlich der Protest?

Er liegt in dem, was mit den Körpern geschah - mit den Händen, mit den Sohlen der Füße, mit der Zunge des Pferdes, den Brüsten der Mutter, den Augen im Kopf. Was mit ihnen *während des Malens* geschah, ist das schöpferische Gegenstück dessen, was sie wirklich erlitten haben. Das Bild läßt uns ihren Schmerz mit unseren Augen fühlen. Und Schmerz ist der Protest des Körpers. (...)

Die erfolgreichen Bilder, die Picasso nach *Guernica* malte, liegen auf der gleichen Erfahrungsebene: der Ebene intensiver körperlicher Subjektivität.

In: *John Berger: Glanz und Elend des Malers Pablo Picasso. Reinbek: Rowohlt 1988, S. 198ff.*

Frederick R. Benson

Schriftsteller in Waffen

Die einzigartige Natur des Ringens in Spanien macht es verständlich, daß sich der größte Teil der betreffenden Literatur mit der Politik befaßt und daher »politisch« genannt zu werden verdient; politische Ideen spielen darin die beherrschende Rolle, und das politische Milieu beherrscht die Szenerie. Die enge Verflechtung der Literatur dieses Krieges mit der Politik macht es schwierig, den wahren Wert dieser Werke zu bestimmen. Das Maß für die Wirksamkeit des politischen Romanciers ist seine Fähigkeit, eine Ideologie, die notwendigerweise abstrakt ist, mit Hilfe der Erlebnisse und Empfindungen seiner Romanfiguren zu erproben. Die bedeutenden, den Spanischen Bürgerkrieg betreffenden Werke dieser Art erheben sich über die Propagandaschriften der Zeitgenossen, indem sie gewissermaßen eine so intensive Hitze erzeugen, daß die dargelegten Ideen die Romanfiguren zum Handeln anzutreiben vermögen, während sie bei aller Einschmelzung in den Aufbau des Romans doch die Illusion einer unabhängigen Existenz erwecken. Genauer als andere Romane spiegeln drei Bücher die Vielschichtigkeit dessen, was auf dem Spiele stand, und die vielfältigen humanistischen Interpretationen des Konfliktes wider: *L'espoir* (Die Hoffnung) von André Malraux, *The Great Crusade* von Gustav Regler und *For Whom the Bell Tolls* (Wem die Stunde schlägt) von Ernest Hemingway.

Drei weitere Romanschriftsteller - welche freilich die literarische Form der autobiographischen Erzählung gewählt haben, um ihre Erlebnisse in Spanien zu schildern - verdienen, in einer Studie über den Einfluß des Spanischen Bürgerkriegs auf die Literatur beachtet zu werden: George Orwell mit *Homage to Catalonia* (Mein Katalonien), Arthur Koestler mit *Spanish Testament* (Ein spanisches Tagebuch) und Georges Bernanos mit *Les grands cimetières sous la lune* (Die großen Friedhöfe unter dem Mond). Zwischen diesen zugegebenermaßen persönlichen Berichten und den Romanen Malraux', Reglers und Hemingways besteht im wesentlichen eine Verschiedenheit nicht so sehr der Art als des Grades. Die autobiographische Erzählung unterscheidet sich vom Roman hauptsächlich durch eine gewisse Beschränkung des Gesichtsfeldes, die aus der Bindung des Berichts an das persönlich Erlebte resultiert, während der Romanschriftsteller seine Erzählung ergänzen oder erweitern kann, indem er mit seiner Phantasie in die Erfahrungen anderer eindringt. Soll die stärker autobiographisch bestimmte Gattung aber der literarischen Beachtung wert sein, so muß der Autor bei der Ordnung seiner vergangenen Erfahrungen eine beträchtliche Entschiedenheit im Auswählen und Ausmerzen walten lassen. Der Romanschriftsteller geht zwar ähnlich vor, genießt aber beim Auswählen und Anordnen größere Freiheit. Die stark autobiographischen Ursprünge der Kriegsromane Malraux', Reglers und Hemingways sind unverkennbar, und Teile der Bücher Orwells, Koestlers und Bernanos' lassen sich unter beiden Kategorien einreihen. Die letztgenannten Werke erlauben wichtige Einblicke in die Beweggründe der Autoren, die nach Spanien gingen - Einblicke, die Prosadichtungen sonst nicht leicht gewähren. Orwells, Koestlers und Bernanos' Reaktionen auf den Krieg, verfaßt vor einem Hintergrund enttäuschter Hoffnungen und unwiderruflicher Stellungnahmen, politischen Verrats und Folterungen von Geiseln, von Luftangriffen auf friedliche Dörfer und Massenhinrichtungen, laufen der Behandlung dieser Themen bei Malraux, Regler und Hemingway genau parallel und bezeugen damit unmittelbar den Sinn des Kampfes in den Augen der Zeitgenossen. Diese drei Werke zusammengenommen ergeben eine Historie, die an Sachkenntnis und Mitgefühl mit den Leiden des spanischen Volkes nicht zu überbieten ist. Solche Zeugenschaft ist für eine Studie über den Einfluß des Spanischen Bürgerkriegs auf die Literatur von höchstem Wert.

Nach dem Abschluß der Kämpfe wurden die meisten der spanischen Schriftsteller, die sich die Sache der Republikaner zu eigen gemacht hatten, wie etwa Max Aub, Arturo Barea, Rafael Alberti und Ramón Sender, ins Exil geschickt und über Europa, Nord- und Südamerika verstreut. Das Hauptthema dieser Schriftsteller war natürlich der spanische Krieg; sie blieben Loyalisten. Da diese Exilierten aber den direkten Kontakt mit ihrer Heimat verloren hatten, waren sie für die Behandlung der Tragödie, deren Zeugen sie vor kurzem gewesen, auf lebhafte Erinnerungen angewiesen. Solche Erinnerungen waren mit den Hoffnungen und Enttäuschungen belastet, die jedes wahrhaft intensive Erlebnis begleiten. Und so erbittert war das Ringen gewesen, daß sich diese Autoren getrieben fühlten, die Sache, die auf dem Spiele stand, mit leidenschaftlicher Parteilichkeit anzupacken. Sie hatten an einem der dramatischsten Ereignisse der Moderne teilgenommen, und es war undenkbar, daß sie von ihren Erlebnissen nicht Zeugnis abgelegt hätten. Das Martyrium ihrer Kameraden, der Dichter Antonio

Machado und Miguel Hernández, war vielleicht der bedeutendste Beitrag schöpferischer Schriftsteller dieses Jahrzehnts zum Geistesleben Europas.

In: *Frederick R. Benson: Schriftsteller in Waffen. Die Literatur und der spanische Bürgerkrieg. Zürich: Atlantis 1969, S. 13ff.*

Barbara Pérez-Ramos

Zur politischen Definition der spanischen Intelligenz im Bürgerkrieg

Wenn wir an dieser Stelle generell zusammenfassen können, daß am entschiedenen Antifaschismus der Bürgerkriegsintelligenz in keinem Moment zu zweifeln ist und sie in seinem Namen intellektuelle Diskussionen und Ziele weitgehend hinter politische Propaganda und Debatten zurückstellten, haben wir dennoch erst die Oberfläche ihres Verhaltens erfaßt. Es muß darüber hinaus in Betracht gezogen werden, daß der politische Kontext nicht allein durch den Krieg gegen die Franco-Truppen gekennzeichnet war, sondern in gleichem Maße durch innerrepublikanische Machtkämpfe zwischen - sehr grob formuliert - Kommunismus und Anarchismus, Staatsautorität und Revolution. Das Verhalten der Intelligenz gerade innerhalb dieses Spannungsfeldes ist entscheidend für das Verständnis - qua Dekodierung - von Pauschaldefinitionen wie »antifaschistisch«, »demokratisch«, »republikanisch«.

Die von der Regierung geforderte bedingungslose politische Einheit wird auch von der Intelligenz zu einem der wichtigsten Anliegen gemacht. In Publikationen vor dem Bürgerkrieg - wie *Octubre* und *Nueva Cultura* - anklingende revolutionäre Töne weichen in immer stärkerem Maße der Definition der Intelligenz als »demokratisch« oder »antifaschistisch«, und zwar eindeutig im Kontext der republikanischen Politik, ihrer Ziele und Losungen. (...)

Trotz aller Bemühungen der Regierung um ein konfliktfreies Verhältnis zur Sowjetunion - so wurde im August 1937 die Pressezensur um das Verbot jeglicher Kritik der UdSSR erweitert - wird die sowjetische Unterstützung für die spanische Republik seit Mitte 1937 spürbar reduziert. Nichtsdestoweniger entwickelt sich das Lob der UdSSR zu einem zentralen Thema auch in den Intellektuellenpublikationen. Selbst Antonio Machado, dessen frühere Äußerungen eher der Tradition Rußlands als der politischen Aktualität der Sowjetunion galten, lobt nun, in weitaus politischerem Ton, »la Gran República de los Sóviets« und »die unversöhnlich revolutionäre Logik Stalins«. Im Moment der Publikation dieser Zeilen hatte die Nichteinmischungskommission mit Zustimmung der UdSSR bereits den Abzug der Internationalen Brigaden aus Spanien beschlossen, was de facto der Aufgabe der Republik gleichkam. (...)

Wir können so im Verhalten der Intelligenz während des Bürgerkrieges zwei Ebenen unterscheiden: Zunächst ihre durchgängige Propagandafunktion als »Sprachrohr« der jeweiligen Regierung. In diesem Zusammenhang scheint ihre Berufung aufs »pueblo« durchweg fragwürdig. Im Namen des Antifaschismus wird jede offene Kritik an einer Regierung vermieden, deren bürgerlich gefärbter, autoritärer Pseudo-Kommunismus weitgehend *gegen* das »pueblo« gerichtet war und zweifellos auch Gegenstand intellektueller Heterodoxie hätte werden müssen: im Namen des Antifaschismus stellt sich das Verhalten der Intelligenz nicht zuletzt als anti-revolutionär dar. Unter dem politischen Einvernehmen läßt sich jedoch eine Schicht des Zweifels ausmachen, verhaltene Kritik der Regierungspolitik zwischen den Zeilen lesen, der einheitliche Propagandaton als taktisch bestimmt erkennen. Es wird offenbar, daß der Bürgerkrieg sicherlich nicht mehr eindeutig als »war of light against darkness« erschien, als der er sich in den ersten Wochen dargestellt hatte. Das Bemühen der Intelligenz, in diesem politischen Labyrinth zwischen Fassadenbekenntnissen und Kritik ihre Integrität zu wahren, kann so vielleicht nicht treffender in Worte gefaßt werden als mit den im 2. Weltkrieg entstandenen Versen des Poeten C. Day Lewis:

It is the logic of our times,
No subject for immoral verse,
That we who lived by honest dreams,
Defend the bad against the worse.

Barbara Pérez-Ramos: »Zur politischen Definition der spanischen Intelligenz im Bürgerkrieg«. In: Iberoamericana H. 13/14 (1981). Frankfurt/M.: Vervuert, S. 10ff.

Kapitel VII

Sieger und Besiegte: Der lange Weg zur Demokratie

Francisco Franco

»Spanien«

Das Volk, ebenso wie der einzelne Mensch, erfindet sein Schicksal nicht, es dient ihm. Und wir dienen dem Schicksal der historischen Größe Spaniens, und unsere Hartnäckigkeit bei der Verfolgung dieses Ziels wird größer sein als die, mit der sich uns jene Kräfte entgegenstellen, die versuchen, uns Hindernisse in den Weg zu legen. Und so werden wir den Prinzipien, die den Grundgedanken unserer Politik bilden, treu bleiben, nämlich diese Basis des Zusammenlebens unter uns Spaniern zu erhalten, die auf die feste Verbindung des gesellschaftlichen und des nationalen Elements, unter der Herrschaft des spirituellen Elements, gegründet ist. Wir sind gegen den Klassenkampf, der die Menschen in einer Haltung permanenter Gewalt einander gegenüberstellt, und wir verkünden, daß allein das Gefühl der Solidarität aller Spanier untereinander das Fortdauern des Friedens garantiert, auf den unsere Politik der Entwicklung und unsere Wirtschaftsexpansion ausgerichtet sind, sowie jener gesellschaftliche Wiederaufschwung, der ein deutliches Zeichen für den gesunden Zustand unseres Regimes darstellt. (...)

Heute gibt es nicht mehr jene »zwei Spanien«, die das Herz erkalten ließen, sondern ein einziges, neues Spanien, das den Geist aller mit vortrefflichem Eifer wärmt und die Spanier dazu anregt, so bald als möglich den wiederbelebenden Träumen der Vergangenheit zur Wirklichkeit zu verhelfen. Es ist dies ein anderes, neues Spanien, das nur noch in seinen Grenzen mit dem Spanien übereinstimmt, das ihr mir krank und entkräftet und unter außergewöhnlichen und dramatischen Umständen anvertraut habt. Was meine Aufgabe betrifft, es wiederherzustellen und seine Wunden zu schließen, so kann ich ohne falsche Bescheidenheit sagen, daß ich euren Wunsch erfüllt und dies im Rahmen des Menschenmöglichen getan habe (...). So wird, sobald die Nachfolgeregelungen getroffen sind, zur rechten Zeit die Krone in der Person des Prinzen des spanischen Staates eingesetzt werden, der sich ganz unserer Bewegung widmet und uns immer wieder Beweise seiner Ergebenheit und Dienstbereitschaft geliefert hat. Dieser entscheidende Schritt wurde im Gesetz über die Staatsführung vom 15. Juli dieses

Jahres (1971, *N.R.*) fixiert, als die Funktionen des Prinzen von Spanien für den Fall der Abwesenheit oder Krankheit des Staatschefs festgelegt wurden; es bildet einen festen Halt für die Zukunft unseres Landes, die den unumkehrbaren Weg der Größe, der Gerechtigkeit und der Freiheit geht.

In: *Vázquez Montalbán: Los demonios familiares de Franco. Barcelona: Planeta 1987, S. 130f.*

Walther L. Bernecker

Zur Typologie des Franco-Regimes

Lange Zeit wurde Franco-Spanien pauschal als »totalitär« oder »faschistisch« charakterisiert und insbesondere auf die Genese und frühen Merkmale des Systems hingewiesen. Zweifellos wies das Regime (vor allem in seiner Frühphase) eine Reihe von Charakteristika auf, die es als faschistisch erscheinen ließen: Es war dem Anspruch nach und in der Terminologie einiger Propagandisten totalitär; eine Einheitspartei war die einzige zugelassene politische Organisation, deren faschistischer, unter Hedilla stehender Flügel anfangs eine Parteidiktatur erstrebte und Bündnisse lediglich unter der Führung der Falange abschließen wollte; die Arbeiterbewegung und ihre Interessenvertretungen wurden zerschlagen, eine Gleichschaltung auf vielen Gebieten versucht, der Terror massiv als Einschüchterungsmittel der Zivilbevölkerung eingesetzt. Manche Autoren sprechen auch von einer besonderen Ausprägung des Faschismus, dessen nationalkatholische Komponente sich als »kerikal-autoritäre Ideologie« äußerte; andere Autoren sprechen davon, daß sich das Regime in seinen Anfängen als »führerorientierte, autoritär-bürokratisch verfaßte Militärdiktatur mit faschistischen Merkmalen« präsentierte. (...)

Im Gegensatz zur Charakterisierung des Franquismus als »totalitär« oder »faschistisch«, die inzwischen weitgehend aufgegeben und fast nur noch zu primär akkusatorischen Zwecken Verwendung findet, hat sich die Typisierung von Juan José Linz weitgehend durchgesetzt; seine Charakterisierung des Regimes als »autoritär« wird zwar angegriffen und vielfach auch abgelehnt, gehört aber zu den am meisten diskutierten Einordnungsvorschlägen des Regimes. Linz ist sich darüber im klaren, daß sein »Modell« eine Abstraktion, einen Idealtypus darstellt, der graduelle Unterschiede und einander widersprechende Tendenzen der Realität nicht voll erfaßt; es geht ihm jedoch primär um die »unterschiedlichen Weisen, in denen die autoritären Regime Probleme lösen, die es in allen politischen Systemen gibt: die Kontrolle zu behalten und Legitimität zu gewinnen, Eliten zu rekrutieren, Interessen zu artikulieren und zu bündeln, Entscheidungen zu fällen und Beziehungen herzustellen zu verschiedenen institutionellen Bereichen wie den Streitkräften, den religiösen Gruppierungen, der Intelligentsia, der Wirtschaft usw.« (...)

Es handelt sich um eine strukturalistische Vorgehensweise, bei der formale Kriterien dominieren. Dabei wird vor allem der Unterschied zu totalitären Systemen hervorgehoben, in denen *eine* Ideologie, *eine* Partei, *eine* terroristische Geheimpolizei, *ein* Nachrichten- und Waffenmonopol und *eine* zentralgelenkte Wirtschaft Ausdruck einer umfassenden Gleichschaltung seien. Demgegenüber weist Linz darauf hin, daß im autoritären Regime des Franquismus ein eingeschränkter Pluralismus vorhanden war. Das Fehlen einer einheitlichen Staatsideologie ermöglichte die Bildung und Organisierung einer begrenzten Anzahl pluraler Gruppen innerhalb des vorgegebenen politisch-ideologischen Systems. Diese Gruppen blieben zumeist von der politischen Verantwortung ausgeschlossen; die Macht übte ein Führer, Franco, oder eine kleine Gruppe aus; charismatische Führereigenschaften waren nicht erforderlich, die Funktionen des Partei- oder Staatsführers hätte auch eine Junta erfüllen können. Die Wahl der Machtträger, welche die verschiedenen Gruppen und Interessen repräsentierten, erfolgte durch das Vertrauen des Führers, weniger durch Druckausübung seitens dieser Gruppe; durch Kooptation wurden die einzelnen Bereiche und Institutionen der Gesellschaft im System vertreten. (...)

So zutreffend diese Zuordnung einzelner Merkmale autoritärer Regime auf den spanischen Fall ist, so deutlich muß auf die Schwächen dieser Typologisierung hingewiesen werden: Zum ersten ist festzuhalten, daß die Grenzen des »begrenzten Pluralismus« nicht aufgezeigt werden, daß nicht erkennbar wird, welche sozialen Gruppen und Schichten überhaupt Bestandteil dieses begrenzten Pluralismus sein können. Innerhalb des »bürgerlichen« Lagers war in der Tat ein gewisser »pluraler« Spielraum vorhanden; nicht eingebettet werden konnten in diesen Spielraum jedoch Organisationen und Bewegungen der Arbeiterschaft, die für sich freie Entfaltungs- und Einflußmöglichkeiten verlangten. In diesem Sinne müßte zumindest von einem klassenspezifisch begrenzten Pluralismus gesprochen werden; schon relativ früh hat Klaus von Beyme von »Elitenpluralismus« gesprochen; die Konfliktschlichtung bleibe schon deshalb auf die Eliten beschränkt, weil die gesellschaftlichen Gruppen keine unabhängigen Organisationen hatten, und bei den Eliten das Einverständnis bestanden habe, daß Konflikte - ohne die Gefahr eines neuen Bürgerkrieges heraufzubeschwören, in dem die Eliten am meisten zu verlieren gehabt hätten - nicht mit aller Konsequenz ausgetragen werden dürften.

In: *Walther L. Bernecker: Spaniens Geschichte seit dem Bürgerkrieg. München: C.H. Beck 1984, S. 75ff.*

Gerald Brenan

Die *Schwarzen Jahre*: Málaga und Córdoba

Wir gingen durch die mit Plantanen und Palmen bepflanzte Allee, die als der »Park« bekannt ist, zurück zu unserem Hotel. Zu unserer Linken befand sich der halb leere Hafen. Die englischen Schiffe, die hier früher regelmäßige Besucher waren, laufen ihn inzwischen, außer in der Apfelsinensaison, überhaupt nicht mehr an: der Handel mit Deutschland und den Häfen des Baltikums ist mittlerweile zum Erliegen gekommen. Das Resultat ist, daß der Stadtrat kein Geld für seine ehrgeizigen Pläne hat. Man spricht zwar von den reichen Schichten Spaniens, doch wie schmal sind sie zahlenmäßig! Im Telefonbuch von Andalusien sind weniger Personen aufgeführt als in dem des Bezirks Swindon and Gloucester.

Diese Szenen bilden zweifellos einen Teil des Vergnügens, das man bei Reisen durch südliche Länder erlebt: sie heben das Lebensgefühl, indem sie einem das Schauspiel des Überlebenskampfes vor Augen führen. Doch was für eine Armut zeigen sie einem! Ich habe den Eindruck, daß es in Málaga heute mindestens viermal soviele Straßenverkäufer gibt wie früher, und mehr als viermal soviele Bettler. Man kann sich keine zehn Minuten in ein

Café setzen, ohne daß nicht ein zerlumptes Kind sich einem auf allen Vieren nähert, um nicht gesehen zu werden, und die Zigarettenstummel aufsammelt. Dann sind da noch die Arm- und Beinlosen, die kranken Frauen, die kranke Kinder auf dem Arm tragen, und das Heer der Schuhputzer und Lotterieverkäufer. Und wieviele andere mag es noch geben, denen die Polizei gar nicht erst erlaubt, sich zu zeigen! (...)

Wir gingen die Gran Vía hinunter und gelangten zu einem neuen Gebäude, das die Größe eines Palastes hatte. Es war eine Filiale des Banco de España. Diese neuen Banken, die im Zuge der Inflation aus dem Boden geschossen sind, bedeuten dem derzeitigen Regime das, was im Mittelalter die großen Kathedralen waren. Sie symbolisieren die Leidenschaft des Regierens. (...)

Die *Huerta* von Don Marcos ist heutzutage ein kleiner, nicht allzu gepflegter Bauernhof mit einem gemauerten Wasserbecken (»*alberca*«), das von einem Bach gespeist wird, und, etwas weiter unten, einem verwahrlosten Gärtchen, in dem Apfelsinenbäume stehen. Der Bauer war ausgegangen, aber seine Frau zeigte uns das Grundstück. Ihre Verwunderung, als sie erfuhr, daß ein berühmter Mann vor langer Zeit in ihrem bescheidenen Heim gewohnt hatte, erinnerte mich an den *bourgeois gentil-homme* von Molière, dem gesagt wird, daß er in Prosa spricht: sie bat mich eindringlich, ich möge ihr alle Einzelheiten aufschreiben, so daß sie sie ihrem Ehemann zeigen könne. Das Steinhaus, in dem Góngora gelebt hatte, war zwanzig Jahre zuvor noch gut erhalten gewesen, doch nun war es im Zerfall begriffen. Der Eingang in Form einer Brücke, die direkt zum oberen Stockwerk führt, war halb eingestürzt, obwohl die Tür mit dem Spitzbogen auf der anderen Seite sich noch in gutem Zustand befand. Gegenwärtig diente das Gebäude als Hühnerstall, doch der Besitzer hatte angekündigt, er habe vor, es abzureißen und die Steine für den Bau eines Schweinestalls zu benutzen.

Córdoba, oh Córdoba, Stadt des Seneca und der Kalifen, immer noch reich an Öl, Mais und Geld, gehst du so mit dem Haus deines berühmtesten Dichters um?

In: *Gerald Brenan: La faz de España. Barcelona: Plaza & Janés 1985, S. 65ff.*

Jorge Semprún

Der PCE und der »Fall« Grimau

In Biographie und Werk Semprúns (geboren 1923) spiegeln sich zahlreiche (ambivalente) Peripetien der jüngeren spanischen Geschichte. Sein Großvater (mütterlicherseits), Antonio Maura, war spanischer Premierminister; ein Onkel, Miguel Maura, zählte zu den Gründern der spanischen Republik (1931). Während des Bürgerkrieges floh die Familie Semprúns nach Frankreich, wo sich der junge Spanier der Résistance anschloß. 1943 nahm ihn die Gestapo fest und deportierte ihn nach Buchenwald. In seinem Roman *Die große Reise* (1963) hat er diese Erfahrungen literarisch verarbeitet. Nach seiner Befreiung schloß er sich der kommunistischen Partei Spaniens an und arbeitete von 1953 - 1964 als Mitglied im Exekutiv- und Zentralkomitee - davon mehrere Jahre im spanischen Untergrund. Wegen »ketzerischer« Ideen wurde er 1964 zusammen mit dem kürzlich verstorbenen Historiker Fernando Claudín aus der Partei ausgeschlossen. Dreizehn Jahre später hat Semprún die Hintergründe seines spektakulären Ausschlusses in *Federico Sánchez - Eine Autobiographie* nachgezeichnet (vgl. den folgenden Auszug). Trotz der Erfahrungen mit dem Stalinismus waren zahlreiche Arbeiten Semprúns (u.a. das Drehbuch zu Costa Gavras Film »Z«) auch weiterhin betont gesellschaftskritisch. Verschiedene Einlassungen, vor allem während seiner Zeit als spanischer Kulturminister (1988-1991) ließen jedoch zunehmend konservative Standpunkte erkennen. So exponierte sich Semprún als vehementer Verteidiger des Golfkrieges sowie der spanischen Beteiligung und entließ gar kurzerhand eine Reihe von Generaldirektoren seines Ministeriums, die sich öffentlich gegen den Krieg ausgesprochen hatten. Im Rahmen eines Regierungsrevirements schied Semprún Anfang 1991 aus der Regierung González aus.

Seit einigen langen Minuten sind wir stumm, Vicens und ich. Wir waten beide, versunken, durch die sumpfigen Pfade der Erinnerung. Als wir nämlich die Veranstaltung vom 19. April noch einmal durchlebten, stieg die Erinnerung an Julián Grimau zwischen uns auf.

Denn das Schamloseste an der Mitgliederversammlung vom 19. April 1964, auf der Carrillo das Signal zur Revisionistenhexenjagd gab, war, daß sie genau am Jahrestag von Grimaus Hinrichtung angesetzt war. Carrillo nutzte die emotionale Stimmung aus, zu der dieser Tag die kommunistischen Genossen verständlicherweise disponierte, um seine Verleumdungen über uns auszuschütten. In dem Kalkül, die begründeten Emotionen der Mitglieder würden ihr Denkvermögen trüben, begann er seine Rede damit: »Genossen, der heutige Tag ist politisch zu bedeutungsvoll und das damalige Ereignis zu tragisch, als daß wir diese Veranstaltung eröffnen könnten, ohne der hehren und bereits Geschichte gewordenen Gestalt Julián Grimaus, seines Martyriums und seiner Ermordung durch die franquistischen Henker zu gedenken.« Kalkuliert und schamlos nahm Carrillo Grimaus Tod und heftete seinen Leichnam an seine Fahne, um damit den kritischen Verstand der Genossen einzunebeln.

Dabei hatte weder Santiago Carrillo noch sonst einer der Funktionäre, die ihn am Präsidiumstisch umrahmten, ein Anrecht darauf, Grimaus zu gedenken, da sie für dessen Tod indirekt mitverantwortlich waren. (...)

In dieser Zeit (während der illegalen Tätigkeit in Spanien, *N.R.*) fiel mir an Grimaus Arbeitsstil eine neue, wachsende Neigung zu Unvorsichtigkeit und Hast auf. Grimau hetzte zum Beispiel täglich zu lange auf den Straßen herum, von Treffen zu Treffen. Außer den Gefahren, die das mit sich bringt, wenn es zum System wird, konnte man sich leicht denken, daß Grimau dabei kaum Zeit blieb, politische Fragen und bei der Arbeit gemachte Erfahrungen zu durchdenken, auf deren Auswertung er in seiner ersten Madrider Zeit weit mehr Zeit verwendet hatte. Damit nicht genug, hatte Grimau auch noch die unglückliche Angewohnheit, mit den irregulär arbeitenden, aus diesem oder jenem Grund von der Organisation losgelösten Kommunistengruppen, die damals allenthalben aus der Erde schossen, direkt und persönlich Kontakt aufzunehmen. Er brauchte nur von der Existenz einer solchen Gruppe zu hören und ein paar Mitgliedernamen und -adressen zu wissen, schon schoß er aus dem Haus und stand bei besagten Genossen vor der Tür. Was für ein Zentralkomiteemitglied und also Mitverantwortlichen für die Kontinuität der Parteiarbeit auf Jahre hinaus bei all unserer damaligen Unvernunft - und wir waren unvernünftig! - eine Wahnsinnstat, zumindest ein unbesonnener Akt war. Wie verhängnisvoll Grimaus Angewohnheit war, sollte sich bald zeigen: Ein in diese irregulären Gruppen eingeschleuster V-Mann lieferte ihn der Polizei aus.

Man mag sagen, dieser Fehler Grimaus war die Kehrseite seiner Aufopferung, seines Kampfgeistes. Das war er auch. Vor allem aber war er eine direkte Folge falscher Vorstellungen in der Parteileitung von Dauer und Tempo des Kampfes, von der Schwäche der Diktatur, die laut PCE-Einschätzung ständig vor dem Zusammenbruch stand. Er war vor allem Folge unseres Triumphalismus, unserer Selbstüberschätzung, unserer subjektiven Sicht. Grimau ist nur ein weiteres Opfer des Subjektivismus der PCE.

In: *Jorge Semprún: Federico Sánchez. Eine Autobiographie, Hamburg: Albrecht Knaus Verlag 1978, S. 232f.*

Walther L. Bernecker

Der Stabilisierungsplan

Die Autarkiepolitik war nicht nur am Mangel wichtiger Rohstoffe und Maschinen, sondern vor allem auch am Protektionismus gescheitert, der traditionelle Unternehmensformen unterstützte, welche keine konkurrenzfähige Produktion aufbauen und sich selbst finanzieren konnten. Der Übergang zu einer liberalen Wirtschaftspolitik erforderte vor allem eine Reorganisation des Finanzwesens, eine Verwaltungsreform im Sinne der Auflösung staatlicher Kontrollinstanzen und eine Liberalisierung des Außenhandels. Internationale Institutionen und die USA arbeiteten auf eine Liberalisierung der spanischen Wirtschaft hin, und die Verabschiedung eines Stabilisierungsplans war eine entscheidende Voraussetzung für die umfangreiche Wirtschaftshilfe, die Spanien in den 60er Jahren aus dem Ausland erhielt. (...)

Zunächst hatten die Maßnahmen eine einschneidende Rezession zur Folge, die jedoch insofern beabsichtigt war, als die spanische Wirtschaft dadurch von den Verzerrungen und Hindernissen gereinigt wurde, die sich in den vergangenen zwei Jahrzehnten herausgebildet hatten. Die unmittelbar Leidtragenden waren die Arbeiter und Kleinunternehmer; Produktionssenkungen führten zu umfangreichen Entlassungen; Reduktion der Überstunden und Kurzarbeit bedeuteten für viele Industriearbeiter weitere Lohneinbußen, die Reallöhne sanken. Die Auswirkungen auf dem Arbeitsmarkt waren verheerend: Setzt man den Arbeitslosenindex für 1959 mit 100 an, so stieg er im folgenden Jahr auf 143 und 1961 auf 155. Um einerseits die beschleunigte Landflucht zu kanalisieren und die Arbeitslosigkeit in Grenzen zu halten, andererseits das soziale Konfliktpotential in den Slums der industriellen Ballungszentren zu senken, wurde gleichzeitig das Ventil des Arbeitskräfteexports nach Europa geöffnet: Zwischen 1960 und 1969 erreichte die spanische Auswanderungsquote mit fast 1,5 Millionen ihren Höhepunkt. In Spanien selbst aber nahmen die sozialen Spannungen nach dem Auslaufen des Stabilisierungsplans (1961) und dem deutlichen Anstieg der Preise erheblich zu. Am meisten begünstigt vom Stabilisierungsplan waren zunächst die investierenden Unternehmer. Erst mittel- und langfristig konnten auch die übrigen gesellschaftlichen Gruppen von den Folgen des Plans profitieren.

Von Bedeutung ist, daß die Reformen sich auf den wirtschaftlichen Sektor beschränkten, während auf politischem Gebiet durch diese Maßnahmen gerade alles beim alten bleiben sollte. Insofern kann man von einer »konservativen Modernisierung« sprechen. Als Voraussetzungen für den schnellen wirtschaftlichen Aufschwung wurden politische Stabilität und nationale Einheit angesehen. Die Widersprüche, die einer derartigen Situation innewohnten, sollten in der Aufschwungphase der 60er Jahre voll zum Tragen kommen.

Auf den Stabilisierungsplan von 1959 folgte nach 1962 als Phase des wirtschaftlichen »take-off« eine Periode des Aufschwungs mit starker unternehmerischer Konzentration und Zentralisation des Kapitals. Die Maßnahmen im außenwirtschaftlichen Bereich beseitigten die Autarkie und führten zur Eingliederung Spaniens in das internationale kapitalistische System. Die Produktion orientierte sich stärker am Export, der vom Staat intensiv gefördert wurde. Emigrationsabkommen mit europäischen Ländern förderten die Auswanderung der Reservearmee an Arbeitslosen; die Devisen aus den Emigrantenüberweisungen wiederum besserten die Zahlungsbilanz auf. Kurzum: Für Spanien hatte das Jahrzehnt des »Wirtschaftswunders« begonnen.

In: *Walther L. Bernecker: Spaniens Geschichte seit dem Bürgerkrieg. München: C.H. Beck 1984, S. 117f.*

Roland A. Höhne

Übergänge

Technokratische Anpassung oder demokratischer Neubeginn?

Seit dem Tode Francos am 20. November 1975 hat in Spanien ein rascher und relativ reibungsloser Demokratisierungsprozeß stattgefunden, der mit den Parlamentswahlen vom 15. Juni 1977 eine entscheidende Etappe erreichte. Innerhalb von knapp zwei Jahren trat an die Stelle eines autoritären Regimes eine parlamentarische Demokratie, die zwar noch mit erheblichen

Mängeln behaftet ist, aber immerhin dem Volk nach 40 Jahren Diktatur wieder die Teilnahme an der Gestaltung des politischen Lebens ermöglicht. Die wichtigsten Gründe für diesen erstaunlichen Wandlungsprozeß biiden die Veränderungen der sozio-ökonomischen Strukturen, die sich als Folge des starken Wirtschaftswachstums seit Beginn der sechziger Jahre vollzogen haben. In der Wirtschaft verstärkte sich der industrielle Sektor, die Durchkapitalisierung der Landwirtschaft und des Dienstleistungsgewerbes, die Konzentration und Zentralisation des Kapitals, die Oligopol- und Monopolbildung. Gleichzeitig modernisierte sich der Produktionsapparat durch die Einführung neuer Technologien, die Erneuerung der Industrieausrüstung und die Rationalisierung der Produktionsabläufe. Diese wirtschaftlichen Strukturveränderungen bewirkten eine Diversifizierung der sozialen Schichtung, vor allem durch die starke Zunahme der neuen Mittelschichten (kaufmännisch-technische Angestellte, Verwaltungspersonal) und die Herausbildung einer modernen Wirtschaftsbourgeoisie.

In dem Maße, in dem die politisch-administrativen Strukturen des Franco-Regimes die wirtschaftliche Modernisierung und den sozialen Wandel hemmten, drang die moderne Wirtschaftsbourgeoisie auf ihre Liberalisierung. Sie wurde dabei von den neuen Mittelschichten, besonders den liberalen Intellektuellen, sowie in wachsendem Maße von der katholischen Kirche und schließlich auch vom jüngeren Offizierskorps unterstützt. Solange Franco noch lebte, gelang es ihr jedoch nicht, den Widerstand der konservativen Kräfte (Großgrundbesitz, traditionelle Bourgeoisie, alter Mittelstand, Generalität, Ministerialbürokratie, Gewerkschaftsapparat und Teile des hohen Klerus) zu brechen. Zwar wurde 1966 die Pressezensur gelockert, aber gleichzeitig das autoritäre Herrschaftssystem durch die Annahme des »Organischen Staatsgesetzes« 1967 institutionell abgesichert. Erst der Tod des Diktators machte den Weg frei für die Demokratisierung. Da das Regime mit dem Tode Francos nicht zusammenbrach, vollzog sich diese innerhalb der bestehenden Institutionen. Dadurch gelang es den systeminternen Reformkräften um König Juan Carlos und Ministerpräsident Adolfo Suárez, ihn unter Kontrolle zu halten und so sowohl einen Bruch mit dem alten System als auch einen Putsch der Armee zu verhindern.

Roland A. Höhne: Demokratisierungsprozeß in Spanien - Technologische Anpassung oder demokratischer Neubeginn?. In: Die neue Gesellschaft 8 (1977) (Bonn), S. 650

Kapitel VIII

Die Stimme der Besiegten: Kultur und Opposition

Michael Scotti-Rosin

Der Feind - Die Sprache der *Falange*

Wie alle rechtsextremen Bewegungen Europas fühlte sich auch die Falange von einer Welt von Feinden umgeben und vermochte schon bald nicht mehr zwischen tatsächlichen und eingebildeten Gegnern zu unterscheiden. Daher nehmen die Bezeichnungen des Feindes - der *Anti-España* - breiten Raum im falangistischen 'discours' ein und weisen eine hohe, absolute Frequenz auf. Da die Feindbilder jedoch austauschbar sind und es niemals zu fundierter Kritik am Gegner, sondern nur zu Beleidigungen kommt, werden wir aus methodischen Gründen im folgenden exemplarisch vorgehen und uns auf drei feindliche Positionen beschränken:

1) *Marxismo* - unter diesem Oberbegriff werden vereinfachend *socialismo, comunismo, anarquismo* und *socialdemocracia* zusammengefaßt -
2) *masonería* (Freimaurerei, *N.R.*) und
3) *judaísmo*.

Diese Lexeme könnten ebenso gut durch andere wie *liberalismo, democracia, república* oder *protestantismo* ersetzt werden, ohne daß wir inhaltlich zu wesentlich anderen Resultaten gelangen würden, denn im Vordergrund steht immer die grundsätzliche Verneinung jeder anderen politischen oder religiösen Haltung, ohne daß nach den Gründen für andersartige Auffassungen gefragt wird.

Der Totalitätsanspruch der falangistisch-franquistischen Ideologie schloß eine Diskussion mit dem politischen Gegner grundsätzlich aus, so daß nur die Möglichkeit seiner freiwilligen Unterwerfung oder eines blutigen Kampfes bestand. Charakteristisches Merkmal dieser intoleranten Haltung ist das vollständige Fehlen solcher Lexeme, die Kompromisse, Toleranz oder Versöhnung bezeichnen. In dieser Beziehung gehört die Sprache der Falange zu den klassischen 'langages totalitaires', wie J.P. Fayne exemplarisch den 'discours' Hitlers genannt hat. In diesen totalitären Sprachen gibt es nur Entweder-Oder, Freund-Feind-Verhältnis, Kampf oder Unterwerfung: zwar sind die Feinde von unterschiedlicher Gefährlichkeit, doch sie bleiben gleichwohl Feinde, zu denen keine Brücke führt.

Im falangistischen 'discours' wird die verbale Auseinandersetzung bevorzugt mit den Mitteln der Polemik, der Beleidigung und der persönlichen Verunglimpfung des politischen Gegners geführt. Die Sprache übernimmt dabei die Funktion der verbalen Vernichtung des Gegners und bereitet dessen physische Liquidierung propagandistisch vor.

Allerdings läßt sich linguistisch nicht überprüfen, ob die Absichten des Sprechers immer vom Empfänger verwirklicht werden oder ob sie wirkungslos bleiben. Sprachwirkung - Einflüsse der Propaganda - können nicht an Texten abgelesen werden, sondern sie lassen sich ausschließlich am Verhalten des Empfängers überprüfen. Dieser pragmatische Aspekt der Kommunikation ist im Rahmen der Linguistik daher nur schwer zu klären, zumal auch das Verhalten der Adressaten nicht eindeutig beweisen kann, daß Propaganda den Empfänger zu dieser Handlung verleitet hat. Unbestreitbar trug die Sprache der Falange jedoch nicht unerheblich dazu bei, Gräben zwischen den 'dos Españas' aufzureißen, die schon nach kurzer Zeit nicht mehr zu überbrücken waren.

Der besondere Haß galt von Anfang an dem Kommunismus, wobei *comunismo* auch *socialismo* einschloß und als Sammelbegriff wahllos für alle Gruppen verwendet wurde, die links von der Falange standen. *Comunismo* gilt schon nach kurzer Zeit als 'pars pro toto' für den politischen Feind überhaupt und wird zum Synonym für Chaos, Republik, Protestantismus (sic!), Judentum, Freimaurertum und Antikatholizismus und tritt daher von allen Negativbegriffen am häufigsten auf.

In: *Michael Scotti-Rosin: Die Sprache der Falange und des Salazarismus. Eine vergleichende Untersuchung zur politischen Lexikologie des Spanischen und Portugiesischen. Frankfurt a.M./Bern: Peter Lang 1982, S. 200f.*

Ebba Lorenzen

Die Pressepolitik

Die Pressepolitik der Informationsminister als Ergebnis der Regierungsinteressen

Die spanische Pressepolitik unter Franco erhielt ihre Impulse von den sich verändernden Zielen und Werten der allgemeinen Politik. Vor allem die wirtschaftliche Entwicklung des Landes seit 1939, die zum großen Teil wiederum von der Haltung des Auslandes gegenüber Spanien abhing, setzte die Vorzeichen für die sich allmählich anbahnende Liberalisierung der Presse.

Bis zur Mitte der fünfziger Jahre versuchte das Regime, Spanien vor ausländischen Einflüssen abzuschirmen. Auf den äußeren Druck durch den wirtschaftlichen Boykott reagierte es mit Durchhalteparolen an die Bevölkerung. Die strenge Vorzensur konnten nur Informationen und Kommentare passieren, die den Vorstellungen und Zielen der Machthaber entsprachen. Eine ausgearbeitete Pressedoktrin legte die offizielle Sprachregelung fest. (...)

Die Veränderung des politischen Kurses in der Pressepolitik resultierte aus dem Zwang zur Anpassung an die liberalere Wirtschaftspolitik, die in der Mitte der fünfziger Jahre ansetzte. Eine solche Evolution wurde schon 1956 von Arias Salgado als nützlich erkannt: »Wir müssen uns dauernd vervollkommnen, aber ohne von dem Ideensystem und den Werten abzuweichen, sie zu verlassen oder zu verraten, die uns zu innerem Frieden, zu Ordnung, zu Respekt und Bewunderung ... im Ausland verholfen haben.«

Eine Antwort auf die Frage, was die Regierung dazu veranlaßt haben mag, den Befürwortern der Liberalisierung Zugeständnisse zu machen, ist wiederum in den wirtschaftlichen Gegebenheiten zu suchen: Um das Regime aus der Isolation zu befreien, sah sich Franco Mitte der fünfziger Jahre gezwungen - soweit es den Handel betraf -, liberalere Methoden zuzulassen.

Parallel zu den Reformen im Bereich der Wirtschafts- und Sozialpolitik wurden Mobilisierungstendenzen im Kommunikationswesen spürbar. Die Ablösung des autoritär denkenden Informationsministers Arias Salgado durch den dynamischen, liberaleren Manuel Fraga Iribarne im Juli 1962 war dafür ein deutliches Zeichen. (...)

Unter Informationsminister Fraga Iribarne wurde zunächst die Vorzensur in den Großstädten gelockert, und die Journalisten konnten sich freier bewegen. Das Interesse der Bevölkerung an der Presse stieg damit deutlich an. Hatten 1961 von 1000 Spaniern nur 70 eine Zeitung gekauft, so waren es 1966 schon 159. Nach Gonzalo Duenas wurden 1958 täglich 643.917 Zeitungsexemplare verkauft, 1967 dagegen 2,5 Millionen Exemplare.

Die Verabschiedung des Pressegesetzes im Frühjahr 1966 beendete formell die Zeit des totalitären Presseregimes. Die Kontrollrechte der Administration und die Strafbestimmungen ließen aber demokratische Verhältnisse nicht zu.

In: *Ebba Lorenzen: Presse unter Franco. Zur Entwicklung publizistischer Institutionen und Prozesse im politischen Kräftespiel. München/New York: Verlag Dokumentation 1978, S. 181ff.*

Camilo José Cela

Eskapaden

Camilo José Cela wurde 1916 in der Nähe der galicischen Stadt La Coruña geboren. Als schulbildender Vertreter des »tremendismo« versuchte Cela die spanische Gesellschaft durch krass-realistische und satirisch-ironische Schilderungen aufzurütteln. Mit seinem Roman *La familia de Pascual Duarte* (1942) wurde er international bekannt. Sein pikaresker Roman *Der Bienenkorb* (1951) enthält Momentstudien und Impressionen zweier Tage aus dem Madrider Kleinbürgertum und gewährt Einblicke in den monotonen Tagesrhythmus von mehr als 200 Personen. Trotz der impliziten Sozialkritik seiner Romane, die ihm von Seiten der Zensur den Vorwurf einhandelten, »offen unmoralisch und gelegentlich pornographisch« zu sein (so konnte der *Bienenkorb* zunächst nur in Buenos Aires erscheinen), wurde der Lyriker, Reiseschriftsteller und Romancier bereits 1957 Mitglieder der spanischen königlichen Akademie und fungierte zeitweise sogar selbst als Zensor. Eine deftig-krasse Diktion blieb auch in späteren Romanen (u.a. *Mrs. Goldwell spricht mit ihrem Sohn*) und *Christo versus Arizona*, Essays und Interviews des Autors eine Konstante; so ist Cela für Vázquez Montalbán »der literarische Erfinder des Wortes 'Coño'« (Fotze). 1989 erhielt Cela den Literatur-Nobelpreis.

Ein Jüngling mit Künstlermähne schmiedet Verse inmitten all des Lärms. Er ist entrückt und merkt nichts von dem, was um ihn herum vor sich geht. Das ist die einzig mögliche Art, schöne Gedichte zu machen. Wenn er rechts und links gucken würde, dann würde ihm die Inspiration entfliehen. Die Inspiration ist wohl so etwas wie ein blinder und tauber Schmetterling, der aber herrliche Farben hat. Wenn's nicht so wäre, könnte man vieles nicht erklären.

Der junge Dichter ist dabei, ein langes Gedicht zu verfassen. Er hat es *Schicksal* benannt. Er war nicht sicher, ob er es nicht besser *Das Schicksal* betiteln sollte. Aber schließlich, nachdem er mit mehreren Poeten, die größere Erfahrung besaßen, darüber diskutiert hatte, kam er zu dem Schluß, es sei besser, ganz einfach *Schicksal* als Titel zu nehmen. Das war kürzer, eindringlicher und geheimnisvoller. Außerdem, wenn man einfach »Schicksal« sagte, war es suggestiver und - wie soll man sagen - unbestimmter, poetischer. So konnte man nicht mit Bestimmtheit sagen, ob »das Schicksal« gemeint war oder »ein Schicksal«, ob »ungewisses Schicksal«, »verhängnisvolles Schicksal«, »glückliches Schicksal«, »blaues Schicksal« oder vielleicht gar »veilchenblaues Schicksal«. *Das Schicksal* war verpflichtender, ließ weniger Spielraum für die Phantasie, die keine Schranken, keine Fesseln duldet.

Der junge Poet arbeitete schon mehrere Monate an seinem Gedicht. Er hatte bereits dreihundert und einige Verse fertig und einen sorgfältig gezeichneten Entwurf für den späteren Druck, eine Liste der möglichen Subskribenten, denen er zu gegebener Zeit ein Formular zuschicken würde, das sie nur auszufüllen hätten. Er hatte auch schon die Drucktypen ausgesucht; eine einfache, klare, klassische Type, eine Type, die man in aller Ruhe lesen kann. Sagen wir eine Bodoni. Er hatte bereits die beabsichtigte Auflagenhöhe festgelegt. Zwei Dinge jedoch beunruhigten den jungen Dichter noch: Ob er das Laus Deo am Ende des Kolophons setzen sollte oder gar nicht. Und zweitens: ob er selbst die biographische Notiz für den Klappentext schreiben sollte.

In: *Camilo José Cela: Der Bienenkorb. München: R. Piper 1988, S. 13f.*

Juan Goytisolo

Identitätszeichen

Daran bestand nicht der geringste Zweifel: die Polizei funktionierte perfekt. Fünf Jahrhunderte der Überwachung, der Inquisition und der Zensur hatten nach und nach die moralische Struktur dieses einzigartigen Organismus geformt, der selbst von den Feinden und Verleumdern als leuchtendes Vorbild für die zahllosen heilsamen Einrichtungen betrachtet wird, die heute, von ihm inspiriert, in aller Welt üppig gedeihen.

Die Herrschaft der »Fünfundzwanzig Friedensjahre« war nur die geläuterte, sichtbare Frucht der unterirdischen Arbeit von Generationen, die sich der edlen und glücklichen Aufgabe gewidmet hatten, allen Widerständen zum Trotz die starre Unbeweglichkeit der Prinzipien zu bewahren - den gebotenen Respekt vor dem Gesetz, den prompten und blinden Gehorsam gegenüber den geheimnisvollen Regeln, die die menschliche Gesellschaft regieren, diese Gesellschaft, die in Kategorien und Klassen eingeteilt ist (deren jede ihre Rolle im illusorischen Theater des Lebens vollkommen spielt). Am Ende seiner so ausgedehnten, nützlichen Erfahrung lernte das Volk, die karthartischen Verfahren selbst anzuwenden, und in jenem unechten Sommer 1963 hatte sich dein Vaterland in ein finsteres, schläfriges Land von gut dreißig Millionen nicht uniformierten Polizisten verwandelt (die Widerspenstigen und die Rebellen mitgerechnet). Mit deinem angeborenen Optimismus dachtest du, binnen kurzem würden die Beamten schon nicht mehr nötig sein, da sich ja, in größerem oder geringerem Maße, der Wächter, der Zensor, der Spion heimlich schon in die Seele deiner Landsleute eingeschlichen hatten. In jeder Gruppe erschien wieder, unter der besonderen Bonzenwirtschaft des Stammes, die Inquisition in unerwarteten Verkleidungen: Vernehmungen, Anklagen, Fahndungen, Kreuzverhöre. Parallele und gegeneinander arbeitende Polizeiorganisationen bedeckten das erstarrte, ausgeblutete Land von einem Ende zum anderen (eine reiche Ernte an Berufungen auf einem so ausgeglühten, dürstenden Boden). Mann und Frau, Frau und Mann, Vater und Sohn, Sohn und Vater, Bruder und Bruder, Bürger und Nachbar: ein jeder ist des anderen Polizist. (...)

Wir werden es teuer bezahlen (sagtest du dir): den verlorenen Bürgerkrieg, die zwanzig Jahre stacheliger Angst, die unheilvolle Leichtigkeit, die uns überkommt. Alle an einer unheilbaren Krankheit leidend, alle enttäuscht, alle verstümmelt. Wie den Frieden, die Fülle, die Ruhe wiederherstellen in den Herzen? Trauriges Volk, trauriges Vaterland, was für eine Psychoanalyse kann dich wieder gesund machen? An dir geht die Zeit spurlos vorüber, und deine Söhne folgen aufeinander in deinem Schoß, nutzlos angesichts deiner Trägheit, deines Starrsinns, deines Wahns. Wirst du dich eines Tages ändern? Vielleicht ja (sagtest du dir), wenn deine Knochen (deine eigenen) deinen Boden (o Vaterland) düngen und andere, bessere Männer (die heute noch Knaben sind) mit ihrer Opfergabe den unmöglichen Drang besänftigen, der dein Schicksal bestimmt. Wem wird, wenn du tot bist (sagtest du dir) zustehen, es zu berichten?

In: *Juan Goytisolo: Identitätszeichen. Frankfurt/M.: Suhrkamp 1978, S. 275ff.*

Raimon

Konsumgesellschaft

Der katalanische Protestsänger Raimon gehört zu den Veteranen jener legendären Bewegung des sogenannten Neuen Liedes (*Nova Cançó* in *catalán*), die Ende der 50er, Anfang der 60er Jahre die versteinerten politischen Verhältnisse gewissermaßen zum Singen brachte, indem sie (zuerst in Katalonien, später in praktisch allen Regionen des Landes) zu einem politisch-kulturellen Massenphänomen anwuchs - und dies trotz oder wegen Zensur und Repression, deren Opfer die *cantautores* mehr als einmal wurden. Als Verteidiger der katalanischen Sprache und Kultur und engagierter Verfechter demokratischer Verhältnisse hatte Raimon (sowie weitere Vertreter der *Nova Cançó*) eine Initialfunktion für andere Landesteile. Die *recitales* (Konzerte) verwandelten sich in eindrucksvolle politische Demonstrationen, auf denen sich bekannte Politiker und Künstler der Opposition ein permanentes Stelldichein gaben. Die Lieder, wie Raimons »Sagen wir nein«, trafen das Lebensgefühl ganzer Generationen. Im heutigen Kontext von Juxkultur und politischer Baisse spielen Raimon und seine damals weit über hundert KollegInnen allerdings kaum noch eine Rolle.

Du kaufst ein kleines bißchen,
ich kaufe ein kleines bißchen,
und er ein bißchen gar nichts;
das nennen sie dann hinterher:
KONSUMGESELLSCHAFT

Du arbeitest ziemlich viel,
ich arbeite, wenn ich kann,
er arbeitet das ganze Jahr,
und immer sagt man das gleiche:
KONSUMGESELLSCHAFT

Du gehst selten auf Reisen,
ich reise ziemlich viel.
Er kommt nie raus aus seinem Dorf;
ah, ah, ah, ah;
KONSUMGESELLSCHAFT

Die Läden sind voll,
die Taschen sind leer,
deine, meine und seine.
Doch es wird Zeit, daß man erfährt,
wer die vollen Taschen hat.

KONSUMGESELLSCHAFT.

In: *Jean-Jacques Fleury: La nueva canción en España I. Barcelona: Hogar del Libro 1978, S. 329*

Juan Goytisolo

Literatur und Zensur

Die an Spanien interessierten ausländischen Leser und Kritiker haben sich selbst und mir oft die Frage gestellt, wie in einem so reaktionären und repressiven Land zwischen 1950 und 1965 eine so reichliche Protestliteratur entstehen konnte. Die Antwort ist jedoch klar: eben wegen seines gesellschaftlichen Konservatismus und seines erstickenden Zensursystems. Die Veröffentlichung der ersten nonkonformistischen Werke von Cela - sein bewunderswerter *Pascual Duarte* (dt. *Die Familie von Pascal Duarte*) und diese *Colmena* (dt. *Der Bienenkorb*), die, ursprünglich in Buenos Aires verlegt, unter der Hand auf der Halbinsel kursierte, Romane, die nach den

Worten ihres Autors die Absicht verfolgten, Menschenschicksale zu registrieren, den Stendhalschen Spiegel längs des Weges zu zeigen, uns seine eigene Anschauung von der harten, bescheidenen und leidvollen täglichen Wirklichkeit mitzuteilen - bedeutete den Ausgangspunkt für eine ganze Gruppe von Schriftstellern, in deren Augen die Literatur nach dem bekannten Ausspruch Paveses »eine Verteidigung gegen die Angriffe des Lebens« war. Vor einer ganzen Reihe von Jahren schon, als ich eine vorläufige Bilanz unserer literarischen Praxis zog, wies ich auf die Gründe hin, die uns dazu bewogen, einen »realistischen«, Zeugnis ablegenden, fotografischen Roman zu pflegen. »Während die französischen Romanciers«, sagte ich, »ihre Bücher unabhängig von dem gesellschaftlichen Panorama schreiben, in dem sie zufällig leben ... müssen die spanischen Romanciers die Tatsache in Betracht ziehen, daß ihr Publikum über keine Informationsmedien verfügt, die in bezug auf die Probleme, vor denen das Land steht, die Wahrheit sagen, und diesem Mangel dadurch abhelfen, daß sie ein möglichst genaues und gerechtes Bild der Wirklichkeit zeichnen, die sie sehen. So erfüllt in Spanien der Roman eine dokumentarische Funktion, die in Frankreich der Presse zufällt, und der zukünftige Historiker der spanischen Gesellschaft wird auf ihn zurückgreifen müssen, wenn er durch den dichten Vorhang der Vernebelung und des Schweigens unserer Zeitungen hindurch das tägliche Leben des Landes rekonstruieren will.« Der dem Land als Folge des Sieges der klerikal-autoritären Richtung auferlegte Mechanismus der Unterdrückung illustriert wieder einmal die alte historische Regel, an der alle Zensuren scheitern: die seiner Unsicherheit und seines Anachronismus, die daher rühren, daß man Gesetze und Normen mit permanenten und starren Forderungen auf eine Wirklichkeit anwenden will, die dem Wesen nach fließend und veränderlich ist. (...)

Im heutigen Spanien - in einer Gesellschaft, in der die Politik immer zugunsten der Kaste, die die Mechanismen der Macht steuert, verbannt wurde - wird alles, absolut alles politisch, und unsere Zensoren scheinen die schreckliche Gabe des Midas zu besitzen: sie verpolitisieren augenblicklich alles, was sie berühren. Logischerweise zeigt sich die Verbindung, von der Alcalá Galiano spricht, nicht auf den ersten Blick, und um sie zu entdekken, braucht man im allgemeinen eine gewisse Schulung. Die Lektüre dessen, was heute in Spanien veröffentlicht wird - von den Leitartikeln der offiziellen Presse bis zu den Rezensionen und Artikeln der minderheitlichen Kulturzeitschriften - spiegelt diese Situation vollkommen wider, und der ausländische Leser oder einer, der, wie ich, infolge eines langen Exils in der geistigen Gymnastik, die besagte Lektüre erfordert, ein wenig aus der Übung gekommen ist, steht oft perplex vor einer Reihe von Anspielungen, deren kryptischer Charakter das Verständnis unmöglich macht. Aber wir müssen mit Blanco White daran denken, daß »die repressiven Regierungen unterworfenen Völker, denen es nicht erlaubt ist, frei zu sprechen, die Lebhaftigkeit von Stummen besitzen, um sich durch Zeichen zu verständigen«. Heute wie eh und je bieten unsere Gedichte, Romane, Filme und Bühnenwerke eine überreiche Auswahl an Mienen, Gesten und Grimassen, wie sie einem Volk eigen sind, das, wenn es auch in den letzten Jahren fett und verhältnismäßig wohlhabend geworden ist, doch offenbar immer noch auf tragische Weise stumm bleibt. (...)

In den Ländern, in denen es keine Freiheit des künstlerischen Ausdrucks gibt - die Sowjetunion ist ein gutes Beispiel -, zeigt sich die provokatorische Macht des Schriftstellers in der Wahl von Themen, welche - da sie vom moralischen oder politischen Gesichtspunkt aus tabu sind - augenblicklich eine subversive Färbung annehmen. Daher beurteilen wir die Neuheit und Bedeutung der Werke im Hinblick auf ihre thematische Kühnheit, ohne zu berücksichtigen, daß, etwa im Fall des *Doktor Schiwago* oder der Romane Solschenizyns, ihr Schema, ihre Konstruktion, ihre Syntax ohne große Abweichungen die erzählerischen Methoden des 19. Jahrhunderts wiederholen - einer Welt von Marx, Freud und Ferdinand de Saussure.

In den Ländern, in denen diese Freiheit des Ausdrucks existiert, gibt es bekanntlich keine provokatorischen Themen mehr. Die letzten Tabus sind verschwunden - zumindest auf legaler Ebene -, und der Schriftsteller kann nicht mehr, wie vor zwanzig oder fünfundzwanzig Jahren noch, schockieren, wenn er etwa den Inzest oder Drogen, die Homosexualität oder das Verbrechen verherrlicht. Von dem Augenblick an, in dem der Nackte legal ist, kann es keine provozierenden Nackten mehr geben. Mit dem Auftreten der neuen Strömung in der Kritik, die ich zuvor erwähnte, internalisierte der Schriftsteller in solchen Gesellschaften zugleich die Provokation, indem er sie in die Sprache einführte. Sagen wir es mit aller Deutlichkeit: In der gegenwärtigen kapitalistischen Welt gibt es keine virulenten Themen; die Sprache, und nur die Sprache, kann subversiv sein.

In: *Juan Goytisolo: Der zeitgenössische spanische Roman; In: Juan Goytisolo: Dissidenten. Frankfurt/M.: Suhrkamp 1984, S. 116ff.*

Juan Marsé

Politisch-ästhetische Währungsreform

Der 1933 in Barcelona geborene Autor zählt zu den renommiertesten spanischen Gegenwartsschriftstellern und hat sich in zahlreichen Romanen (und frühen Erzählungen) vor allem mit den Folgen des franquistischen Systems auseinandergesetzt. Charakteristisch für Marsés Romane ist eine schonungslos-sarkastische Zerstörung von Mythen, auch und gerade solche linker Couleur, die sich geschickt realer wie fiktiver Personen und Geschehnisse bedient. Neben *Letzte Tage mit Teresa* (1975) zählt *Wenn sie dir sagen, ich sei gefallen* (1973) zu den bekanntesten Werken. In letzterem sind zudem einige Überlegungen zur Funktion des Schreibens enthalten, die, am Beispiel der *aventis* (Abenteuergeschichten), eine Art Ästhetik der Desillusionierung durch Erinnerung erkennen lassen: »Das 'aventi' war nichts weiter mehr als eine Wahrheit wie jede andere, die man schon so oft gehört hatte. Eine auch aus Abfällen rekonstruierte Geschichte, die unerschrockene Kinder der Erinnerung zu erzählen wagten.«

Freilich, nicht alle waren auf der Höhe des Geschehens. Wegen der anfänglichen geringen Zahl derer, die es waren, und wegen deren eingefleischtem Hang zu Mythos und Folklore wird man ihre Namen in der zukünftigen Chronik verschweigen und schließlich vergessen (man wird allerdings vermerken, und das wehmütig, daß sie einen glorreichen und fruchtbaren Frühling erlebten); nicht so in dieser Geschichte, die sich vor die mühsame Aufgabe gestellt sieht, sie mit der gebotenen Rücksicht (noch immer gibt es offene Wunden) einen Moment lang herbeizuzitieren und um Teresa Serrat herumzugruppieren, damit sie den moralischen Charakter des Konflikts besser zu erklären helfen, der die schöne Studentin in die Arme eines Murcianers trieb. Und auch, um ihnen zugleich Gerechtigkeit widerfahren zu lassen; denn zehn Jahre später würden sie immer noch die Konsequenzen zu tragen haben, würden immer noch mühsam und verdrießlich einen gewissen nutzlosen Ruhm mit sich herumschleppen, den sie in jener glorreichen Zeit erworben haben, eine große unnütze Klarheit, ein helles Licht, das sich in die traurige Nacht des Abschwörens und der Trägheit verirrt hat, während sie nach und nach in modischen Kneipen ihre Integrität verlieren, die andere Integration im Blick (die europäische, deren Segnungen, wenn sie eines Tages bis hierhin vordringen sollten, ihnen und ihren vornehmen Familien als ersten zugute kämen), sie oxydieren wie Falschgeld, geben geifernd eine wertlose politische Reife von sich und sind peinlich darauf bedacht, weiter ihre alte Rolle mehr oder weniger geachteter Aktivisten oder Verschwörer zu spielen, eine Rolle, die angebliche dogmatische Verirrungen heute zu Unrecht im Straßengraben zurückgelassen haben. Allerdings auch das zu ihren Gunsten, weit davon entfernt, ihnen zu schaden: so sind sie doppelte Märtyrer, Veteranen zweier Fronten, beide verherrlicht, beide enttäuschend. Aber die Jugend stirbt, wenn ihr Wille zur Verführung stirbt, und müde, seiner selbst überdrüssig würde sich dieses prächtige Gespenst der Folter mit der Zeit in das Gespenst der eigenen Lächerlichkeit verwandeln, in einen traurigen, ausgestopften Papagei, vollgepumpt mit Alkohol und vom Lippenstift reicher Mädchen beschmiert, in die erbärmlichen Überreste dessen, was einmal der unvergängliche Geist der jüngsten Universitätsgeschichte gewesen war. Und launisch und unterschiedlich waren die Stimmen des Chors, vielstimmig das Urteil: einer sagte, all das sei nicht mehr gewesen als ein Kinderspiel mit Verfolgungsjagden, Spitzeln und Holzpistolen, aus denen plötzlich eine wirkliche Kugel abgefeuert wurde; andere würden sich in hochtrabenderen Worten ausdrücken und von einem verdienstvollen und respektablen Versuch sprechen; wieder andere schließlich würden sagen, die wirklich Wichtigen, die man respektieren müsse, seien nicht diejenigen gewesen, die am meisten geglänzt hätten, sondern jene, die im Schatten gestanden hätten, aber hoch über allen anderen. Jedenfalls hat das Geschehen, dieses Durcheinander von Schein und Wirklichkeit, abgesehen von dem edlen Trieb, der die Ereignisse ins Rollen brachte, nichts Besonderes an sich. Was kann man von den spanischen Studenten anderes erwarten, wenn selbst die Männer, die behaupten, der wahren Sache der Kultur und der Demokratie dieses Landes zu dienen, Männer sind, die ihre legendäre Jugend bis ins vierzigste Lebensjahr hinter sich herschleppen?

Mit der Zeit würden einige zu Schwindlern werden und andere zu Opfern, die Mehrzahl zu Dummköpfen oder zu Kindern, mancher vernünftig, keiner intelligent, und alle zu dem, was sie waren: Scheiß-*señoritos*.

In: *Juan Marsé: Letzte Tage mit Teresa. Baden-Baden: Elster Verlag 1988, S. 305ff.*

Norbert Rehrmann

Die *transterrados* und Lateinamerika

Jenseits rhetorisch gefärbter Diskurse und ambitiöser Ziele, die das Bild weiterhin bestimmen, nimmt sich der *tatsächliche* Status quo der spanisch-lateinamerikanischen Beziehungen - kultureller wie politischer Natur - bis 1975 noch immer sehr bescheiden aus. V. Gleich u.a. kommen zu dem Ergebnis, daß sich die spanische Lateinamerikapolitik stets auf die höchste diplomatische Ebene (Staatsbesuche etc.) reduzierte und die Aktivitäten auf mittlerer und unterer Ebene systematisch vernachlässigte. Darüber hinaus habe es bis zum Beginn der *transición* keine transnationalen Körperschaften - wie z.B. politische Parteien, Stiftungen, Gewerkschaften, Forschungszentren etc. - gegeben, die stabile Beziehungen mit lateinamerikanischen Pendants unterhalb der Regierungsebene initiieren und ausbauen konnten.

Welchen Verlauf nahm demgegenüber die diesbezügliche Entwicklung der sogenannten *transterrados* - ein Begriff des spanischen Philosophen Gaos, den dieser im Unterschied zu *desterrados* (Verbannte) geprägt hat -, die sich zu Tausenden, unter ihnen zahlreiche und namhafte Intellektuelle, nach 1939 in lateinamerikanischen Ländern, vor allem in Mexiko, niederließen? Einige Autoren, wie die Spanierin León-Portilla und die Autorengruppe um José Luis Abellán, ziehen eine außerordentlich positive Bilanz, wenn sie von einer »hispanistischen Revolution« und von einer »zweiten Entdeckung Amerikas« sprechen, eine Bilanz, die sich vor allem durch die explizite Zurückweisung der *hispanidad*-Konzeption ergebe, wie sie vom franquistischen Spanien propagiert wurde. Nach dem bisherigen Forschungsstand sind zwar noch keine abschließenden Urteile möglich, die Euphorie der zitierten Einschätzungen, die *transterrados* hätten das mexikanische Spanienbild - u.a. durch die *gachupines* (eingewanderte spanische Emporkömmlinge) vergangener Zeiten entstanden - nachhaltig verändert, erscheint allerdings äußerst gewagt. Nach Patricia Fagen beginnen die Probleme bei der Sicht »des Anderen«, hier der Mexikaner aus der Perspektive der spanischen Flüchtlinge, bereits im Terminologischen: Der *transterrado*-Begriff habe nicht nur der freundlichen Aufnahme durch die Regierung Cárdenas' Rechnung getragen, sondern rekurriere auch auf vermeintlich historisch-kulturelle Gemeinsamkeiten, die von der Mehrheit der Mexikaner so nicht gesehen würden. Fagen konstatiert zwar deutliche Unterschiede der liberalen und sozialistisch-kommunistisch bzw. anarchistisch inspirierten Intellektuellen, die zuvor das Gros des *hispanismo* gebildet hatten, gegenüber der reaktionären *hispanidad*-Version des Franquismus (was sich z.B. in der Verteidigung von Las Casas manifestierte), spricht jedoch auch von Paternalismus und Superioritätsgehabe - Charakteristika, die selbst bei den zweiten und dritten *transterrado*-Generationen auszumachen seien. Einen kastilischen und katalanischen Paternalismus, der sich darauf versteife, die traditionellen Kriterien aufrechtzuerhalten und das *castizo* (»Echte«) gegenüber dem zu verteidigen, was rings um sie her geschrieben und gesprochen wurde, nahm u.a. auch der argentinische Schriftsteller Julio Cortázar am Beispiel der spanischen Exilverlage aufs Korn.

Lediglich bei einigen Autoren, vornehmlich in literarischen Zeugnissen, läßt sich demgegenüber ein Bemühen konstatieren, die mexikanische Realität in ihrer gesamten Komplexität verstehen zu wollen - ein absolutes Novum unter spanischen Intellektuellen, sieht man von wenigen Werken, wie etwa vom 1925 erschienenen *Tirano Banderas* von Valle Inclán ab.

Ich fasse zusammen: Bis zum Vorabend der *transición* (1975/76) kann die eingangs zitierte These Dietrich Briesemeisters, der Panhispanismus sei bis in die Gegenwart eine schillernde ideologische Größe geblieben, vollauf bestätigt werden; es lassen sich zwar *verschiedene* Panhispanismusvarianten ermitteln, deren ethnozentristische Schärfegrade nicht nivelliert werden sollten; allen gemeinsam scheint indessen eine Vormundschaftsattitüde zu sein, die offensichtlich auch für jene charakteristisch ist, die, wie die sogenannten *transterrados*, die lateinamerikanische Realität erstmals persönlich erfuhren und - erlitten.

In: *Norbert Rehrmann: »Spanien, Europa und Lateinamerika. Zur Geschichte* legendärer *Kulturbeziehungen«, PROKLA 75 (Juni 1989), S. 122ff.*

Lluis Llach

Der Pfahl

Neben (und zeitlich gesehen: einige Jahre nach) Raimon gehört der katalanische Liedermacher (cantautor) Lluis Llach zu den bis heute bekanntesten Repräsentanten der *Nova Cançó*. Einige seiner Songs verwandelten sich in anti-franquistische Massenlieder. Wegen seiner musikalisch-poetischen Qualitäten als *cantautor* sowie seiner politisch-konsequenten Position findet Llach (der sich auch in »ernsten« Musikgenres einen Namen gemacht hat) noch heute zahlreiche Zuhörer, vor allem in Katalonien, wenngleich der kämpferische Duktus von einst weitgehend anderen Themen Platz gemacht hat. Spektakuläre Aufmerksamkeit erhielt Llach letztmals Mitte der 80er Jahre, als er Ministerpräsident González wegen Nichteinhaltung zentraler Wahlkampfversprechen verklagte.

Am frühen Morgen, vor dem Haus,
sprach der alte Siset mit mir,
wir warteten auf die Sonne
und sahen die Karren vorbeifahrn.

Siset, siehst du denn nicht den Pfahl,
an den wir alle gebunden sind?
Wenn wir uns nicht losmachen können,
werden wir nie frei herumgehn!

Wenn wir alle ziehen, wird er fallen,
lange kann er nicht mehr halten,
er wird fallen, fallen, fallen,
ganz morsch muß er schon sein.
Ich ziehe kräftig hier,
und du ziehst kräftig dort,
dann wird er fallen, fallen, fallen,
und wir können uns befrein.

Aber Siset, wir ziehn schon so lange,
die Haut löst sich von meinen Händen!
Und wenn mich die Kraft verläßt,
ist er noch dicker und höher.

Ich weiß genau, daß er verfault ist,
aber Siset, er ist so schwer,
daß mich manchmal die Kraft verläßt.
Laß uns dein Lied nochmals singen:

Wenn wir alle ziehen, wird er fallen ...

Der alte Siset sagt nichts mehr,
ein böser Wind hat ihn entführt,
wer weiß, an welchen Ort;
und ich sitze vor dem Haus.

Und während jetzt die Kinder vorbeiziehn,
reck ich den Hals und singe
das letzte Lied von Siset,
das letzte, das er mir beigebracht hat.

Wenn wir alle ziehen, wird er fallen ...*

In: *Tilbert D. Stegmann (Hrsg.): Diguem no - Sagen wir nein. Lieder aus Katalonien. Berlin: Rotbuch 1979, S. 86ff.*

---

* Dieses Lied von 1968, das zur Beseitigung Francos aufforderte, wurde zu einer Art neuer Nationalhymne für die katalanischen Länder.

Kapitel IX

Vom Bruch zum paktierten Bruch: Politik und Gesellschaft seit Francos Tod

Rossana Rossanda

Das Kontinuitätssyndrom

Rossana Rossanda, 1924 geboren, studierte in Venedig und Mailand. 1946 trat sie der kommunistischen Partei Italiens bei, 1959 wurde sie ins Zentralkomitee gewählt. Ihre undogmatischen Analysen und theoretischen Schriften brachten sie jedoch schon bald in Konflikt mit der stalinistischen Parteilinie. Die 1962 in geheimer KPI-Mission durchgeführte Spanien-Reise und ihr ungeschminkter Ergebnisbericht haben zum schließlichen Bruch mit beigetragen. Nach ihrem Ausschluß aus der Partei gründete sie 1969 mit anderen die Gruppe »Manifesto« und die Zeitschrift *Il Manifesto*, in der sie bis heute ihre international beachteten politischen Analysen veröffentlicht. Mehrere Bücher wurden in zahlreiche Sprachen übersetzt; als Essayistin schreibt Rossana Rossanda für internationale Zeitungen und Zeitschriften.

Es traf zu, daß Spanien sich regte, der Übergang vollzog sich nicht so, wie meine Freunde vom Centro Sinistra 1962 vermutet und meine Genossen befürchtet hatten; die Kommunisten waren durchaus dabei, obschon nicht an der Spitze. Es traf zu, daß Spanien sich regte - innerhalb des gewährten Spielraums, gewährt von denen, die jederzeit wieder Repressionsmaßnahmen ergreifen konnten. Ein unausgesprochener Kompromiß funktionierte, ein unsichtbarer Kode, den alle respektierten: Die Veranstaltungen fanden an bestimmten Orten und unter gewissen Beschränkungen statt, den Sozialisten standen mehr solcher Orte zur Verfügung bei weniger Auflagen, den Kommunisten weniger Orte bei mehr Auflagen. Die Presse war frei, jedoch innerhalb klarer Grenzmarkierungen - hier und da ein Adjektiv für Felipe, den neuen Mann der Sozialisten. Doch keinerlei Anzeichen für einen Bruch, der zu einem bestimmten Datum stattfindet und der festlich begangen wird, wie ich das in Portugal erlebt habe; nichts von diesem erleuchtenden Rausch, den ich dort auf den Straßen verspürt habe, kein Erdbeben der Massen, keine angespannte und freudige Erwartung, kein beflügelnder Geschmack der Freiheit. Dieses neue Spanien kam bereits weise und vermittlerisch auf die Welt. Es erschien, wie Franco gestorben war: mit kleinen, unmerklichen Schritten, so, als müsse man achtgeben, um nicht jemanden aufzuwecken, ein nicht genauer definiertes, jedoch bedrohliches Wesen, nicht so sehr eine Figur oder eine Gruppe, vielmehr eine Art Sache, eine Substanz, die, einmal reaktiviert, augenblicklich zu Blut und Katastrophe gerönne; die es leise und vorsichtig (und ohne daß sie es selber merkte) umzuwandeln galt, damit sie, sollte sie sich jemals wieder ihrer fürchterlichen Kraft innewerden, sich gebändigt oder wenigstens unwirksam wiederfände.

Darin bekundete sich eine seltsame Akkordanz mit jenem Duckmäusertum von 1962, das Kontinuitätssyndrom einer Gesellschaft, die in zwei oder drei Teile gespalten war, sich auf engstem Raum und innerhalb unüberschreitbarer Grenzen bewegte, außerstande, sich als Einheit zu denken - sie war nicht von einem jener großen Aufschwünge erfaßt und durchgerüttelt worden, die einen sozialen Aggregatszustand in einen qualitativ anderen überführen, so wie der Handgriff dem Teig seine endgültige Form verleiht und den Laib in den Ofen schiebt. Also war ich 1962 keiner Täuschung aufgesessen, sondern hatte ein Stück von Spanien erkannt, den Reflex der Kontinuität seiner Existenzweise, etwas, was erlernt und erworben war, ein für alle Mal, vor langer Zeit und unter Qualen. Doch immer noch mißtraute ich meinen Erinnerungen; schließlich erschienen sie mir kleinlich.

Die Entwicklung in Spanien ging voran, in der Tat. Aber sie schleppte dieses Stigma mit sich, und zunehmend weniger vermochte ich es als Zeichen überraschender Reife deuten - heutzutage entstehen die Demokratien in dieser Weise, ohne Spektakel und ohne fundamentale Eruptionen.

In: *Rossana Rossanda: Vergebliche Reise oder Politik als Education sentimentale. Frankfurt/M.: Suhrkamp 1985, S. 118f.*

Hans Magnus Enzensberger

Die *Zentrifuge*

»*Somos una nación*« - »Wir sind eine Nation!« Diese Beteuerung ist an vielen Häuserwänden im Süden Spaniens zu lesen. Sie gibt dem Betrachter einige Rätsel auf. Zum einen ist ihre Logik zweifelhaft; denn wenn sie zutrifft, ist sie überflüssig; wenn sie aus der Luft gegriffen ist, beschreibt sie nur die Ohnmacht derer, die sie im Munde führen. Auch geht aus dem Text nicht zweifelsfrei hervor, welche Nation gemeint ist. In Spanien gibt es nämlich, außer der spanischen, eine unbestimmte Menge von Nationalitäten, die sich von Jahr zu Jahr zu vermehren scheint.

»Jahrzehntelang«, schreibt der Ketzer und Essayist Fernando Savater, »haben wir unter der pathetischen Geistesverwirrung und der spät imperialen Arroganz gelitten, die das unwahrscheinliche Wesen Spaniens uns auferlegte. Jetzt aber sehen wir uns mit dem ebenso unwahrscheinlichen Wesen des Baskenlandes, Kataloniens, Andalusiens und Galiciens konfrontiert. Morgen wird es soweit kommen, daß wir uns über die unsterbliche Essenz von Zaragoza oder über die historische Verpflichtung streiten, die es mit sich bringt, in Fuengirola geboren zu sein ... Ich weiß nicht, aber mir kommt das alles wie Zeitverschwendung vor.«

Jeder von uns möchte was ganz besonderes sein, um so mehr, je weniger er sich von seinem Nächsten unterscheidet; jedes Kuhdorf hat seinen Heimatstolz und möchte sich über das Nachbardorf erheben. Das sind Wünsche, die in einer banalen Welt verständlich sind, vielleicht sogar legitim; aber lassen sie sich erfüllen, indem sich jeder Gesangsverein aufführt, als wäre er der Vietcong? Die schrillen Töne der Autonomisten parodieren die Rhetorik der nationalen Befreiungsbewegungen in der Dritten Welt. Ich kann mir über ihre Beweggründe kein Urteil erlauben, aber jeder Pauschaltourist dürfte in der Lage sein, festzustellen, daß Galicien kein zweites Nicaragua ist und Katalonien kein zweites Afghanistan. Selbst für das Baskenland schienen mir solche Vergleiche etwas hoch gegriffen.

Natürlich ist Spanien nie ein homogenes Land gewesen; natürlich ist der Madrider Zentralismus ein bürokratischer Wahn; natürlich hat das Franco-Regime jahrzehntelang jede selbständige Regung unterdrückt. Gründe genug, um sich endlich nach einem funktionierenden Föderalismus umzusehen, kaum aber, um sich einem Kult der Borniertheit hinzugeben.

Soviel ich weiß, kann sich heute jedermann in Spanien, mündlich oder schriftliche, der Sprache bedienen, die ihm paßt. Das hindert aber die Bewohner des Landes nicht, sich linguistische Bürgerkriege zu liefern. Nach dem Ende des großen Baubooms scheinen genügend Kapazitäten frei zu sein, um sich einem neuen Projekt hinzugeben: der Errichtung eines babylonischen Turmes auf spanischem Territorium. »Die asturische Sprache, das 'Bable', wird demnächst bei den Ansagen eingeführt werden, mit denen das Bordpersonal der Iberia den Passagieren den Start oder die Landung auf dem Flughafen des Autonomen Fürstentums Asturien ankündigt«, lese ich in *El País* vom 17. Mai.

Das ist ein harmloses Vergnügen. Auch ist es nur recht und billig, wenn die Bürger von Barcelona fordern, daß die Straßenschilder der Stadt nicht nur die spanische, sondern auch die Nomenklatur der Landessprache tragen. Kaum aber ist dieses Ziel erreicht, macht sich die einheimische Sprachguerilla mit ihren Spraydosen ans Werk, um jedes spanische Wort auszutilgen.

Die selbsternannten Sheriffs der Sprache stehen keineswegs isoliert da. Heribert Barrera, ein führender Politiker der Republikanischen Linken in Barcelona, erklärte mir ganz unverblümt: »Wir lehnen die Zweisprachigkeit in Katalonien ab. Eine der beiden Sprachen muß gewinnen, und das wird die unsrige sein. Es geht nicht an, daß die Sprache des Kolonisators hier die Oberhand behält. Wir wollen die Hegemonie des Katalanischen gesetzlich verankern. Wenn es nach mir ginge, so würde in Zukunft nicht das Spanische unsere zweite Sprache sein, sondern das Englische.«

Da kann sich der Vertreter der Herri Batasuna nicht lumpen lassen. Er verlangt, daß der Unterricht in den Schulen seiner Region künftig ausschließlich in baskischer Sprache zu erfolgen hat, ohne Rücksicht auf die Wünsche der Eltern und der Schüler.

Mit solchen Forderungen verrät die Rebellion gegen die Zentralgewalt, daß sie an ihren autoritären Gegner fixiert geblieben ist. Es ist der Zwang, der die Befreiung bringen soll. Die Staatshörigkeit der Autonomisten hat nur den Adressaten gewechselt. Nun sind es die eigenen Regierungen, die durch Gesetze, Vorschriften und Erlasse Remedur schaffen sollen. Kein Gedanke daran, daß es nie der Staat ist und immer die Gesellschaft, die über die Vitalität einer Kultur und die Ausstrahlung einer Sprache entscheidet.

»Du hast recht«, sagte mir in Barcelona eine Psychoanalytikerin, der ich meine Konklusion vortrug, »aber deine Erklärung geht nicht weit genug. Ist dir nicht die außerordentliche Künstlichkeit dieses ganzen Streits aufgefallen? Der hysterische Anteil läßt darauf schließen, daß es um etwas anderes geht, daß es sich um eine Kompensation, eine Ersatzbildung handelt.

Der wahre Nationalist weiß natürlich, daß die Siege der kastilischen Zentralregierung immer Pyrrhussiege waren, daß der spanische Staat alles in allem schwach auf der Brust ist, daß unsere Parteien Kartenhäuser, unsere Institutionen seltsam losgelöste Inseln im Meer der Realität sind.

Den wahren Nationalisten plagt kein Zweifel an der eigenen Existenz; sein Selbstbewußtsein hält es mit der achselzuckenden Tautologie Jordi Pujols, unseres Präsidenten, der sagt: *Somos quienes somos*, wir sind, die wir sind, und es dabei bewenden läßt. Natürlich verzichtet der alte Demagoge nicht darauf, den Sprachstreit für seine Zwecke zu nutzen, aber er weiß auch, daß unsere Kultur und unsere Sprache - du weißt, ich bin Katalanin mit Leib und Seele - viel zu reich und lebendig ist, als daß sie es nötig hätte, sich mit staatlichem Kunstdünger vergiften zu lassen.«

»Du kommst von deiner These ab. Du hast von Kompensation, von Ersatzbildung gesprochen. Ersatz für was?«

»Aber mein Lieber, das liegt ja auf der Hand! Sieh dir unser Land doch an! Die rücksichtslose Gemeinheit, mit der die Landschaft zerstört wird; die subhumanen Wohnverhältnisse; die Krise der alten Industriekultur ... Und in dieser Situation macht sich eine Heimatliebe breit, die nichts Besseres im Sinn hat, als Ortsschilder umzukippen und Fahnen zu schwingen! Eine Heimatliebe, die sich weder um das Trinkwasser noch um die Wohnungsfrage kümmert, die keine Industriepolitik kennt, keinen Arbeitsschutz, keine Infrastruktur, keine Ökologie ...

Das ist doch nichts anderes als der alte spanische Wahn, nur daß er jetzt nicht mehr im Zentrum zu Hause ist, das ihn ausgebrütet hat; sondern er hat sich in der Peripherie eingenistet, sozusagen an den Wänden der spanischen Zentrifuge. Während in Madrid die Macher herrschen, haben die Basken und die Gallegos, die Asturier und die Kanaren, die Andalusier und die Katalanen die heroische Rechthaberei, das Zelotentum, die nationale Würde und den Fanatismus für sich gepachtet. Das ewige Spanien, diese altersschwache Mystifikation! Die einzigen, die noch an ihr festhalten, sind ausgerechnet diejenigen, die ums Verrecken keine Spanier sein wollen!«

In: *Hans Magnus Enzensberger: Spanische Scherben. In: ders.: Ach Europa! Frankfurt/M.: Suhrkamp 1987, S. 437ff.*

Fernando Savater

Spanien und die Barbaren

Fernando Savater, 1947 in San Sebastián geboren, ist Professor für Ethik an einer baskischen Universität. Von ihm liegen zahlreiche Bücher über philosophische Themen vor (u.a. über Nietzsche), literaturwissenschaftliche Essays sowie ein Theaterstück (Juliano en Eleosis) und ein Roman (Caronte Aguarda). Während sich die literarischen Meriten des Autors in Grenzen hielten, überzeugen die wissenschaftlich-essayistischen Texte durch ihren kenntnisreichen und undogmatischen Duktus sowie durch ihre polemische Schärfe - Aspekte, die auch für jenes Genre gelten, dem Savater seinen hohen Bekanntheitsgrad in Spanien verdankt: dem journalistischen Essay. In *El País* und anderen Publikationen nimmt Savater regelmäßig zu gesellschaftspolitischen Themen Stellung. Die stilistische Brillianz und gedankliche Originalität seiner Essays machten ihn zu einem Meister dieser Gattung und zu einem der wichtigsten *opinion leaders* der Nach-Franco-Ära.

Die Brüder Witt wurden im Jahre 1672 in Den Haag als Führer der republikanischen holländischen Bourgeoisie ermordet, während einer von Armee und Adel inspirierten Revolte, die das Ziel der Übergabe absoluter Macht an das Haus Oranien verfolgte; der besonnene und kluge Spinoza verfaßte in der Glut der patriotischen Empörung eine Schmähschrift mit dem Titel »Ultimi barbarorum«, die er unter Lebensgefahr öffentlich aufhängen wollte. Jene Absolutisten, die die Philosophie der aktiven Heiterkeit, wie Spinoza sie verkörperte, so aufwiegeln konnte, waren mit Sicherheit Barbaren, aber in keiner Weise die letzten: in Spanien z.B. haben die Barbaren sich ausgezeichnet eingewöhnt und es gibt keine Möglichkeit, sie endgültig los zu werden. Hier kann man niemals irgendwelche Barbaren als die letzten bezeichnen; sogleich sammelt sich das nächste Bataillon am Horizont: die geistige Reserve Europas bieten wir ja nicht gerade, dafür aber eine unerschöpfliche Reserve an Barbaren. Sie bilden den am wenigsten bedrohten Teil der Fauna unseres Landes, typisches Nationalprodukt wie die Tulpen von Holland oder die Spaghettis aus Bologna. Als sie vor ein paar Tagen ins Parlament stürzten, mit dem charakteristischen kraftvollen Geschrei, mit Pistolen und Gewehren - da haben wir alle gestöhnt: na ja, da sind sie wieder. Im spanischen Trauerspiel geht die Geschichte immer gleich aus: das Rotkäppchen wird mit Hilfe der Knüppelhelden dem bösen Wolf geradezu ausgeliefert. Und uns Zuschauern bleibt nichts anderes übrig, als laut zu rufen: »Wo sind sie bloß hergekommen? Daher! Daher!« Und: »Wo sollen wir denn hin? Dahin! Dahin!« Wir würden es nicht wagen, diese als die letzten, nicht mal als die vorletzten Barbaren zu bezeichnen: es sind die von immer. Es ist falsch zu glauben, sie seien erst an dem Montag gekommen, weil sie eigentlich nie weg waren. Immer und ewig sind sie bei der Nation gewesen, mit ihrer Konspiration, mit ihrer Folter: sie schnauben vor blutiger Wut und sie bringen alle anderen zur Vernunft, es sind ganze Kerle ... Na ja, sie gehen ihrer patriotischen Pflicht nach. An jenem Montag feierten sie Karneval, ihren eigenen Fasching; aber das Fasten folgt der Fastnacht, es ist die Zeit der Buße und danach kommen Karwoche und Golgatha ... Die spanischen Barbaren machen sich doch nicht so viel aus Beten und sie kommen immer, eher früher als später. Jetzt muß man uns sagen, ob wir den Kopf hinhalten oder die Stirn bieten wollen. (...)

Es ist wohl klar, daß die Barbaren immer sowohl explizite als auch implizite Unterstützung finden können, nützliche Idioten oder solche, die so nutzlos sind, daß sie am Ende ganz schön nützlich werden. Diejenigen, die im König eine Art Schutz-Amulett sehen wollen, gehören auch dazu, und sie weichen auch dort nicht zurück, wo er selbst ihnen empfiehlt, sich einen anderen Schutzengel zu suchen. Es ist eine Sache, aus der Not eine Tugend zu machen, und etwas anderes, die Not ins Laster zu verwandeln: der vielleicht im ersten Augenblick notgedrungene Paternalismus des Staates reißt inzwischen nicht mehr als einen Haufen Minderjährige mit, die sehr bald von der »qualifizierten Autorität« ausgenutzt werden. Von denen, die aus Trägheit, Schmeichelei oder Eigennutz die Krone als einzige Garantin einer soliden Demokratie darstellen wollen, haben wir alle die Nase voll ... angefangen mit dem Monarchen selbst, nehme ich an. Parallel dazu kommen die Anhänger der »Besonnenheit« des spanischen Volkes: wir sind ja so besonnen, daß man uns am Ende schlafend in unseren Betten abschlachten wird, oder noch besser, während wir im Fernsehen das Schlachten unserer Nachbarn beobachten. Das Parlament hat die sozialpolitische Unternehmungslust der Bevölkerung gelähmt und macht aus allen Bürgern Zuschauer in einem Kasperletheater, wo der Neanderthal-Tejero neulich für ein bißchen Leben sorgte. Es gab nicht mal eine spontane Demonstration, nicht eine Versammlung in der vollkommen toten Universität, wo alles »normal« ablief, als wäre es normal, einen Tag nach einem Putsch einfach ohne Widerspruch sich weiter wissenschaftliche Notizen zu machen. Walter Benjamin hat einmal gesagt: »Die Parlamentarier bieten einen blassen und traurigen Anblick, weil sie das Bewußtsein der revolutionären Kräfte nicht bewahrt haben, denen sie ihre Existenz zu verdanken haben.« Es sollte Auftrag der parlamentarischen Vertreter der Linken sein, die Verbindung mit diesen Kräften lebendig zu halten und deren Initiative zu fördern, statt sie in einer Trance erstarren zu lassen, die den Freiraum für Tejero und seine Handlanger bietet.

In: *links Nº 133 (4/1981)*

Juan Gómez Soubrier

Spanien und die NATO

Das Referendum, das alle gewonnen haben

Die Glückwünsche des spanischen Parlamentspräsidenten Gregorio Peces Barba, der nach dem positiven Ausgang des Referendums zum Verbleib Spaniens in der NATO allen Vertretern der politischen Parteien gratulierte, enthielten eine leise Ironie. Alle im Parlament repräsentierten Parteien betrachteten sich nämlich als Gewinner, und sei es auch nur als moralische Gewinner.

Sturm im Wasserglas

Wer am Abend nach dem Referendum in Spanien eingetroffen wäre, ohne von der vorangegangenen erregten Kampagne gewußt zu haben, hätte meinen können, in Spanien habe nur ein Sturm im Wasserglas stattgefunden, begleitet von den typischen Übertreibungen einer Sensationspresse.

Tatsache aber ist, daß die Abstimmung ein Ergebnis gebracht hat, das positiv genug war, aber für Interpretationen zugleich verworren genug blieb, um eine allgemeine Entspannung, die alle Spanier - Wähler wie Parteien - dringend gewünscht hatten, möglich zu machen.

In formaler Hinsicht hat die sozialistische Regierung von Felipe Gonzalez ihr Wahlversprechen eingelöst, obgleich sie eigentlich eine Position vertritt, die im Gegensatz steht zu der, die sie seinerzeit als Oppositionspartei auf der Notwendigkeit einer Volksbefragung bestehen ließ.

Und die PSOE hat gewonnen, ohne daß sich die Volksallianz - größte Partei der Rechten - dem Ja anschließen mußte, was man in der sozialistischen Partei wohl erwartet hatte.

Fraga - Parteichef der Volksallianz - hält sich ebenfalls für einen Gewinner. Er weist darauf hin, daß durch seinen Aufruf zur Stimmenthaltung zahlreiche Nein-Stimmen verhindert worden seien, die sonst aus purer Opposition zur Regierung von Befürwortern der Atlantischen Allianz abgegeben worden wären.

Die NATO-Gegner zeigen sich ebenfalls zufrieden in Anbetracht dessen, daß sie eine ansehnliche Zahl von Nein-Stimmen erreicht haben trotz einer Kampagne, in der die Regierung in extremer Weise - vor allem in den letzten Tagen - den Machtapparat in Staat und Partei ausgenutzt hatte, um die - so vorherige Umfragen - große Zahl noch unentschlossener Wähler zu einer NATO-freundlichen Haltung zu bringen.

Madrider Frühling

Gleichsam als Symbol für den Frühlingsbeginn herrschte am Tage des Referendums gutes Wetter im ganzen Land und die ebenso heftige wie fieberhafte Aufgeregtheit, zu der die kühle Behandlung eines allzu heißen Themas geführt hatte, wich der Ruhe, die auf jeden Sturm folgt. Die Dramatik war durch die verwirrende Umkehr traditioneller Positionen der beiden wichtigsten politischen Parteien entstanden sowie durch die Tatsache, daß es sich hier in Spanien um das bisher erste Referendum mit einer derartigen Fragestellung handelte.

Die spanischen Sozialisten hatten ihre ablehnende Haltung gegenüber der NATO schneller revidiert, als es die entsprechenden europäischen Parteien im Lauf der Geschichte getan hatten. Die Grundhaltung aber blieb die gleiche.

Die Anti-NATO-Haltung war in der Tat einst in den Kundgebungen von den führenden Parteimitgliedern heftiger zum Ausdruck gebracht worden, als in den internen Parteipapieren, und Felipe Gonzalez' berühmter Satz von damals: »La NATO, de entrada, no« (a: Kein Eintritt in die NATO, b: Vorerst nein zur NATO), war eine derart sibyllinische Formulierung, daß sie im Nachhinein jede Interpretation erlaubte.

Die Reaktion der Börse, die die Nachricht mit einer kräftigen Hausse aufnahm, und die Euphorie der Linken, der sich Gelegenheit geboten hatte, ihr ramponiertes Ansehen wiederherzustellen, stehen im Gegensatz zu der Erregtheit in der einzigen Bevölkerungsgruppe, in der das Referendum schwer zu heilende Wunden hinterlassen hat: Die unterschiedliche Haltung der Intellektuellen, die eine Reihe von Manifesten, sowohl dafür wie dagegen, unterzeichnet hatten, hat zu einer zumindest in ihrer Heftigkeit unerwarteten Konfrontation geführt, und dies innerhalb einer Gruppe, die während der ganzen Übergangsphase, d.h. in den letzten zehn Jahren der Demokratisierung in Spanien, spürbar ihre Konsensfähigkeit hatte erkennen lassen.

Spanien, der Garten Europas

Wenn man einmal die für jedes Referendum typischen Anekdoten beiseite läßt, wie zum Beispiel die Tatsache, daß die äußerste Linke und die äußerste Rechte in ihrem ablehnenden Votum übereinstimmten - wie bei den Volksabstimmungen in Norwegen oder Italien - so bleiben doch das Ergebnis und die Beweggründe, warum einige Spanier mit Ja und andere mit Nein gestimmt haben, schwer analysier- und interpretierbar.

Die letztendliche Hinwendung derer, die sich vor einigen Wochen noch als unentschlossen bezeichnet hatten, zum Ja der großen Masse wurde von den Anhängern des Nein als Ausdruck der Angst erklärt, die der Bevölkerung vom Apparat der Regierungspartei eingeflößt wurde - einer Partei, die sich verpflichtet sah, sich allein einer Abstimmung zu stellen, in der aller Voraussicht nach die Rechte sie hätte unterstützen müssen.

Eine Untersuchung, welche Rolle die Zugehörigkeit zum Gemeinsamen Markt und der Wunsch, ganz zu Europa zu gehören, für die Spanier gespielt hat, steht noch aus; obgleich nicht von der Hand zu weisen ist, daß dieser Einfluß größer war, als er von Politikern eingeschätzt wurde, was allein Ausdruck ihrer einseitigen Sichtweise war.

Die Zukunft hat schon begonnen

Auch der, der über ein gewisses Minimum an politischem Sachverstand verfügt, wird aus dem Abstimmungsergebnis nichts ableiten können, was sich auf künftige Wahlkämpfe übertragen ließe. Vor ihren Wählern wird die sozialistische Partei ihren pazifistischen Charakter zur Schau stellen und eine Reduzierung der amerikanischen Militärstützpunkte fordern; dieser Wunsch wird von der Mehrheit der Bevölkerung geteilt, und zwar aus so verschiedenen Gründen wie Neutralismus oder rechtslastigem, von imperialer Nostalgie erfülltem Antiamerikanismus.

Fest steht, daß die USA sich herbeilassen werden, der PSOE zu einem solchen Image zu verhelfen - solange nur die strategischen Bedürfnisse durch die NATO befriedigt werden.

Die politische Rechte ist die eigentliche Verliererin, weil sie die Antwort auf die Frage nach der NATO-Zugehörigkeit zu einer Abstimmung gegen die Regierung machen wollte und zusehen mußte, wie die sozialistische Partei ohne ihre Hilfe gewann. Damit hat sich die Rechte erneut parteiinternem Hader ausgesetzt.

Die außerparlamentarische Linke versucht sich zu sammeln und die Nein-Stimmen für die Zukunft zu einer geschlossenen politischen Kraft zusammenzufassen, um so vielleicht das verlorene politische Gewicht zurückzuerobern.

Auch wenn die Parteien allgemeine Zufriedenheit zur Schau stellen - der geplagte spanische Wähler hat beruhigt aufgeatmet, nachdem er eine Frage beantwortet hat, die die Mehrheit der Bevölkerung (abgesehen vielleicht von denen, die mit Nein gestimmt haben) sich lieber nicht hätte vorlegen lassen, und die die Volksvertreter im Parlament schon unter sich gelöst hätten. Womit man zweifelsohne zu den gleichen Ergebnissen gekommen wäre. Und das sind nach Ansicht aller Politiker nicht die schlechtesten gewesen.

In: *Tranvía. Revue der Iberischen Halbinsel № 1 (April 1986)*

Volker Mauersberger

Invasion aus dem Norden

Nach dem Beitritt zur EG erobern Ausländer Märkte und Unternehmen

»Ein Jahr der Invasion« - so beschrieb jüngst eine spanische Wirtschaftszeitschrift jene Flut von ausländischen Investitionen, die bereits 1985 eingesetzt hat. Mit dem Beitritt zur Europäischen Gemeinschaft am 1. Januar 1986 war für ausländische Interessenten das Signal gegeben, einen jahrzehntelang fast unbeachteten Markt zu erobern.

Vorbei sind die Zeiten, als das Engagement des amerikanischen Elektronikkonzerns ITT in Valencia Aufsehen erregte und nebenbei als Vertrauensbeweis für das Franco-Spanien gefeiert wurde; den Amerikanern, die früh in Spanien investierten, sind heute zahlreiche andere Ausländer gefolgt.

Die deutsche Kosmetikfirma Beiersdorf hat - wie viele andere Großfirmen - den spanischen Konsumenten entdeckt und in der Nähe von Madrid eine Filiale errichtet, um nach Investitionen von über vierzig Millionen Mark die Spanier mit der Hautcreme Nivea einzusalben. Der Schweizer Schokoladen-Fabrikant Lindt und der Nahrungskonzern Nestlé, europäische Versicherungsagenturen, Kleiderfabrikanten aus Italien, Frankreich und Großbritannien - sie alle schicken sich an, den spanischen Konsumenten zu erobern.

Schon im Jahre 1985 sprach man von einer historischen Zahl, als die Auslandsinvestitionen eine Steigerung von knapp vierzig Prozent im Vergleich zum Vorjahr erreichten. In den ersten fünf Monaten nach dem EG-Beitritt wurde diese Zahl mehr als vervierfacht. Sie liegt nun bei 165 Prozent. (...)

Aufmunterndes Signal

Wie sehr der Beitritt des Landes zur Europäischen Gemeinschaft als ermunterndes Signal gewertet wurde, bewies auch das sehr früh und beherzt eingeleitete Engagement des Wolfsburger Automobilkonzerns VW: Seit der Verbindung zwischen den Deutschen und dem kränkelnden SEAT-

Konzern im Jahre 1983 ist die Zusammenarbeit der beiden Großkonzerne weiter ausgebaut worden. Im Juni 1986 wurde VW nach dem Abschluß eines Übernahmevertrages schließlich neuer Mehrheitsaktionär. SEAT kann als weiterhin spanisches Unternehmen zwar weitgehend selbständig operieren, es soll aber schrittweise in den europäischen Verbund des Wolfsburger Konzerns einbezogen werden.

Heute wird dieser deutsch-spanische Kooperationsvertrag von beiden Seiten als ein »Know-how-Transfer von wahrhaft europäischer Dimension« gerühmt, und auch Spanier verweisen darauf, daß sich durch den Einstieg der Deutschen die Konkurrenzfähigkeit von SEAT auf den internationalen Märkten verbessert habe. Es seien Arbeitsplätze gesichert worden, um deren Existenz man hätte bangen müssen.

Die Kooperation von VW und SEAT ist typisch für die Art und Weise, wie ausländische Interessenten in Spanien einsteigen: Ein kränkelndes Unternehmen, das meist keine größeren Kapitalinvestitionen mehr vornehmen kann, wird von ausländischen Interessenten zum Teil übernommen und modernisiert.

Von den insgesamt 350 deutschen Firmen, die allein im ersten Halbjahr 1986 rund siebenhundert Millionen Mark investierten, bevorzugen die meisten eine Beteiligung an bestehenden Firmen. Großzügige Steuergeschenke erleichtern das Engagement. (...)

»Der Markt wird härter und enger«, warnen Alteingesessene in Madrid. Sie beobachten den ausländischen Run auf Spaniens Märkte und Unternehmen eher mit Sorge. Noch ist man in Spanien zurückhaltend gegenüber der Frage, welche Konsequenzen der Boom ausländischer Investitionen für die Wirtschaft des Landes mit sich bringt. Noch gibt es jenseits der Pyrenäen wenige Industrielle, die ausländische Investitionen als nachteilig für die binnenwirtschaftliche Struktur bezeichnen - gern wird in diesem Zusammenhang auf den Nachholbedarf Spaniens und auf die zunehmende Internationalisierung der europäischen und überseeischen Märkte verwiesen.

Aber führt der ausländische Kapitalzufluß auch zu einem Abbau der Arbeitslosigkeit? Die Statistik zeigt nach einem Jahr der EG-Mitgliedschaft ein düsteres Bild: Im Oktober 1986 waren rund 74 000 mehr Menschen als im Vormonat September ohne Job - insgesamt gibt es 2,7 Millionen Arbeitslose. Das entspricht zwanzig Prozent aller Erwerbstätigen.

»Wir rutschen in ein dualistisches System von einheimischem und ausländischem Kapital«, warnt der kommunistische Gewerkschaftsführer Marcelino Camacho, »bei dem wir leicht Einfluß und Kontrolle verlieren können.« Für den populären, unter Franco lange Jahre inhaftierten Arbeiterführer, könnten die ausländischen Investitionen den Ersatz des Faktors Arbeit durch den Faktor Kapital zur Folge haben - und eben nicht die Behebung der Arbeitslosigkeit.

Das Marktforschungsinstitut *Alimarkt* fand heraus, daß von 1127 Unternehmen, die achtzig Prozent des Gesamtumsatzes in Spanien bestreiten, bereits 351 eine ausländische Beteiligung haben. Bei zwölf der zwanzig größten Unternehmen gibt es ebenfalls schon ausländische Anteilseigner, wobei zehn die Kapitalmehrheit besitzen.

In: *Die Zeit vom 2.1.1987*

Barbara Schmidt

Die spanische Frauenbewegung

1975, im international so deklarierten »Jahr der Frau«, fand zwei Wochen nach Francos Tod die erste landesweite Konferenz für die Befreiung der Frau statt. Die dortige Diskussion über unterschiedliche Standpunkte innerhalb der feministischen Politik ist auch heute noch elementare Kontroverse in der Frauenbewegung: welchen Stellenwert feministische Politik in der gesamtpolitischen Bewegung haben solle und inwieweit sich die bestehenden patriarchalischen Strukturen innerhalb bestehender Institutionen und durch Gesetzgebung verändern lassen.

Bis zu den Parlamentswahlen im Juni 1977 hatten sich im ganzen Land etwa 90 verschiedene feministische Organisationen gebildet, die nicht immer in Kontakt zueinander standen. Durch die Wahl von 20 Frauen ins Parlament bekam die Bewegung eine neue Öffentlichkeit. Parteien und Gewerkschaften, die sich um Frauenpolitik bisher nicht speziell gekümmert hatten, richteten Frauenkomitees und -ausschüsse ein. Es entstand, auch in kleineren Städten, eine Vielzahl neuer autonomer Gruppen. Inhaltliche

Schwerpunkte waren konkrete Forderungen u.a. nach Gleichberechtigung der Geschlechter, Recht auf Ehescheidung und Schwangerschaftsabbruch und nach freiem Verkauf von Verhütungsmitteln. Ein Jahr nach Francos Tod waren einige der frauenfeindlichen Gesetze abgeschafft worden. Doch die formale Gleichberechtigung von Frau und Mann wurde erst 1981 in die Verfassung von 1978 aufgenommen, ebenso u.a. eine Änderung des Familiengesetzes, nach der das Erziehungsrecht nun nicht mehr allein beim Vater lag. Eine grundsätzliche Forderung der Feministinnen wie das Recht auf Geburtenkontrolle, finden sich bis heute nicht oder nur ansatzweise im Gesetzbuch.

Ab 1979 läßt sich in der Frauenbewegung ein Trend zu immer stärkerer Autonomie verzeichnen, sowohl was die Bindung an Parteien als auch die überregionale Organisation anbelangt. Gleichzeitig wuchs eine Tendenz zum Rückzug ins Private; es wurde weniger Öffentlichkeitsarbeit geleistet. Trotzdem ist die Bewegung bis heute ständig gewachsen. - Inzwischen hat sich die sogenannte frauenspezifische Politik auch in Spanien institutionalisiert. Die Parteien und Gewerkschaften haben eigene Frauenorganisationen (z.B. die *Comisión por la Liberación de la Mujer* des kommunistischen PCE und *Mujer y Socialismo* des sozialistischen PSOE). Von Staatsseite aus gibt es das von der PSOE-Regierung eingerichtete *Instituto de la Mujer*, das dem Kulturministerium untersteht. Es leistet Frauenprojekten finanzielle Unterstützung (so konnte mit seiner Hilfe 1984 in Madrid das erste Haus für mißhandelte Frauen eröffnet werden; Anfang 1990 waren es landesweit 30) und gibt Informationsmaterial wie Rechtsratgeber für Frauen und Studien über die Situation der Frau heraus. Frauengruppen in konservativen bis rechtsextremistischen Parteien und in der Kirche tragen allerdings weiterhin zur Verfestigung der traditionellen Geschlechterrollen und der frauenfeindlichen Politik bezüglich Geburtenkontrolle und Schwangerschaftsabbruch bei.

Seit 1979 schon gibt es den *Partido Feminista* unter dem Vorsitz von Lidia Falcón. Seine Mitglieder vertreten die Ansicht, die Frauen müßten die Staatsgewalt erobern, um dann die Unterdrückung durch den Mann zu bekämpfen, weshalb die Partei lange auf ihre Legalisierung warten mußte. Auf der anderen Seite gibt es lockere Zusammenschlüsse einer Vielzahl autonomer feministischer Initiativen auch über die städtischen Ballungszentren hinaus, die immer weiteren Zuwachs und größere Vielfalt erfahren. So finden sich im ganzen Land Frauenkultur- und Kommunikationszentren,

Gesundheitszentren, Beratungsstellen mit unterschiedlichen thematischen Schwerpunkten sowie Zentren zur Information, Forschung und Dokumentation; des weiteren Kollektive und Selbsthilfegruppen z.B. von Lesben, mißhandelten Frauen, Prostituierten, Zigeunerinnen und geschiedenen Frauen, Stadtteilgruppen, kulturelle Vereinigungen, Cafés, Buchläden und feministische Zeitungen, Arbeitsgruppen gegen Gen- und Reproduktionstechnologie und für die Solidarität mit Befreiungskämpfen in anderen Ländern. An den Autonomen Universitäten von Madrid und Barcelona sind Frauenstudienseminare eingerichtet. Weiterhin besteht innerhalb der Frauenzusammenhänge die Auseinandersetzung um die Priorität des feministischen Kampfes. Von vielen Frauen wird beispielsweise das *Instituto de la Mujer* wegen seiner Einbindung in den (männerdominierten) Staatsapparat heftig kritisiert. Sie treten offen für den Kampf gegen Imperialismus und Patriarchat ein.

In: *Spanien-Lexikon. Wirtschaft, Politik, Kultur, Gesellschaft. München: C.H. Beck 1990, S. 187f.*

Rosa Montero

Der Kampf der Ameisen gegen die Elefanten: Die Selbstverwaltungserfahrungen von Marinaleda

Rosa Montero, 1951 in Madrid geboren, studierte Literaturwissenschaft und Journalismus, ist seit 1968 als Journalistin tätig und gehört mit ihren mutigen und gesellschaftskritischen Glossen, Reportagen und *crónicas* (seit Mitte der 70er Jahre vor allem in *El País*) zu den diesbezüglich »ersten Federn« ihres Landes. Neben zahlreichen Erzählungen legte sie mit *Chronik der Lieblosigkeit* 1979 auch ihren ersten Roman vor, der Liebes-, Sexualitäts-, Drogen- und Berufsprobleme einer jungen Spanierin mit realistischen Mitteln thematisiert. In einem späteren Roman (*Amado Amo* - Geliebter Herr) steht als Pendant ein erfolgreicher Werbefachmann im Mittelpunkt, der, 45jährig, vor der unbarmherzig leistungsorientierten Gesellschaft aus seiner Stellung gedrängt wird - ein »Modernisierungsroman« par excellence. Trotz ihrer erfolgreichen Arbeit als Romanautorin hat Rosa Montero den Journalismus nicht aufgegeben.

Was geschieht in Marinaleda? Folgendes geschieht: die Dorfbewohner spüren, daß sie wirklich über ihr eigenes Schicksal entscheiden. Vor Juan Manuel hatten sie einen »traditionellen« Bürgermeister, der achtzehn Jahre lang ununterbrochen im Amt war. Und plötzlich änderte sich alles. Natürlich sind ein paar von den Ehemaligen übriggeblieben (»die braven Bürger von früher, verwirrte Leute«), die ohnmächtig und mißtrauisch das Wirrwarr, den Eifer, die gemeinschaftliche Begeisterung beobachten. Doch die überwältigende Mehrheit der Dorfbewohner hat sich dazu entschlossen, sich an dem neuen Projekt zu beteiligen und den Traum von einem selbstverwalteten Marinaleda mitzuverwirklichen. Es gibt keine Parteien im Dorf, nur die Gewerkschaft SOC, in der um die fünfhundert Tagelöhner organisiert sind. Es existiert auch kein in eine bestimmte Richtung gehendes politisches Bewußtsein, obwohl einem hier und da auf einem Poster der Bart des Che entgegenblickt. Seit drei Jahren übernehmen neunzig Frauen des Dorfes umsonst Reinigungsarbeiten, die in der Gemeinde anfallen, wie z.B. das Einsammeln von Abfällen. Außerdem wurden die *roten Sonntage* eingeführt (ein Name, der bestens zu Marinaledas Freiheitstraum paßt), an denen Dorfbewohner freiwillig ihren Einsatz und ihre Arbeitskraft zur Verfügung stellen. So wurde der schöne Park mit den zweifarbigen Steinplatten angelegt (der Freiheitspark, ein weiterer Name für eine Utopie) und ebenso die als Gartenanlage gestaltete Promenade, die an der Landstraße zwischen Marinaleda und Matarredonda entlangläuft. Zur Zeit wird ein Kinderspielplatz gebaut und in einiger Entfernung davon, mitten auf freiem Felde, ein Sportzentrum. Jede Woche veranstaltet die Gemeinde eine Kinovorstellung mit freiem Eintritt und zeigt Filme wie *Padre Padrone* der Brüder Taviani. Alle zwei Monate kommt eine Theatergruppe ins Dorf (es ist das erste Mal, daß in Marinaleda Theatervorstellungen stattfinden), und auch hierbei ist der Eintritt frei. Die Krönung bildet die Alphabetisierungskampagne, »denn in Marinaleda gibt es 60 Prozent Alphabeten, wie mehr oder weniger in ganz Andalusien«. Die Kampagne wurde dieses Jahr gestartet, und zwar als Pilotprojekt, an dem sich nur fünfzig männliche und weibliche Schüler beteiligen; vorgegangen wird nach der Methode von Pablo Freire: »Wir hatten das Glück, daß man uns beibrachte, sie praktisch anzuwenden, denn aufgrund des ersten Hungerstreiks setzte sich Alejandro Tinsli, ein Chilene, der mit Freire und Allende zusammengearbeitet hatte und der in Holland im Exil lebte, mit uns in Verbindung. Wir baten ihn, zu kommen, und er blieb zwei Monate bei uns und brachte uns die Methode bei, bis der Zivilgouverneur von Sevilla veranlaßte, daß er als unerwünschte Person aus Spanien ausgewiesen wurde; ich weiß nicht, er fand die Sache mit einem Chilenen, der mit Allende zusammengewesen war, wahrscheinlich gefährlich, obwohl das einzige, was er getan hatte, darin bestand, den Leuten das Lesen beizubringen.«

Wenn Juan Manuel das bislang Erreichte und die Zukunftsprojekte schildert (eine Wandzeitung, eine landwirtschaftliche Viehzucht-Kooperative, die »*die* Lösung für das Dorf« wäre und für die sie zweihundert Millionen Peseten brauchen), bleibt ihm im wahrsten Sinne des Wortes vor lauter Gemeinschaftseuphorie der Mund offenstehen. Juan Manuel ist sich dessen bewußt, daß das Dorf eine unvergleichliche und historische Situation erlebt. (...)

Juan Manuel trinkt nicht und raucht nicht: sein asketisches Leben begleitet seine Persönlichkeit. Er besitzt auch keinen Fernseher (»Das Fernsehen scheint mir keine gute Sache, und deshalb hab ich keins: man muß im Einklang mit seinen Überzeugungen leben«), obwohl er von Zeit zu Zeit eine Sendung oder einen Film kommentiert, den er in einem geliehenen Apparat gesehen hat. Und obwohl Lucrecia und er, beide Lehrer, gemeinsam ein ansehnliches Gehalt beziehen, geben sie über die Hälfte des Geldes an die Gemeinde ab und behalten nur ungefähr 15 000 oder 20 000 Peseten monatlich für sich, »soviel wie die anderen im Dorf, denn es wäre nicht in Ordnung, anders zu leben«. (...)

Und so sitzen sie in der Bar und pflegen ihre Hoffnung, während sie ihr künstlich gefärbtes Eis am Stiel lutschen, sehr ernst, ich würde sogar sagen, ergriffen, und im Bewußtsein ihrer Einzigartigkeit und ihrer Bedeutung. Wissend um ihre eigene Würde, Geschichte zu machen.

In: *El País (Suplemento) vom 14.8.1987.*

Manfred Tietz

Der spanische Klerus

Der Prozeß der Distanzierung der spanischen Kirche vom Franco-Regime wurde entschieden gefördert durch das II. Vatikanische Konzil (1962/65), das eine Öffnung und Aktualisierung der Kirche zur modernen Gesellschaft, die Beseitigung sozialer Ungerechtigkeiten, die Wahrung der Menschenrechte und eine Rückbesinnung der Kirche auf ihre eigenen, vom Staat unterschiedenen Aufgaben verlangte. Die 1966 gegründete Spanische Bischofskonferenz machte sich zum Sprachrohr der Forderungen der katholischen Gesamtkirche. Der Widerstand Francos, der sich auf der Grundlage des Konkordats weigerte, der Nominierung progressiver Bischöfe zuzustimmen, wurde durch Nicht-Besetzungen und die Ernennung von nicht zustimmungspflichtigen Weihbischöfen (*obispos auxiliares*) umgangen. Besondere Verdienste um den Prozeß der Öffnung hat sich der Erzbischof von Toledo, Kardinal Vicente Enrique Tarancón, als Vorsitzender der Bischofskonferenz in den Jahren 1972 bis 1981 erworben, unter dem die Kirche freiwillig auf manche ihrer Privilegien verzichtete und zur Umgestaltung Spaniens von einem autoritären Staat in eine pluralistische Demokratie beigetragen hat. In der Spätzeit des Franquismus war ein besonderer Streitpunkt die Unterstützung der Kirche für die autonomistischen Bestrebungen besonders in Katalonien und dem Baskenland (Verwendung des Katalanischen und Baskischen als liturgische Sprache). Den besonders scharfen Streit um den Hirtenbrief des Bischofs von Bilbao, Mgr. Antonio Añoveros, der 1974 das Recht der Basken auf eine eigene Identität und den Gebrauch ihrer Sprache verteidigte, verlor das Regime. Mit dem Bekenntnis der Kirche zu einer fortschrittlicheren Moral- und Soziallehre sowie dem öffentlichen Eingeständnis ihrer Schuld im Bürgerkrieg gelang es der spanischen katholischen Kirche, sich aus der selbstverschuldeten Ghettoisierung durch den franquistischen Staat zu lösen.

Die Bestimmung des Art. 16 der Verfassung von 1978 und die Definition Spaniens als eines akonfessionellen Staates sind das Ergebnis dieses Ablösungsprozesses. Der nach langen Diskussionen durchgesetzte Verweis auf die besonderen historischen Verbindungen des spanischen Staates mit der katholischen Kirche (ihre Kritiker sprechen von einer *involución*), die seit 1978 immer deutlicher wird und die der allgemeinen Tendenz in der katholischen Kirche seit dem Amtsantritt von Papst Johannes Paul II. entspricht. Dennoch ist es in Spanien weder zur Gründung einer kirchlich-klerikalen politischen Partei noch zu unüberwindbaren Brüchen mit der seit 1982 herrschenden sozialistischen Regierung gekommen. Streitpunkte mit dem neuen Staat waren besonders drei Themen: das Gesetz zur Ehescheidung, zur Abtreibung und die komplexe Frage zur Rolle der Kirche im Schulwesen. Die Kirche vermochte es nicht, in den beiden ersten Fragen eine rigoristische Position durchzusetzen. Die Stellung der katholischen Privatschulen, die für viele Ordensleute den Lebensunterhalt sichert, ist weiter kontrovers. Deren finanzielle Förderung durch den Staat zeigt jedoch, daß der sozialistischen Regierung an einer tiefgreifenden Konfrontation nicht gelegen ist. In die gleiche Richtung weist deren Zurückhaltung in der Frage der Selbstfinanzierung der Kirche und die abwartende Haltung in der Frage einer Neufassung des Konkordats. Trotz mancher Divergenzen besteht zwischen Kirche und Staat zum ersten Mal in der spanischen Geschichte ein offener Dialog, in dem sich die Amtskirche klar zur Demokratie bekennt und die herrschende Linke auf jeden Antiklerikalismus verzichtet. (...)

Kirche und Glaubenspraxis: Eine in Spanien erst seit den 70er Jahren mögliche empirische Religionssoziologie hat festgestellt, daß die religiöse Praxis der Spanier seit dem Wegfall des in der Franco-Zeit üblichen sozialen Drucks in sehr erheblichem Maße nachgelassen hat. Bezeichneten sich 1965 noch 83 % der Befragten als praktizierende Katholiken, so taten dies 1976 noch 56 %; 1981 war diese Zahl auf 38 % gesunken, bei den Jugendlichen sogar unter 30 %. Tatsächlich zeichnet sich 1988 in religiöser Hinsicht eine Dreiteilung der Bevölkerung ab: ein Drittel ist als praktizierend anzusehen (davon besuchten 1986 25 % regelmäßig die Messe); ein weiteres Drittel bezeichnet sich als gläubig, praktiziert jedoch nicht; das restliche Drittel ist als indifferent oder atheistisch anzusehen. Bei diesen Zahlen sind jedoch starke regionale Differenzierungen zu berücksichtigen: ganz allgemein herrscht im Norden des Landes mehr Glaubenspraxis als im Süden, wobei die mangelnde Glaubenspraxis die Teilnahme an folkloristischen Elementen des kirchlichen Lebens (Wallfahrten, Prozessionen) nicht ausschließt. Gleiches gilt für die Taufe (1982 wurden 83 % aller Neugeborenen getauft) und die Eheschließung (1982 ließen sich 94 % aller Paare auch kirchlich trauen). (...)

Als geistige Macht ist die Kirche mit einem Anteil von 20 % katholischer Privatschulen am gesamten Schulwesen sowie 4 konfessionellen Universitäten (Navarra, Deusto, Universidad Pontíficia de Salamanca und Madrid) in der spanischen Öffentlichkeit weiter stark präsent. Dies gilt auch für den Religionsunterricht, an dem 86 % der Schüler teilnehmen (alternativ wird Ethikunterricht angeboten). Die Kirche verfügt weiterhin über eigene Zeitungen und Rundfunksender; sie muß sich allerdings anders als früher um Zustimmung zu ihren Auffassungen bemühen. Eine große Schwierigkeit bildet jedoch die Situation des Priesternachwuchses. Das Durchschnittsalter der Priester liegt bei 55 Jahren; die Zahl der Seminaristen ist nach einem Tief Anfang der 80er Jahre im Steigen begriffen (1988 betrug ihre Zahl für ganz Spanien 2.115, davon stammen 40 % aus der Arbeiterschaft), doch reicht diese Zahl nur aus, um die Hälfte der altersbedingten Abgänge zu decken. Die spanische Kirche vermag längst nicht mehr wie in den 60er Jahren, auch die lateinamerikanischen Länder mit Priestern zu versorgen. Offen ist auch, zu welchem Miteinander die sehr aktive Basiskirche mit der Kirche der Hierarchie finden wird. Amtsenthebungen von Theologen, die sich zur Theologie der Befreiung, bzw. der progressiven *Asociación de Teólogos Juan XXIII* bekennen, sind Zeugnisse für einen noch nicht abgeschlossenen internen Machtkampf.

In: *Spanien-Lexikon. Wirtschaft, Politik, Kultur, Gesellschaft. München: C.H. Beck 1990, S. 243ff.*

Manuel Vázquez Montalbán

Der Vorkrieg

Manuel Vázquez Montalbán (geboren 1939) ist in der Bundesrepublik vor allem durch seine sozialkritischen Kriminalromane (»Pepe Carvalho«) bekannt geworden. Daneben hat Vázquez Montalbán in Spanien auch als Lyriker, Romancier, Sachbuchautor und vor allem als zeitkritischer Essayist reüssiert. In der umfangreichen Themenpalette des Autors nehmen u.a. zwei Aspekte einen prominenten Platz ein: die Verdrängung der Geschichte, hier des Bürgerkrieges und seiner Gegenwartsbedeutung sowie die kulturelle Überfremdung der spanischen Gesellschaft, die der zweite Text thematisiert. Im Kontext der spanischen

Gegenwartsliteratur zählt Montalbán zu jener Minderheit von Autoren, für die ästhetische Innovation *und* politisches Engagement stets eine Einheit bildeten. Trotz seines durchweg distanziert-kritischen Verhältnisses zur kommunistischen Partei (vgl. seinen Carvalho-Roman *Mord im Zentralkomitee*) ist Montalbán noch immer Mitglied der katalanischen PSUC.

1936 gewann die Volksfront in Spanien die allgemeinen Wahlen, und wenige Monate danach kam es zu einem Militärputsch. Als Antwort darauf griff das Volk zu den Waffen, und es brach ein Bürgerkrieg aus, der ebensoviel oder noch mehr als der Zweite Weltkrieg an historischer Literatur hervorgebracht und der Weltliteratur hinzugefügt hat. Wir Spanier, die wir unmittelbar nach dem Bürgerkrieg geboren wurden, sind mit dem Komplex aufgewachsen, daß jener Krieg für uns die letzte Gelegenheit war, auf der ersten Seite der New York Times zu erscheinen, und daß unsere Zukunft immer bestimmt sein werde von den Folgen einer kriegerischen Auseinandersetzung, an der wir nicht teilgenommen hatten. Wir haben sozusagen mit der Muttermilch ein dramatisches Gefühl für geschichtliche Ereignisse eingesogen, das wir heute, in diesem Jahr 1986, beim fünfzigsten Jahrestag des Kriegsausbruchs im Bilde der neuen spanischen Gesellschaft wiederzuerkennen suchen. Aber für die jüngeren Generationen ist der Bürgerkrieg etwas so Fernes wie der Boxeraufstand oder der Burenkrieg; den älteren dagegen bringt er das Trauma der Mitverantwortlichkeit und der Angst zurück. Unsere eigene Generation teilt sich in diejenigen, für die Geschichte ein Erkenntnisinstrument der heutigen Wirklichkeit ist, und jene anderen, die historisches Bewußtsein im Namen von Pragmatismus, politischem Realismus und der Notwendigkeit, unbelastet von der Vergangenheit auf den Zug ins 21. Jahrhundert zu springen, zu den Akten gelegt haben.

Die unheilige Allianz von Ignoranten, Verschreckten und Pragmatikern verspricht ein etwas lahmes und eher am Rande dargebotenes Geburtstagsständchen zu bringen. Auf der Suche nach dem glücklichen oder unglücklichen, jedenfalls aber falschen Schlußpunkt wird man auf den stets ungerechten »mittleren« Lösungsweg verfallen, demzufolge es in einem Bürgerkrieg weder Sieger noch Besiegte gibt. Der politische Übergang vom Franquismus zur Demokratie selber implizierte eine stillschweigende Übereinkunft zwischen der Rechten und der Linken in Bezug auf geschichtliche Abstinenz, und zwar nicht nur was ihre unterschiedliche Erinnerung an den Krieg, sondern auch was ihre divergierenden Erfahrungen in der Nachkriegszeit angeht.

Vor gut einem Jahr beschwerte sich der Führer der Opposition, Manuel Fraga Iribarne, beim Chef der sozialistischen Regierung, weil das spanische Fernsehen auf seine Vergangenheit als repressiver franquistischer Minister hingewiesen hatte (Fraga war Propaganda- und Innenminister), und der sozialistische Regierungschef gab ihm recht: sie verständigten sich darauf, die Geschichte aus dem Gedächtnis zu verlieren und jegliche Komplizenschaft mit dem Franquismus unter den Teppich zu kehren. Im April fand in Valencia ein Kongreß statt, mit dem des fünfzigsten Jahrestages der Ausrufung der Stadt zur Hauptstadt der Republik während der Belagerung Madrids durch Francos Truppen gedacht werden sollte. Die autonome valencianische Regionalregierung bat den Dichter und Maler Rafael Alberti um ein Gedächtnisplakat, und der Künstler schickte seinen Entwurf, der auf den drei Farben der republikanischen Fahne basierte: rot, gelb und violett. Die sozialistische Regierung von Valencia bekam es mit der Angst zu tun angesichts der Aussicht, die Farben der republikanischen Fahne aus der Versenkung zu holen und sie den Farben der Flagge einer Monarchie gegenüberzustellen, die als Schutzschirm gegen Staatsstreiche fungiert; der Plakatentwurf blieb ungedruckt. Fünfzig Jahre danach verursacht die Fahne der Republik den Regierenden immer noch eine Gänsehaut, auch wenn es sich jetzt um eine sozialistische Regierung handelt. (...)

Trotz der methodologischen Distanzhaltung der Historiker mit ihren mehr oder weniger guten Absichten, trotz der Streifzüge ins Humoristische und der überlegenen *coolness*, die die jungen Technokraten in der Regierung nach außen zeigen, hat der Bürgerkrieg seinen nachhaltigen Einfluß auf das politische Geschehen in Spanien noch nicht verloren, weil bestimmte gesellschaftliche Bereiche weiterhin geprägt sind von Folgen und Ausgang des Krieges und von der Legitimität der Sieger. Die Armee ist nach wie vor eine durch jenen Sieg legitimierte Armee, die weder Offiziere der besiegten Seite in ihre Reihen aufgenommen hat, noch diejenigen antifranquistischen Militärs unter sich duldet, die in den siebziger Jahren nach der Gründung der UMD (Verband demokratischer Soldaten) ausgestoßen worden waren. Die von den Siegern in Krieg und Nachkriegszeit durchgeführten Säuberungsaktionen haben wirtschaftliche und soziale Machtstrukturen hinterlassen ohne jeden Makel freiheitlich-demokratischer Erbsünde, mit dem Taufwasser des Siegers versehen und obendrein ohne erkennbaren wunden Punkt, wie Siegfried oder Achilles ihn hatten. Auch König Juan Carlos verdankt seine Stellung einer doppelten Legitimation: als Erbe einer

Dynastie *und* als direkter Erbe Francos; und wenn es darum geht, Staatsstreiche abzuwenden, ist dem König die franquistische Legitimation hilfreicher als die dynastische oder die demokratische.

In: *Konkret (Hamburg) 7/1986, S. 61ff.*

Walther L. Bernecker

Das Land »der halben Entwicklungen«: *transición* und Demokratie

Das Ende der *transición* wird unterschiedlich angesetzt. Für die meisten ist es mit der Verabschiedung der Verfassung Ende 1978 erreicht. Andere geben 1981 an, nachdem die spanische Demokratie in der Abwehr des Tejero-Putsches (23. Februar 1981) ihre Bewährungsprobe bestanden hatte. Wieder andere sprechen von 1982, da in jenem Jahr die Sozialisten die Regierungsgewalt übernahmen und damit ein in liberal-parlamentarischen Demokratien übliches Alternieren in der Regierung zwischen »linken« und »rechten« Parteien begann.

Als eigentliche Architekten des Übergangs zur Demokratie gelten vielen Beobachtern König Juan Carlos I. und Ministerpräsident Suárez. Hinzuzufügen sind in jedem Fall noch die politische Mäßigung des spanischen Volkes und die Selbstverpflichtung der politischen Pole - der Rechten von der *Alianza Popular* durch Fraga Iribarne und der Kommunisten von Santiago Carrillo - auf das demokratische Reformprogramm. Zwei wichtige Voraussetzungen waren für das Gelingen der Übergangsleistung entscheidend. Zum einen liegen die tieferen Gründe für den politischen Wandlungsprozeß in den strukturellen Veränderungen von Wirtschaft und Gesellschaft. Von entscheidender Bedeutung war das Vorhandensein einer »modernen« und weitgehend säkularisierten Gesellschaft. Zum anderen ließ die nachwirkende traumatische Erfahrung mit der Gewalt, insbesondere während des Bürgerkrieges und in den ersten, stark repressiven Nachkriegsjahren, bei allen Beteiligten die Neigung zum Kompromiß deutlich steigen.

Blickt man zu Beginn der neunziger Jahre auf die letzten 60 Jahre spanischer Geschichte zurück, auf die Zeit der Republik in ihren Friedens- und

Bürgerkriegsjahren, auf die lange Epoche der franquistischen Diktatur und auf die erstaunlichen Jahre des friedlichen Übergangs in eine parlamentarisch-demokratische Monarchie, und vergleicht man den Ausgangspunkt mit dem Endpunkt, präsentiert sich dem Betrachter ein merkwürdig widersprüchliches Bild. In den Jahren der Zweiten Republik war Spanien in politischer Hinsicht ein modernes Land, wenn man darunter ein aufgefächertes Parteien- und Verbandswesen, wirksame Vertretungskörperschaften, ein differenziertes und unabhängiges Medienwesen und die Chance zu direkter Einwirkung möglichst großer Bevölkerungskreise auf die Zusammensetzung des Parlaments versteht. Im wirtschaftlichen Bereich wies es demgegenüber noch alle Merkmale einer rückständigen, international nicht konkurrenzfähigen Struktur auf, und auch im gesellschaftlichen Sektor überwogen die Merkmale der Traditionalität, des Verhaftetseins in jahrhundertealten Strukturen.

In der Schlußphase des Franquismus, rund 40 Jahre später, hatten sich die Vorzeichen geradezu umgekehrt. Unabhängig davon, welche der sozioökonomischen Modernitätsindizes herangezogen werden, war Spanien gesellschaftlich und wirtschaftlich ein modernes Land. Ganz anders sah demgegenüber der Befund im politischen Bereich aus. Das autoritäre Herrschaftssystem des Franquismus, das wie eine eiserne Glocke über die Gesellschaft gestülpt worden war, hatte nur wenige optische Retuschen erfahren, der Diktator war über Jahrzehnte hinweg unangefochten im Besitz der politischen Macht geblieben. Der autoritär-hierarchische Grundzug des Regimes hatte sich bis zuletzt nicht gewandelt.

Wiederum zehn Jahre später, um die Mitte der achtziger Jahre, zeigte Spanien ein abermals radikal verändertes Gesicht. Die Immobilität des Franquismus, seine Unfähigkeit, eine politische Entwicklung einzuleiten und das Land aus der politischen Totenstarre des Bürgerkrieges herauszuführen, war nach dem Ableben des Diktators schnell überwunden worden und hatte einem dynamischen Reformismus Platz gemacht, der unter der behutsamen Anleitung eines jungen Monarchen das Land innerhalb weniger Jahre zu einer parlamentarischen Demokratie werden ließ.

Die letzten 60 Jahre spanischer Geschichte lassen erneut deutlich werden, was für die iberische Geschichte des 19. Jahrhunderts schon wiederholt festgestellt worden ist. Die Entwicklung Spaniens zeichnet sich durch Diskontinuität und Verwerfung aus, deren augenfälligste die Ungleichzeitigkeit der politischen und wirtschaftlich-sozialen »Verfassung« war, so daß heterogene Elemente stets gleichzeitig anzutreffen waren. Wie kaum ein anderer Staat war Spanien ein »Land der halben Entwicklung«. In historischer Perspektive ist das Ergebnis der *transición* die »Gleichziehung« der politischen mit der ökonomischen Entwicklung. In diesem Sinne erhielt Spanien durch den Übergang in die Demokratie die Strukturen der »westlichen« Welt.

In: *Walther L. Bernecker: Sozialgeschichte Spaniens im 19. und 20. Jahrhundert. Frankfurt/M.: Suhrkamp 1990, S. 329ff.*

Kapitel X

Kultur und Demokratie: Die schwierige Freiheit

Lluis Llach

Freunde, das ist es nicht

Das war es nicht, Gefährten, das nicht,
wofür so viele Blumen starben,
wofür wir so vielen Wünschen nachweinten.
Vielleicht müssen wir wieder mutig sein
und nein sagen, Freunde, das ist es nicht.

Das ist es nicht, Gefährten, das nicht,
nicht Worte des Friedens und gleichzeitig Knüppel,
nicht das Feilschen um unsere Rechte,
Grundrechte, die neue Eisen in Gestalt von Gesetzen
weder schaffen noch abschaffen können.

Das ist es nicht, Gefährten, das nicht;
man wird uns sagen, wir müßten jetzt warten.
Und wir warten, sicher, wir warten
das Warten derer, die dennoch weitergehen
bis man nicht mehr sagen muß: das ist es nicht.

In: *Tilbert D. Stegmann (Hrsg.): Diguem no - Sagen wir nein! Lieder aus Katalonien. Berlin: Rotbuch 1979, S. 116f.*

Juan Goytisolo

Kulturelle Alternative?

Ernüchterung (desencanto) ist an der Tagesordnung. Auf kultureller - wie auch auf politischer, sozialer, wirtschaftlicher usw. - Ebene hat eine pessimistische und mutlose Stimmung nach und nach das stimulierende Klima der Begeisterung abgelöst, das die erste Phase des Postfranquismus charakterisierte. Gewiß, dies war von Anfang an vorauszusehen, insofern als das Ausmaß der Erwartungen bei weitem nicht dem engen Rahmen der Realitäten entsprach. Sich vorzustellen, daß die Beendigung der Diktatur einen kulturellen Entwicklungsprozeß auslösen würde wie den, der sich während der fünf Jahre der Zweiten Republik vollzogen hatte, hätte bedeutet, die Grenzen der gegenwärtigen Lage und vor allem sein Urübel radikal auszulöschen: nämlich zu vergessen, daß der Diktator im Bett gestorben ist, daß die Freiheiten, die wir heute genießen, nicht das Ergebnis eines Sieges des Volkes sind, sondern das einer intelligenten Entscheidung, die von oben gebilligt wurde. Diese traurige Wahrheit, mit der sich die verschiedenen Oppositionsparteien jede auf ihre Weise abfinden mußten - der PCE schnell und pragmatisch, der PSOE *pro forma* zähneknirschend -, impliziert für uns die harte Notwendigkeit, den Preis einer Legalisierung zahlen zu müssen, die per Dekret genehmigt wurde, ohne daß das bestehende Kräfteverhältnis sich auch nur einen Zollbreit geändert hätte: wir müssen akzeptieren, daß diejenigen, die den demokratischen Prozeß in Gang gesetzt haben, *mutato nomine* dieselben politischen Gruppierungen und druckausübenden Kreise sind, die im Schatten des vorangegangenen Regimes groß geworden sind. Von dieser nicht ausgetragenen Freiheit - einer Freiheit aus dem Reagenzglas - wurden Dinge erwartet, die sie logischerweise unmöglich leisten konnte. Die eigensinnige Realität der Tatsachen hat ihrerseits sehr bald die Illusionen zerstreut, denen sich viele hingegeben hatten. (...)

Im Grunde können sich nicht einmal die ernsthaft demokratischen Regierungen der Fähigkeit rühmen, entscheidenden Einfluß auf die Schaffung der höheren Formen der Kultur auszuüben. Freie Kunst und Literatur haben sich seit jeher unabhängig von ihnen entwickelt (wobei auf der Hand liegt, daß sowohl das Theater als auch das Kino aufgrund ihrer wirtschaftlich-gesellschaftlichen Eigenheiten einen Sonderfall darstellen). Allerdings können die Regierungen sehr wohl zur Erzeugung eines angemessenen Klimas für ihre Betätigung beitragen, indem sie ihre Freiheit schützen und im Bereich von Erziehung und Gesellschaft die notwendigen Grundlagen für ihre Entfaltung schaffen. Dies setzt natürlich den - bei uns traditionellerweise nicht vorhandenen - Respekt vor der uneigennützigen und einsamen Arbeit des Künstlers, Denkers oder Schriftstellers voraus. Auch nur einen Moment lang zu glauben, daß dieselben Personen, die vor fünf Jahren dazu beigetragen haben, unsere Kultur zu ersticken, sich über Nacht zu ihren begeisterten Förderern verwandeln könnten, wäre das Absurdeste gewesen, was man sich vorstellen kann. Kultur schafft man nicht, indem man Schriftstellerkongresse und Bankette für ausländische Berühmtheiten organisiert oder umfangreiche Stipendien an vermeintliche »Organisatoren« verteilt. Um es in aller Deutlichkeit zu sagen: die Führungsmannschaft der UCD (*Unión de Centro Democrático*, ehem. konservative Regierungspartei, *N.R.*) ist weder intellektuell noch moralisch befähigt, irgendeine kulturelle Entwicklung zu fördern. Sie sollte, wenn sie kann, allgemeine Bildungsprojekte unterstützen - die Verbreitung und Ausfuhr des spanischen Buches, die Reform und allgemeine Verbreitung der Mittelschule, die Einrichtung von Bibliotheken und Lesezentren usw. -, sich jedoch aus allem übrigen heraushalten. Ebenso wenig wie die literarische Bürokratie irgendetwas mit Literatur zu tun hat, garantiert die Protektion, die man einer Handvoll Schriftstellern gewährt, das Erscheinen großer Bücher. Ich spreche hier nicht von den Verwaltungsproblemen, mit denen sich in Spanien derjenige konfrontiert sieht, der leichtsinnigerweise beschließt, sein Brot mit dem Schreiben zu verdienen, sondern von etwas wesentlich Subtilerem und Komplexerem: von der Entwicklung neuer Beziehungen zwischen dem Schriftsteller oder Künstler und der Gesellschaft, Beziehungen, die es ihm erlauben, zu leben und zu arbeiten, ohne sich der Zensur unterwerfen zu müssen, die ihm die Ideologie und die Interessen der Bürokratie oder die unerbittlichen Gesetze des kapitalistischen Marktes aufzwingen. Die Entstehung einer vom Staat subventionierten intellektuellen Kaste zu unterstützen, wäre - wie uns das Beispiel dessen zeigt, was in der UdSSR geschehen ist - die sicherste Art, binnen kürzester Zeit die Unterwerfung und Auslöschung der Kunst, des Denkens und der Literatur zu erreichen.

Die kulturellen Entwürfe der UCD sind wertlos, doch die der Opposition treten ihrerseits auch nicht gerade durch Entschlossenheit oder Scharfsinn hervor. Abgesehen von einigen wenigen Grundsatzforderungen, die, was

Kompetenz und Durchsetzung betreffen, eher einem Ministerium für Erziehung oder einer Stiftung für Schöne Künste entsprechen als dem bis heute unnützen Kulturministerium, sind ihre Vorschläge einer hypothetischen kulturellen Alternative allesamt vage, flach und opportunistisch. Alle Parteien - mit der beachtenswerten Ausnahme der anarchistischen Bewegung - sagen (und verschweigen) dasselbe. Als vor etwas mehr als zwei Jahren die Madrider Zeitschrift *Ozono* die Parteichefs der Linken zu diesem Problem befragte, erwiesen sich deren Ansichten und Programme in ihrer völligen Inhaltslosigkeit als absolut austauschbar. Wenn sie überhaupt durch irgendetwas auffielen, so durch die überraschende Kombination von auf den ersten Blick gegensätzlichen Eigenschaften: Oberflächlichkeit und Flüchtigkeit des Denkens und bleierne Schwere des Stils.

Die Entwicklung einer echten kulturellen Alternative würde ein gewisses Maß an Großzügigkeit, Scharfsinn und Phantasie erfordern, das unsere Linke derzeit nicht aufzubieten in der Lage ist. In der Erwartung, daß doch irgendwann etwas derartiges möglich ist, wird sich die philosophische, literarische und künstlerische Arbeit im demokratischen Spanien genauso weiterentwickeln wie in den letzten Jahren des Franquismus, also völlig am Rande nicht nur der offiziellen Initiativen, sondern auch der Bürokratie und der Parteiapparate. Der absurde »Fortschritts«-Kult, der bis zum Äußersten getriebene Entwicklungswahn, die Industrie-Religion und der Konsumismus beherrschen sowohl die Programme der Regierung als auch die der Opposition: wenn es zwischen ihnen überhaupt Unterschiede gibt, so liegen diese einzig und allein in ihrem Pathos und ihrer Färbung. Für diejenigen unter uns, die die geschilderte Perspektive als von Grund auf verhängnisvoll einschätzen, ist eine kulturelle Alternative heute mit dem unausweichlichen Postulat, der dringenden Forderung nach einem Richtungswechsel gleichzusetzen: nach dem Entwurf eines anderen - harmonischeren und gerechteren - *Gesellschaftsmodells.*

In: *Juan Goytisolo: Contracorrientes. Barcelona: Montesinos 1985, S. 102ff.*

Manuel Vázquez Montalbán

Kultur und Identität

»Was hat dir weh getan, Bromuro?«
»Daß ich andere Gewohnheiten habe.«
»Das war kein Grund, dich zu verachten.«
»Ich weiß, Pepe. Du redest ja nicht mit einem zarten Fräulein, das sich ziert wie ein Veilchen. Du redest mit einem Mann, der Legionär und Divisionär im Rußlandfeldzug war. Und da liegt auch das Drama. Mit dir kann ich ja noch über den Rußlandfeldzug sprechen - obwohl du ein Roter bist oder warst -, weil du ein Gedächtnis hast. Doch ich versteh die Welt um mich herum nicht mehr, Pepiño. Die Leute haben ihr Gedächtnis verloren und wollen es nicht wiederfinden. Es ist, als würden sie es für unnütz halten. Unnütz? Wenn du mir die Erinnerung wegnimmst, was bleibt dann von mir übrig? Siehst du nicht in all dem eine Konspiration dieser verwöhnten kleinen Sozialisten? Sie wollen immer, daß alles bei ihnen beginnt. Und sie sind wie alle anderen. Ich kenn' mich einfach nicht mehr aus. Ich hab es dir früher schon mal gesagt und jetzt sag ich es dir noch einmal mit der ganzen verdammten Wut, die ich seit einiger Zeit mit mir rumschleppe. Pepiño, wir sind umzingelt.«
»Wenn du es sagst ...«
»Ich weiß nicht, vielleicht hab ich nur für mich gesprochen. Früher hab ich mich nicht getraut, in der Öffentlichkeit mit dir zu reden, weil die Wände Ohren haben. Ich halt' mich nicht mal mehr gerne dort auf, wo ich früher gerne war. Früher kannte ich alle Gauner dieser Stadt, Pepe, alle. Es war, als gehörten sie zur Familie. Sie gingen im Gefängnis La Modelo ein und aus, klauten, wo sie nur konnten, und Bromuro war ihr Archiv; hier in meiner Birne hatte ich die ganze Scheiße dieser Stadt verwahrt. Aber jetzt ist es zum Heulen, Pepe. Sie haben uns kolonisiert.«
»Meinst du den berühmten amerikanischen Imperialismus?«
»Ach was! Ich meine die neuen Bosse. Es gibt nicht einen einzigen spanischen Boß mehr, Pepe. Jetzt teilen sich die Schwarzen, die Südamerikaner und die Araber alles unter sich auf, und die einheimischen Gauner müssen für sie arbeiten, und wehe dem, der sich selbständig machen will. (...)

Sie haben kein Gedächtnis. Sie stecken sich das Gedächtnis sonstwo hin. Ihr eigenes und unseres auch, Pepe. Unseres auch. Deshalb steh ich ganz

schön blöd da, wenn du Informationen von mir haben willst, Pepiño. Was wünsch' ich mir mehr, als dir welche geben zu können, und dein Trinkgeld käme mir auch sehr gelegen! Aber ich kann einfach nicht. Ich weiß nichts.«
»Du weißt, wer etwas wissen kann.«
»Das ja.«
»Dann bring mich zu den Leuten.«
»Pepe, ich trau mich nicht. Sie lassen mich in Ruhe, weil ich den Verrückten spiele, aber wenn ich diesen Südamerikanern oder diesen Schwarzen sage: hört mal, ich hab einen Freund, der mit euch reden will, dann sind die imstande, mich fertigzumachen, Pepe, ich kenn' die, und die fragen mich dann, warum ich eigentlich meine Nase in ihren Kram stecke. Wir sind kolonisiert. Wir Spanier müssen für die den Arsch hinhalten und gleichzeitig Mund und Ohren dicht machen. Es ist wirklich traurig, daß wir jetzt sogar auf dem Gebiet Handlanger sind. Statt so viel in der Welt herumzureisen, sollte Felipe González sich lieber darum kümmern, daß wir wenigstens von spanischen Verbrechern beraubt oder überfallen werden. Ich war immer sehr patriotisch und es macht mich wütend, daß Spanien verraten und verkauft wird.« (...)

Carvalho hatte ihn reden lassen, doch obwohl er so tat, als ob er ihn nicht allzu ernst nähme, begann er allmählich, sich für das zu interessieren, was er sagte. Es glich zwar den Äußerungen, die in den letzten Jahren den wachsenden Pessimismus des Alten ausgedrückt hatten, doch diesmal klang es weniger rhetorisch, sondern schien der ehrliche Ausdruck einer Veränderung seiner Ohnmacht zu sein. Dies hier war die eigentliche Ohnmacht, und die Gesten, die er machte, um seine Schmerzen zu lokalisieren, waren Gesten eines Menschen, der Schmerzen hatte und der sogar die Stelle kaum berührte, an der es ihm weh tat, weil es ihm vielleicht gerade jetzt dort weh tat.

In: *Manuel Vázquez Montalbán: El delantero centro fue asesinado al atardecer. Barcelona: Planeta 1988, S. 32ff.*

Antonio Saura

Der Fall »Spanische Kunst«

Überall gibt sich die etablierte Kunstszene dem Postmodernen hin, goutiert abgeklärt Kunst als Wirtschaftsfaktor, da bricht im Süden Europas eine wahre Leidenschaft für Kunst und Kultur aus. »Die Post-Franco-Kultur-Initiative bringt die Kunst auf den Plan«, schwärmt der amerikanische »New Art Examiner«. »Der spanische Mythos hat wieder Anziehungskraft«, meinte das Wochenmagazin »Der Spiegel« schon vor drei Jahren irritiert über den plötzlichen Spanien-Boom. Seit dem Übergang vom Franco-Regime in die zentralistisch-parlamentarische Monarchie drängt Spanien auf allen Ebenen hin zu einer neuen Identität, politisch, kulturell und als Industrienation; es drängt heraus aus dem Dunstkreis seiner Vergangenheit.

Das Nachholbedürfnis in der bildenden Kunst ist groß, und groß sind auch die Informationslücken im Ausland, zumal die einschlägigen Universitätsbibliotheken dort nicht selten Picasso, Dalí oder Miró als aktuellste Künstler der spanischen Moderne führen. Hatte doch unlängst einer der renommiertesten Kunstbuch-Händler unserer Republik die Frage nach einer spanischen Kunstgeschichte mit einem spitzen »Wozu?« quittiert. Aktuelle spanische Künstler der Gegenwart bleiben ausnahmslos selbst in unseren neuen Lexika und Handbüchern ausgespart. Kurzsichtig betrachten viele die zeitgenössische Kunst Spaniens als platte Mimesis der ausländischen Avantgarde, wie vor zwei Jahren ein Kölner Kunstkritikerpaar, das nach seinem Spaziergang durch die dortige Kunstszene die beiden Maler Ferrán García Sevilla und Miquel Barceló lapidar mit »Kommen wir zu Dahn und Dokoupil ...« einleitete. Desinformation geht Hand in Hand mit einer kulturimperialistisch anmutenden Attitude. Denn auch Künstler der Bundesrepublik zitieren einander, und Eklektizismus ist hier kein Fremdwort. So kommt es zur Abwehr und Geringschätzung der gerade aufbrechenden spanischen Kunst- und Kulturszene. Dagegen wird jetzt viel unternommen, und die Wirkungen im Ausland zeigen erste Erfolge: Die internationale Ausgabe von »Flash Art« machte beispielsweise in ihrem Januarheft 1988 Spanien zum Schwerpunktthema, und die Londoner »artscribe« vom März/April 88 publizierte einen Beitrag über »Spanish Art Now«.

Spanien ist - und das darf nicht vergessen werden - ein Land im Neu-Anfang; also ein gefährdetes Land, denn schon die geringste Fehlleistung wird national und international penibel notiert und kommentiert. »Der Mangel an Freiheit und als Konsequenz das fehlende Selbstvertrauen«, urteilte der spanische Autor Victor Pérez Díaz kürzlich in einer Debatte um die staatliche Kulturpolitik, sei ein »Vermächtnis seiner Geschichte«. Hier lassen sich Parallelen zu Amerika ziehen, wenn der amerikanische Kunstkritiker Dan Cameron kürzlich selbst unter international längst akzeptierten, amerikanischen Künstlern eine Form des kulturellen Minderwertigkeitskomplexes festzustellen glaubte: Sie machten gegenwärtig dezidiert »amerikanische« Kunst und wollten sich von Europa abgrenzen. Die Spanier jedoch haben in ihrer Identitätsfindung erheblich mehr zu bewältigen: Akzeptanz auf dem internationalen Kunstmarkt, Befreiung von künstlerischen Schlüsselfiguren sowie künstlerische Selbstdefinition angesichts der starken europäischen und amerikanischen Positionen.

Die Auseinandersetzung mit der Kunst Spaniens fordert zunächst den klaren Blick auf die inneren Widersprüche ihrer künstlerischen Entwicklung bis zur Gegenwart. Der Schriftsteller Juan Goytisolo macht in seinen Reflexionen über den Nationalcharakter seiner Landsleute den Vorschlag, statt von Spanien über »die Spanien« zu sprechen. Er fragt sich zu Recht: »Von Spanien zu reden in der Einzahl und damit die Existenz der regionalen Unterschiede zu vertuschen - ist das nicht ein plumpe Vereinfachung, eine Leichtfertigkeit aus Faulheit?« Damit sei jene weit zurückgreifende Problematik der spanischen Geschichte angesprochen, die der vorläufigen Unversöhnbarkeit zwischen den Zielen der Zentralregierung und denen der unterschiedlichen Autonomiebestrebungen den Konfliktstoff gegeben hat. Tatsächlich droht gegenwärtig die Gefahr einer »ästhetischen Apartheid« der Provinzen und Regionen, wenn lokale Ausstellungen nur Künstler aus dem Umraum zeigen oder wenn - wie in Katalonien - die Katalogtexte nur in Katalanisch geschrieben sind, was die Mehrheit der Kastilisch sprechenden Spanier nicht versteht.

In: *Kunstforum. Band 94 (1988), S. 70f.*

Für mich ist das Licht das Leben

Filmregisseur Carlos Saura
im Gespräch mit Carlos Oliveira

Sie haben mit Ihrem Film »Carmen« einen ungeheuren Erfolg in der Bundesrepublik gehabt. Die Kritik beurteilte ihn fast einstimmig positiv und hob vor allem die gelungene Darstellung der Leidenschaft hervor. Vereinzelt wurde aber ein gewisser »Machismo« bemängelt: die Darstellung der Frau als Objekt der Begierde. Warum hat »Carmen« Ihrer Meinung nach die Menschen so fasziniert?

Carlos Saura: Bevor ich auf Ihre Frage eingehe, möchte ich Ihnen als erstes sagen, daß ich, wenn ich heute noch Filme in Spanien drehe, dies in erster Linie Frankreich verdanke. Aber auch dank dem Berliner Filmfestival und der Aufnahme, die die Filme der ersten Phase meiner Karriere fanden, konnte ich in Spanien weitere Filme drehen. Ich bin also Deutschland und Frankreich dankbar. Die meisten meiner Filme wurden außerhalb Spaniens besser aufgenommen und erhielten eine bessere Kritik als in Spanien, und dies geht so weit, daß ich manchmal hier auf eine Verständnislosigkeit treffe, auf die ich im Ausland nicht stoße. »Carmen« ist wirklich ein Erfolg geworden, der jeden, der an diesem Film mitgewirkt hat, überwältigte. Niemand von uns hat geglaubt, daß dieser Film so weltberühmt werden würde. »Carmen« wurde nicht nur in Deutschland phantastisch aufgenommen, sondern überall, wo er gezeigt wurde, in Japan, in den Vereinigten Staaten, einfach überall. Das heißt, er wurde ein Weltwunder, was für einen »Filmautor« in Anführungsstrichen etwas ist, wovon er träumt. Es ist der Traum, ein persönliches Werk zu schaffen und außerdem ein so großes Publikum zu erreichen. Meiner Meinung nach geschieht das nur einmal im Leben und bei mir war es »Carmen«.

Was »Carmen« anbetrifft, möchte ich über etwas sprechen, das mich sehr interessiert. Es ist der Unterschied zwischen der Kultur und der Lebensart in Deutschland oder der germanischen Gesellschaft, um sie so zu nennen, und der romanischeren, südlicheren, »afrikanischeren« Lebensart, die fast Spanien sein könnte. Denn ich glaube, daß »Carmen« bereits ein Mythos ist, der von einem Franzosen erfunden wurde, der geblendet ist von der spanischen Kultur, aber eigentlich mehr von der andalusischen, der südlichen, der etwas »afrikanischen« Kultur. Er scheint geblendet von der Landschaft, von den Menschen und von einer Frau.

Es ist offensichtlich, daß Merimée sich in eine Zigeunerin, die Carmen oder so ähnlich hieß, verliebt hat, denn sonst hätte er diese Novelle nicht geschrieben, die ich sehr schön finde. Es ist eine bereits spätromantische Novelle, die von einer wahnsinnigen Liebe handelt. Die Hauptfigur in »Carmen« ist eine Art Archäologe, das heißt, ein Mann mit einer sehr kalten, rationalen Mentalität, der vorgibt, ein Franzose zu sein. Und wegen dieser kartesischen, rationalistischen Mentalität kommt der Moment, wo dieser Mann diese Frau nicht versteht.

Wir haben versucht, einen Frauentyp darzustellen, der sehr der Gegenwart angepaßt ist; andererseits entspricht er diesem etwas geschlechtslosen Charakter, einem Mann oder einer Frau, einem unabhängigen Menschen, der von keiner anderen Person abhängen möchte, der versucht, die Gegenwart zu leben. Ich glaube, daß diese Frau wirklich eine Frau von heute sein könnte. Ich glaube, dies ist einer der Gründe, warum ein gewisser Teil des Publikums, auch des weiblichen Publikums, sich »Carmen« mit Interesse angesehen hat. Meiner Meinung nach ist Carmen eine Frau, die Frau »hoch drei«, der Kern der Frau, der reine Zustand. Ich glaube, daß Carmen sogar mehr der Traum einer Frau als der Traum eines Mannes ist. Ich drehe das ein bißchen um. Ich glaube, es ist eher das, was eine Frau sein möchte, dieses phantastische ideale Wesen, fast aggressiv, das in der Gegenwart lebt, sich absolut nicht um die Vergangenheit kümmert.

Und ich glaube, daß diese Person mit dem, was ein großer Teil der heutigen Jugend denkt, im Zusammenhang steht, eine Jugend, die keine politischen, keine übermäßigen moralischen Kompromisse mag, die nicht mit der Gesellschaft, in der sie lebt, einverstanden ist und die in einer Anarchie oder in einem reinen Zustand leben möchte.

Sie haben auf den Unterschied zwischen der romanischen und der germanischen Welt hingewiesen. Worin liegt Ihrer Meinung nach dieser Unterschied?

Meiner Meinung nach ist es ziemlich offensichtlich, daß man in Spanien anders lebt als in Deutschland. In einem Land, wo die Sonne viel scheint, wo man im Freien lebt, ist das Leben anders als in einem nordischen Land, wo es sehr kalt ist, wo die Häuser komfortabel sind und wo man drinnen lebt. In diesen abgeteilten Häusern leben die Menschen getrennt und mit einer gewissen Unabhängigkeit. Das habe ich auch gefühlt, als ich einige nordische Länder besucht habe, die mich sehr faszinieren und anziehen. Es gibt in Deutschland Beispiele eines außergewöhnlichen Komforts. Zuhause ist es sehr warm, und draußen gibt es wenig Licht. Man hat den Eindruck, daß das Einzige, was man dort machen kann, die Arbeit ist. Denken, arbeiten, Musik hören, schreiben oder in diesen herrlichen Wäldern spazierengehen.

In: *Frankfurter Rundschau, 20.10.1987.*

José Luis Aranguren

Neoliberalismus und Privatisierung des Bildungswesens

Aranguren (geboren 1909), emeritierter Professor für Ethik in Madrid, gehörte zu jener Gruppe ehemaliger Falangisten, die sich bereits in den 40er und 50er Jahren zu betont gesellschaftskritischen Positionen entwickelten. Nach einer Doktorarbeit über den franquistischen Kunstkritiker Eugenio d'Ors schrieb Aranguren u.a. grundlegende Werke über Unamuno, Ortega y Gasset, über Katholizismus und Protestantismus (1952) sowie über Ethik und Politik (1963). Trotz seines hohen Alters zählt Aranguren noch immer zu den renommiertesten Personen des akademischen Lebens in Spanien. Mit seinen häufigen kritisch-polemischen Einlassungen zu gesellschaftspolitischen Gegenwartsfragen hat sich der streitbare Intellektuelle bei der *clase política* in den letzten Jahren wiederholt unbeliebt gemacht.

Ja, das politische Leben droht, vom Korporativismus beherrscht und letzen Endes, so paradox dies klingen mag, *privatisiert* zu werden, womit es nichts anderes tut, als den Weg der *Wirtschaft* einzuschlagen. Die sogenannte *Wirtschaftsumstellung* kommt in Wahrheit einerseits einer *Demontage* gleich; andererseits bedeutet sie Reprivatisierung, jedoch nur zu einem bescheidenen Anteil spanische Reprivatisierung, denn den Löwenanteil übernimmt - parallel zum politischen Satellitentum - der wirtschaftliche Neokolonialismus der übernationalen Unternehmen, die mittlerweile bis in die - rein finanzielle - Festung unserer Unternehmerschaft, wie ich sie einmal nennen will, eindringen, nämlich in die der Bank.

Doch wenn es uns alle, wie ich schon sagte, in Kürze und angesichts der derzeitigen Lage der Dinge langweilen wird, über Politik zu reden - auch unsere *Unterhaltung* wird privatisiert werden, wird eine vollkommen private Angelegenheit werden -, und da mein Thema nicht die Wirtschaft ist, werde ich auf das *Bildungswesen* zu sprechen kommen und mit der Hochschulbildung beginnen. Schon seit drei Jahren spreche ich, teils um zu warnen, teils um zu provozieren, von der (notwendigen) *Zerstörung der Universität.* Zum einen meine ich damit eine Zerstörung von innen heraus, denn der Begriff »Universität« selbst befindet sich heute in einer Krise (und dies nicht zum ersten Mal in der Geschichte: von der Renaissance bis zum Anfang des 19. Jahrhunderts war die Universität nichts anderes als eine ebenso rückständige wie unbedeutende Institution); zweitens spreche ich von einer Zerstörung durch die Bürokratisierung, die - mit beliebig vielen Ausnahmen - sich dessen bemächtigt hat, was eigentlich nicht mehr *Lehrkörper*, sondern vielmehr *Beamtenkörper* heißen müßte; und schließlich davon, daß seitens der Machthaber eher noch zu einer solchen Auflösung beigetragen wird: so etwa mit der Festlegung des Pensionsalters auf 65 Jahre und deren unmittelbarer Folge, der Schaffung dessen, was sich etwas mißbräuchlich »Freies Kolleg der Emeritierten« nennt. Auflösung, Bruch, Zerstörung - *déconstruction*, wenn man so will -, wie ich sie vorhergesagt habe. Die sogenannte höhere Bildung zieht sich unterdessen natürlich aus der Universität zurück, um sich in den verschiedensten, gemischten oder privaten Institutionen niederzulassen - denken wir zum Beispiel an das angekündigte Iberoamerikanistik-Promotionsstudium an der Complutense und am ICI (Instituto de Cooperación Iberoamericana). Doch angekündigt ist auch ein *privater Magistertitel* - der auch verliehen werden wird -, so z.B. ein Journalistik-*Magister* der Autonomen Universität und der Zeitung *El País*, ein *Magister* in Betriebswirtschaft, den verschiedene Unternehmen des Unternehmerverbandes ausstellen wollen, oder ein internationaler *Magister* in klinischer Sexologie, sowie neue Textildesign-Schulen, um hier nur einige der Ge- und Mißbräuche des Wortes Universität zu nennen, wie z.B. auch die Sommer-, Mittelmeer- oder Atlantikschulen, die sich selbst als Universitäten bezeichnen. Die Verwirrung - vielleicht der einzige Ausweg aus dem Sumpf der offiziellen Universität - geht soweit, daß sogar das verdienstvolle und vermeintlich philosophische Centro José Ortega y Gasset ein Seminar ankündigt, das sich mit *Pensionen, Gesundheitsfürsorge und Krankenhausverwaltung* befassen soll. All dies ist das Ergebnis des Neoliberalismus, der seinen Niederschlag in der Privatisierung des Bildungswesens findet, was dazu führt, daß die großen - ausländischen, multinationalen - Unternehmen verstärkt die Ausbildung und Schulung ihrer eigenen Angestellten fördern und dabei die offizielle Bildung übergehen oder ausschalten.

Daß dies mit der Universität geschieht, ist besorgniserregend, jedoch - ich wiederhole es - wahrscheinlich unvermeidlich angesichts des Zustands, in dem sie sich heute befindet. Wenn die gesellschaftlich relevante *Kultur* schon nicht die ist, die im institutionellen Unterricht vermittelt wird, sondern die, die von den modernen Medien verbreitet wird, wie sollten wir uns da wundern, daß sich die höhere Bildung aus den Universitäten zurückzieht, wie dies schon im 16., 17. und 18. Jahrhundert der Fall war?

Können wir jedoch tatenlos zusehen, wie im Zuge der Rückkehr zum System des »*la barrière et le niveau*« des neunzehnten Jahrhunderts der Zugang zu gewissen Bereichen der Hochschulbildung versperrt wird - wie diese privatisiert werden -, wie sich folglich der Zugang zu anderen Bildungsformen durchsetzt, von denen anzunehmen ist, daß die bezüglich ihrer Rentabilität unterlegen sind? Können wir es hinnehmen, daß mit anderen, ausgeklügelteren oder, im Gegenteil, elementareren Methoden auch die Mittelschule privatisiert werden soll? Nein. Deshalb müßten wir eigentlich, so gesehen, den Demonstrationen und Protesten der Schüler der Mittelschule jenseits ihrer ausdrücklichen und bewußten Forderungen Sympathie entgegenbringen. Ich werde ein andermal über dieses Thema sprechen, das verdient, in einem gesonderten Artikel behandelt zu werden: das Thema der Verteidigung der Bildung, und zwar nicht der offiziellen oder institutionellen, sondern der öffentlichen, demokratischen, für alle zugänglichen Bildung als solcher und hinsichtlich ihrer späteren Möglichkeiten.

In: *El País, 28.2.1987.*

Constantino Bertolo

Neue spanische Erzähler

Wenn, wie Stendhal sagt, der Roman ein Spiegel längs eines Weges ist, dann könnte man wohl sagen, daß die Wege des spanischen Romans sich höchst selten über die Landesgrenzen hinausgewagt haben. In ganz wenigen Fällen machen die Autoren die Welt draußen zum Stoff ihrer Erzählungen. Ausnahmen, wie Vicente Blasco Ibañez, der weltoffenste spanische Erzähler, bestätigen diese Regel nur. Anscheinend will es die Tradition, daß der spanische Roman Angst vor dem Blick nach draußen hat, im Gegensatz zu anderen westlichen Erzählungen, in denen immer versucht wurde, andere Landschaften wiederzugeben. Diese Tatsache hat verhindert, daß das spanische Leserpublikum über »Erzähl-Spiegel« verfügt, die ein Bild seiner Nachbarn zeigen.

Nicht von ungefähr hat die jüngste Generation von Romanciers ganz deutlich mit dieser Tendenz gebrochen. Nicht nur, daß einer oder zwei Verfasser es gewagt haben, fremde Räume und Landschaften erzählerisch darzustellen. Was früher eine Ausnahme war, ist heute eine Richtung, die für viele Rezensenten und Professoren einen der vorrangigsten Züge der sogenannten neuen spanischen Erzählung darstellt. Der Aufbruch in die Demokratie, die Öffnung nach und die Einbindung in Europa und überhaupt die Modernisierung der spanischen Gesellschaft sind Faktoren, die zu dieser Änderung der Haltung sowohl von Autoren als auch Lesern beitragen.

Die Weltoffenheit des gegenwärtigen spanischen Romans beginnt 1982 mit dem Erscheinen von »Belver Yim«, der für viele der erzählerische Bruch ist, der die jüngere Generation von Romanautoren charakterisiert. Angesiedelt im exotischen Rahmen der chinesischen Kultur, handelt es sich eigentlich um einen von einer Liebesgeschichte durchzogenen Abenteuerroman.

Trotz - oder gerade wegen - der exotischen Namen und fremdländischen Schauplätze war das Werk ein kleines erzählerisches Ereignis, das sein Autor, Jesús Ferrero, in einem späteren Roman, allerdings mit wesentlich weniger Glück, weiter ausgebaut hat: »Opium, Lady Pepa«. Etwa zur selben Zeit erschien der erste Roman einer jungen Verfasserin: »El bandido doblemente armado« (Der doppelt bewaffnete Bandit) von Soledad Puértolas. Aus dem China Ferreros mit Anklängen an Fu Mandschu sah sich der

Leser nach Raymond Chandlers Kalifornien versetzt. In maßvollen, anspielungsreichen, sparsamen Tönen erschuf die Autorin gewissermaßen als Huldigung die kalifornische Welt und die Gestalten neu, die der Schöpfer Philip Marlowes der Weltliteratur geschenkt hatte. (...)

Juan Cruz in »El sueño de Oslo« (Der Traum von Oslo), Manuel de Lope in »Octubre en el menú« (Auf dem Menü Oktober) oder Juan José Millás in seinem letzten Roman »La soledad era esto« (Einsamkeit war dies) bewegen ihre Personen auf europäischen Schauplätzen mit der Selbstverständlichkeit jemandes, der sich als Verfasser und Mitbürger des gleichen gemeinsamen Hauses versteht. Wenn für Spanien das Ausländische lange Zeit eine Art Verkörperung des Bösen war, so haben sich heute die Dinge gewandelt, und es ist nur noch »Land und Leute nebenan«. Der spanische Roman hat nichts anderes getan, als diese Wirklichkeit widerzuspiegeln.

In: *Liber. Europäischer Buchladen, Nr. 1 (1990), S. 9*

Barbara Pérez-Ramos

Literatura light

Die gegenwärtige Literaturszene kann zweifellos am besten mit dem Wort »Pluralismus« erfaßt werden, doch garantiert dieser - *auch* der Demokratisierung zu verdankende - erweiterte Horizont keineswegs für *Qualität*: »Es gibt keine Grenzen mehr, alles ist erlaubt, es entsteht ein neuer, auch von Humor und Selbstkritik geprägter Romantizismus; das literarische Instrumentarium entwickelt und verfeinert sich ständig, aber es fehlen die großen Themen, oder aber der Ehrgeiz scheint verschwunden zu sein. Die Autoren schreiben immer besser, aber sie scheinen nicht viel zu sagen zu haben.«

All diese nicht sonderlich positiven Wertungen der aktuellen Literatur lassen sich in ein allgemeines kulturelles Panorama einbetten, das sich, von immer existierenden Ausnahmen abgesehen, in eine Art »Jahrmarktskultur« verwandelt hat, in der nicht wenige junge Schriftsteller eher durch Fernsehauftritte von sich reden machen als durch die Qualität ihrer literarischen Texte. Diese Haltung geht einher mit einer gewissen Oberflächlichkeit in den Versuchen, zu definieren, was heutzutage Wesen und Funktion der Literatur sei. Immer häufiger taucht das Schlagwort *literatura light* auf, die ohne politisches, ethisches oder ästhetisches Engagement einfach nur leicht lesbar und gut verkäuflich sein will - was in etwa übereinstimmt mit der lakonischen Definition eines typischen Vertreters der aktuellen Literatur, Félix de Azúa: »Literatur ist, was die Leute lesen«. Diese Haltung ist vor allem für junge Autoren charakteristisch, auf die im Moment etwa die Hälfte der erscheinenden Romane entfällt. Wir sind also weit entfernt von einem allgemeinen literarischen Klima, in dem Positionen repräsentativ sein könnten wie die Juan Goytisolos, der den Prozeß des Schreibens nicht in Abhängigkeit von Publikumsgeschmack und Verlegerinteressen definiert, sondern ihn unlöslich mit seiner kritischen und ästhetisch erneuernden Funktion verbindet. Gewiß existiert auch diese Konzeption weiterhin, vor allem bei bereits etablierten Autoren, die teils mit gekonntem Erzählen, teils mit ästhetischen Wagnissen oder auch mit dem Einbeziehen sozialer Randgruppen und Probleme ein Gegengewicht zur *literatura light* schaffen. Doch sind sie kaum bestimmend für das Panorama der achtziger Jahre. Eine ironische Bemerkung der Literaturkritik trifft die aktuelle Stimmung vielleicht besser als jeder Versuch, allgemeingültige Aussagen über Gegenwart und Zukunft der spanischen Literatur zu formulieren. Die einzig gültige Regel im heutigen literarischen Betrieb sei offenbar die unbekümmerte Empfehlung: »Schreib, wie du willst«.

In: *Barbara Pérez-Ramos: Tendenzen der spanischen Literatur seit 1945. In: Walther L. Bernecker/Josef Oehrlein (Hrsg.): Spanien heute. Politik, Wirtschaft, Kultur. Frankfurt/M.: Vervuert 1990, S. 448f.*

Francisco Umbral

Tierno Galván, Hegel und die Madrider Straßenfeger

Der 1935 in Madrid geborene Journalist und Romancier, der bislang über 70 Bücher veröffentlicht hat, wurde vor allem durch seine satirisch-gesellschaftskritischen *crónicas* (»Spleen de Madrid« auf der Rückseite der Tageszeitung *El País)* einem großen Publikum bekannt. Als einer der wichtigsten »Hauptstadtportraitisten« hat sich Umbral mit allen erdenklichen Themen beschäftigt und einen betont spöttisch-sarkastischen Stil entwickelt, der sich u.a. durch eine deftige Diktion in sexuellen Themen auszeichnet. In seinen Romanen scheint Umbral eine Vorliebe für sozial deklassierte Randgruppen zu haben. In *Nada en domingo* (Sonntags nichts) von 1988 schildert er das einsame, monotone Leben eines Frührentners, der im Alkohol Zuflucht sucht und an einem grauen Herbstsonntag durch die Straßen der Hauptstadt streift. In *Un carnívoro cuchillo* (Ein fleischfressendes Messer), ebenfalls von 1988, erzählt Umbral die Geschichte von zwei Jugendlichen in einer Provinzstadt, die mangels positiver Lebensperspektiven zu grausamen Gewalttätern werden. Der folgende Text aus *Y Tierno Galván ascendió a los cielos* (Und Tierno Galván steigt zum Himmel empor) ist eine teils autobiographische, teils fiktive »Memoria-Novela«, die kaleidoskopartig wichtige Stationen und Personen (u.a. den Madrider Bürgermeister Tierno Galván) der *transición* in Erinnerung ruft.

Eines Nachts fuhren wir nach dem Essen in seinem Wagen mit Eskorte nach Hause (er hatte schon keine Lust mehr, lange durch Madrid zu laufen, auf der Suche nach einem Machaquito, der vielleicht nur wieder eine von seinen Erfindungen war; doch hier vor meinen Augen steht die leere Flasche Anisschnaps).

»Versuchen Sie, mehr als gewöhnlich zu schlafen, Tierno.«

»Ich werde jetzt nicht schlafen, Umbral. Wenn wir Sie zu Hause abgesetzt haben, werde ich ein Schwätzchen mit den nächtlichen Straßenfegern halten.«

»Ein Schwätzchen im Morgengrauen, worüber?«

»Über Hegel. Ich glaube, man kann die Straße besser fegen, wenn man ein wenig Ahnung hat, wer Hegel war.«

»Das will ich mir nicht entgehen lassen, Bürgermeister.«

»Es wäre mir ein großes Vergnügen, wenn Sie uns die Ehre ihrer Präsenz eines lebendigen Klassikers bei unserem Straßenfegerschwätzchen erweisen würden. Wir sind nichts anderes als Straßenfeger ...«

Nach einigen Runden durch Madrid und einigen Gläsern Machaquito fand ich mich irgendwo, vielleicht in Pez, in einem Lokal, möglicherweise einer Kellerkneipe, wieder, und die Marslegion der gelben Männer der Nacht und der »Bäuche von Madrid« wartete, mit dem Helm auf dem Kopf, nach getaner Arbeit und vorm Schlafengehen auf das Plauderstündchen des Bürgermeisters. Ich setzte mich in eine Ecke und Tierno schritt vor ihnen auf und ab. Er begann zu sprechen, und Hegel betrat von hinten den Raum, schweigsam und ernst, eine sonderbare Mütze auf dem Kopf, durchdringend und kalt, mit einer Art weißem Hermelinkragen, gehüllt in seinen Haverlock, der ihm bis zu den Füßen reichte. Es war so etwas wie rationaler

Spiritismus. Tierno hatte mit seinen Worten Hegel für die Männer erschaffen. Er spekulierte nicht. Er malte in Öl und mit starken Farben. Er war zu guter Letzt vom denkenden Wort zum schöpferischen Wort übergegangen (»Umbral, laß uns Sprüche erfinden«, wie er mir in jener Nacht in jener Taverne sagte. Und der erste lautete: »Kultur ist all das, was wir nicht wissen.«).

Stuttgart, Berlin, Tübingen, Bern, Frankfurt, Jena, Heidelberg, der Preußische Staat, die Städte und die Welt des Philosophen zogen sichtbar und magisch durch Tiernos Worte und durch die Augen der Straßenfeger. Was mein Lehrer da für jene Männer in gelb mit den schwarzen Händen ausführte, war ein mündlicher Film, und sie saßen tatsächlich da wie im Kino und wohnten der Faszination des Städteschöpfers, des Regen- und Bildermachers bei. Hegel war durch eine Hintertür, die es gar nicht gab, wieder gegangen. Ich saß mit überkreuzten Beinen in einem Schubkarren, ganz hinten in jenem dunklen Lokal, das nur von der menschlichen Gegenwart erwärmt wurde, das durch die Versammlung gemütlich geworden war, und vor mir saßen die Arbeiter.

In: *Francisco Umbral: Y Tierno Galván ascendió a los cielos. Memorias noveladas de la transición. Barcelona: Seix Barral 1990, S. 154f.*

Kapitel XI

Identitätszeichen: Die Zukunft der Vergangenheit

Juan Goytisolo

Spanien unter dem fremden Blick

Bei seiner Reise in den Süden, nach Andalusien, Sizilien oder in die Islamische Welt, bricht der englische Schriftsteller - ob er nun Borrow, Ford oder Brenan (geb. 1895), Lane (1801-1876) oder Sir Richard Burton (1821-1890) heißt - auf, um dem Anderen zu lauschen und so Antworten zu finden auf heimliche und zersetzende Fragen über sich selbst. Der Zweifel, die Abneigung oder die kritische Haltung gegenüber der eigenen Heimat sind die Wurzeln seiner leidenschaftlichen Annäherung an das Land, dessen Rückständigkeit und Eigentümlichkeit mit der Kraft des Exotischen und Unbekannten verführen. (...)

Wenn Brenan seine Wahlheimat Andalusien beschwört, spricht er von »einer schrillen, durchdringenden, süßsauren, zugleich spröden und sehnsuchtsvollen Melodie, wie die Gitarrenmusik dort, die man, wenn man sie einmal gehört hat, nicht mehr vergessen kann«, und er bemerkt, daß »der Mensch des Nordens auf der Suche nach neuen Empfindungen tausend Beweggründe hat, dort hinzufahren«. Diese Äußerung ästhetischer Verzükkung ist jedoch stets von höchst zutreffenden Überlegungen zur politischen und gesellschaftlichen Entwicklung Spaniens durchzogen, die zudem fünfundzwanzig Jahre später von den tatsächlichen Ereignissen bestätigt werden sollten. Aber besagte rezeptive Haltung, bei der die Sympathie für das spanische Volk die hellsichtige Analyse seiner Fehler nicht ausschließt, konnte nur von einem - wenn wir Cernudas Ausdruck paraphrasieren - *lustlosen Engländer* stammen, für den England ein Land ist, das sich geradezu wütend der Aufgabe widmet, den Sinn für das Vergnügen zu zerstören und herzliche Unmittelbarkeit zu verhindern, ein »zimperliches« Land, »mit der Geisteshaltung eines Alten«, ein Land, das in seinen bürgerlichen und puritanischen Konventionen gefangen ist. (...)

Das Werk Brenans - *South from Granada* (1957), *The Face of Spain* (1950) - sowie das Borrows ein Jahrhundert zuvor sind in diesem Sinne spanische Werke, die unglücklicherweise spanischen Autoren - gefangen in dem Dilemma zwischen der Öffnung nach Europa oder der Bewahrung des unverfälscht-urwüchsigen Spanien - zu schreiben nicht gelang. (...)

Als wir aufhörten, *den Anderen* zu befragen, wie wir es jahrhundertelang gemacht haben - man braucht nur die Namen Ramón Llull und Cervantes zu nennen, dann wird deutlich, was ich meine -, haben wir aufgehört, uns selbst zu befragen und uns selbst in Frage zu stellen: Selbstzufriedenheit, Verschlossenheit, totale Leere, die, im Unterschied zu dem, was im nördlichen Europa vor sich ging, die Annäherung an das Fremde verhinderten, verwandelten uns in versonnene Betrachter unseres eigenen Nabels. Die Aufmerksamkeit des zweifelsfreudigen und unfertigen Reisenden aus dem Norden und seine faszinierende Leidenschaft erfüllten uns mit Stolz - das typische »wenn sie nach Spanien kommen, wird das schon seinen Grund haben« -, ohne daß wir bemerkt hätten, daß ihre kritische Sympathie implizit auch einen konkreten Vorschlag enthielt: die notwendigen Veränderungen durchzuführen, um die neuen gesellschaftlichen und moralischen Werte Wurzeln schlagen zu lassen und mit Zartgefühl und Takt das zu bewahren, was bewahrt werden mußte und muß. Weder der Jakobiner, der alles vom Tisch fegen will, um uns zu retten, noch der verstaubte Advokat unserer sogenannten Wesenheiten - die, nach einer Formel Américo Castros, »auf Jahrtausende hin versiegelt« sind - konnten diese Sprache erfassen. Der Mythos des Südens, die Faszination des Südens waren das Ergebnis einer kulturellen Erfahrung und historischer Umstände, die zugleich ein Licht auf den Reichtum der Zeugnisse unserer Besucher und auf unsere lederne Isolierung in all ihrer Trostlosigkeit werfen.

Was im Spanien der sechziger Jahre geschehen ist, als eine blinde Entwicklungswut das Leben der Spanier, ihre Wertmaßstäbe und ihr soziales Verhalten verwandelte - was so weit ging, daß man die Verbindungen unserer Kirche mit dem Kapitalismus für unschuldig erklärte und sie mit der calvinistischen Moral des »durch Geld zu Gott« durchtränkte -, hat eine eigentümliche Situation geschaffen: es entstand eine offene, evolutionistische und unfertige Vision dessen, was Spanien sein könnte und sollte, die uns von der falschen Alternative zwischen revolutionärem Jakobinismus und wesenhaftem Echtheitspathos befreit hat. Diese schrankenlose Entwicklungswut war, wie wir wissen, eine weitere verpaßte Gelegenheit; trotzdem aber begünstigte sie das Entstehen einer differenzierten, Brenan angenäherten und bis dahin nicht möglichen intellektuellen Haltung zwischen moralischer Kritik und ästhetischer Vision der Gesellschaft, eine Haltung, die Soll und Haben der Vergangenheit und der Zukunft in die Waagschale wirft. Die spanische Rückständigkeit gegenüber Europa hätte uns eine

Reihe von Fehlgriffen beim »Fortschritt« ersparen und sich aus einem Nachteil in einen Vorteil verwandeln können - wenn wir uns das Beispiel der tatsächlich fortgeschrittenen Länder vor Augen geführt hätten. Unglücklicherweise aber kam es nicht so; statt dessen wiederholten und verschlimmerten die letzten fünfzehn Jahre des Franquismus die Mißgriffe, die unsere Vorbilder bereits begangen hatten: ein künstliches und maßloses Wachstum verwüstete viele Landstriche und Städte, brachte den jahrhundertealten natürlichen Lebensraum durcheinander, ohne hingegen - es sei denn kurzfristig - das Leben seiner vorgeblichen Nutznießer zu verbessern.

Wie der englische Reiseschriftsteller der viktorianischen und nachviktorianischen Zeit fühlt der heutige Spanier sich verwirrt, wenn er sein Land aus einem Blickwinkel betrachtet, aus dem weder der angebliche Fortschritt als ein nach wie vor unbedingt wünschenswertes Ziel erscheint, noch das als »primitiv« Beurteilte als etwas, das er *a priori* abschaffen muß. Nach Art von Blanco White, Cernuda und anderen klugen Exilierten ist er bereits ein *lustloser Spanier*, voller Zweifel über sich selbst und offen für die Erfahrung und Verlockung des Fremden. Ohne aufzuhören, wie seine Landsleute Gegenstand der Zuneigung eventueller Borrows und Brenans zu sein, die in Zukunft sein Land besuchen und dort heimisch werden, wird er doch zugleich auch Betrachter des Eigenen und Fremden sein, wird er den Blick des anderen als einen zugehörigen Bestandteil einer intersubjektiven Selbsterkenntnis akzeptieren, wird er entdecken, daß der Begriff des Exotischen wechselseitig ist, wird er rücksichtsvoll und solidarisch am kulturellen Erwachen von Ländern und Völkern teilhaben, die das zweifelhafte Etikett »orientalisch« oder »südlich« tragen. Er wird sich in dem anfangs benannten Raum in Bewegung einrichten und seinen Norden und seinen Süden verlieren, er wird sich *ex professo* orientieren und verirren und schließlich Schritte, Blick, Neugier, Liebe und Erkenntnislust auf eine grenzenlose Vielseitigkeit richten: nicht die unserer alten, öden und festgenagelten vier Himmelsrichtungen, sondern die der zweiunddreißigtausend möglichen Richtungen einer berauschenden und fruchtbaren Windrose.

In: *Freibeuter. Vierteljahresschrift für Kultur und Politik. Berlin 1986, S. 9ff.*

Lluis Racionero

Hommage an Europa

Zwar hat Spanien seinen Zyklus vor den übrigen Nationen vollendet, und deshalb sind wir auch, obwohl wir über weniger politischen Einfluß verfügen, hinsichtlich unseres Entwicklungsstadiums weiter als die anderen, doch es ist nicht gesagt, daß Spaniens Lage eine andere ist als die der übrigen europäischen Nationen und daß es keine von diesen zum Vorbild nehmen sollte. In diesem Punkt irrt sich Ganivet: solange wir sie nicht imitiert haben - vor 1959 - stand es nicht sehr gut um uns. Das berühmte *Spain is different* gilt nur für den Tourismus, d.h. den Bereich des Folkloristischen; in allem anderen sind wir ein europäisches Land mit seinen ganz besonderen Eigenheiten und einem den übrigen Nationen gegenüber weiter fortgeschrittenen Zyklus. Wenn wir uns in irgendeinem Punkte von ihnen unterscheiden, so darin, daß wir europäischer sind, und zwar in dem Sinne, in dem ich die europäische Aufgabe im Folgenden definieren will. Deshalb und weil wir bei der Vereinigung der Welt eine Schlüsselrolle spielen können: wenige Nationen sind hierfür sowohl geographisch als auch historisch so geeignet wie wir.

Ganivet erklärt nicht genau, was er damit meint, »unser materielles Wirken in eine spirituelles zu verwandeln«; der Satz ist so ungenau, daß ich nicht weiß, ob nicht vielleicht daher die berühmte Vorstellung von Spanien als geistiger Reserve Europas herrührt. Was bedeutet, »dem Einzelnen und durch ihn der Stadt und dem Staat neues Leben einzuhauchen«? Ich glaube, daß für die Probleme Spaniens eine pragmatischere und stabilere Lösung gefunden wurde, und gewiß keine, bei der diese spiritistischen Ideen Ganivets befolgt wurden, sondern andere, bodenständigere: so wurde 1959 die Wirtschaft des Landes liberalisiert, von Grund auf industrialisiert, der Tourismus geschaffen, der Millionen von Menschen mit Arbeit versorgt hat, und unsere besten jungen Leute wurden zum Studium ins Ausland geschickt. Bei der Gelegenheit wurde auch gleich Spaniens seelische Krankheit, seine Willensschwäche, kuriert, die ebensowenig eine geistige Krankheit war, sondern vielmehr eine sehr reale und pragmatische Unfähigkeit, irgendetwas zu tun. (...)

Heute lernt Madrid englisch, und die Madrider Jugend tanzt Rock, die Hamburger verdrängen die *churros* (ölgebackene Teigwaren) und die Jeans die Flanellhosen. Was würden die von 98 sagen, wenn sie den Kopf heben würden? »Mein Gott, was für ein Spanien!« Gott hat uns - da wir uns selbst geholfen haben - das Wunder der Industrialisierung beschert, das so vieles verändert hat. (...)

Heute, im Jahre 1986, haben wir das erreicht, was die Generation von 98 anstrebte: Europa beizutreten, uns der westlichen Kultur zu öffnen, den Sarg des Cid zu schließen, mit einem Wort, uns zu normalisieren.

In: *Lluis Racionero: España en Europa, Barcelona: Planeta 1987, S. 32ff.*

Eduardo Subirats

Modernes Spanien

Die Worte Modernität, modern und Modernisierung haben im Spanien der letzten Jahre eine bevorzugte soziologische, politisch manipulierte, ästhetisch überhöhte und emotional überladene Rolle erhalten. Modern ist heute nicht mehr eine mögliche Art zu sein, eine Option oder ein Programm: man könnte vielmehr sagen, daß es die Bedingung schlechthin jeglichen Seins darstellt. Spanien *ist* ganz einfach modern. In seiner Tradition und in seinem historischen Gedächtnis, in seinen Lebensformen und seinen Gegenwarts- und Zukunftserwartungen, in seinem Innersten und in seinen politischen Werten.

Die spanische Modernität ist radikal und aufdringlich, heroisch und blendend. Modern sein oder nicht sein! ruft der Politiker; Spanien geht allen voran! meint der Museumswärter; Spaniens historische Berufung war in allen Zeiten die, modern zu sein! versichern der Philosoph, der Richter und der Historiker. Denn es hat weder das schwarze Spanien gegeben, noch gibt es das tiefgründige (*profunda*) Spanien, noch das groteske (*esperpéntica*) Spanien, noch hat es jemals das Spanien der Kreuzzüge und Inquisitionen gegeben, noch das heldenhafte und mystische Spanien, noch das der Eroberer, der Schelme und Abenteuerer, noch ein militärisches oder klerikales Spanien, und es hat auch nie ein faschistisches Spanien existiert.

Etwas fällt auf in der modernen Landschaft der heutigen spanischen Gesellschaft: diese Identität ohne Brüche eines modernen Spanien deckt sich in vielen ihrer Formen und Begrenzungen mit den Zeichen der neuen Medienkultur. Modernität und Modernisierung sind identisch mit den Begleiterscheinungen der Mode, einer Avantgarde im Sinne eines *styling* (oder noch schlimmer: eines bürokratisch-administrativem *Diktats*), einer unvergleichlich größeren Intensität der Kommunikationssysteme und der bildhaften Werte einer durch die Medien produzierten Realität. Man könnte sagen, daß Spaniens Modernisierung in der Politik und in den Medien im gleichen Maße stattgefunden hat wie die Begriffe Modernisierung und Modernität sämtlicher Inhalte entleert wurden, die irgendwie über den Formalismus hinausgehen, der den Werten der Realitätsproduktion durch die Medien innewohnt.

Ein zweiter Widerspruch: es ist fast unmöglich, sich vorzustellen, wie eine politische, kulturelle und historische Realität, die sich noch gestern zum Bollwerk einer substantiellen Ganzheit und Identität erklärt hat, welche ganz entschieden von Heldentum und ethischer oder mystischer Transzendenz starrten, zum uneinnehmbaren und unzerstörbaren Bollwerk gegen alle möglichen Neuerungstendenzen, vom Humanismus der Renaissance bis hin zu den kritischen Vorreitern unseres Jahrhunderts, sich von heute auf morgen in das Schutzgebiet aller aufgeklärten, progressiven und sogar revolutionären Werte verwandelt hat. Plötzliche Sinneswandel sind immer verdächtig, und mehr noch in einem Land, dessen Geschichte seit jeher reichlich schwierige und wundersame Wandlungen aufzuweisen hatte.

Dritter Widerspruch: das Moderne hat mit seinen Bildern die kollektiven Gefühle umgelenkt, die sich ursprünglich auf ein im intellektuellen Bereich nie in all seinen Konsequenzen formuliertes gesellschaftliches Ziel gerichtet hatten, auf die *Wende* (*cambio*). Wir sind ganz einfach modern. Und wir sind es deshalb, weil wir eines Tages schon antifrankistisch genug waren oder es sein mußten, danach demokratisch im Übermaß und schließlich sozialistisch bis zur Übersättigung. Wir sind modern, weil wir immer die neueste Mode tragen. Und unsere staatlichen Museen zahlen die höchsten Preise für die

lesen die allerneuesten genialen französischen Autoren. Wir sind modern, weil wir endgültig die spanische Geschichte überwunden haben: in dem Maße, wie wir sie aus unseren modernisierten Köpfen verdrängt haben.

In: *El País, 3.12.1990.*

Hans Magnus Enzensberger

Iberische Robinsonade: Spanien und Portugal

Selber Schuld, wer seinen Augen traut, sagte der Monsignore. Tatsachen sind etwas Schönes, doch den Portugiesen ist mit ihrer Hilfe nicht beizukommen. Ein schwieriges Terrain. Nach wie vor viel Frömmigkeit, wenn auch von der abergläubischen Sorte. Aber versuchen Sie einmal, dieses Volk zu missionieren! Sie beißen auf Watte.

Er wußte genau, daß ich nichts dergleichen im Sinn hatte, und daß ich seinen Rat nur in weltlichen Dingen suchte. Als ich ihn um Erlaubnis bat, das Interview mitzuschneiden, lächelte er druckreif.

Ihren Auto-Atlas, fuhr er fort, können Sie vergessen. Die Landkarten lügen.

Wie meinen Sie das, Eminenz?

Portugal, sagte er, ist wie Irland, mit dem es viel gemeinsam hat, eine Insel. Ja, ganz im Ernst: eine Insel, die am westlichen Horizont verschwimmt, ein Überrest des sagenhaften Atlantis. Genau genommen sogar ein Archipel; denn in der Ferne, weit jenseits der Hesperiden, tauchen noch weitere portugiesische Eilande auf. Ich habe sie vor Jahren einmal besucht. Es gibt dort nur Bomberkommandos, Pauschalreisende und Wetterfrösche. Ein ultramarines Europa, mein Freund, das den Hotelköchen ihren Madeira liefert und den Bewohnern des Festlandes ihre Hochdruckgebiete.

Ich habe Leute getroffen, wandte ich vorsichtig ein, die behaupteten, sie hätten die Ufer Portugals trockenen Fußes erreicht, per Eisenbahn oder nach grauenvollen Fahrten mit ihren Camping-Anhängern. Er wischte solche Zweifel vom Tisch.

Das sind Gerüchte, erwiderte er. Diesen phantastischen Geschichten von schwankenden Brücken, abgelegenen Zollstationen und staubigen Saumwegen haftet etwas Übertriebenes an. Fragen Sie doch die angeblichen Nachbarn! Die Spanier aus Andalusien und Estremadura schauen einen nur verständnislos an, wenn man sich erkundigt, ob es jenseits der Berge, auf der anderen Seite des Guadiana, festes Land gebe, und wer dort wohne. Umgekehrt wollen die Portugiesen von den Spaniern nichts wissen. Wenn die beiden Länder tatsächlich eine gemeinsame Grenze hätten, dann müßte es doch möglich sein, auf einer Oberschule in Porto oder Lissabon Spanisch zu lernen. Aber davon kann keine Rede sein. Englisch gern, Französisch

sisch meinetwegen, sogar Deutsch oder Latein. Nur Spanisch, Spanisch gibt es nicht.

In: *Hans Magnus Enzensberger: Ach Europa! Frankfurt/M.: Suhrkamp 1987, S. 179ff.*

Eduardo Galeano

Die Entdeckung, die noch nicht stattgefunden hat: Spanien und Amerika

Die Lateinamerikaner meiner Generation, die wir zu einer Zeit geboren wurden, als die Diktatur Francos sich über der Asche der Republik erhob, lernten von klein auf, die Lieder der Besiegten zu singen. Wir empfanden - und tun dies auch heute noch - jene republikanischen Gesänge sehr stark als unsere eigenen und sangen sie aus vollem Halse, während in Spanien diejenigen, die überlebt hatten, sie inmitten des aufgezwungenen Schweigens nur leise summten.

Die Schriftsteller meiner Generation und ich waren für alle Zeiten durch unsere frühe Lektüre von Antonio Machado, Pedro Salinas, León Felipe, Miguel Hernández, Lorca, Alberti und anderer schöpferischer Dichter geprägt, die in Spanien verboten oder von der Zensur zurechtgestutzt worden waren. Wir genossen das Privileg, die Sprache jener exilierten oder ermordeten Schriftsteller zu erben, lange bevor ihre Stimmen in Spanien voll erklingen konnten.

Rückwärts in die Geschichte

Jene Lieder und Gedichte symbolisieren für Lateinamerika immer noch eine bestimmte Art, die *Hispanität* zu verstehen und zu leben, die nichts mit der rhetorischen und düstern *Hispanität* zu tun hat, die den Feinden der Demokratie seit jeher als Schlachtroß diente. Die eine Art läßt sich beispielsweise in Fray Luis de León wiedererkennen; die andere in den Inquisitoren, die ihn verurteilten, weil er das »Hohe Lied« in die Sprache Kastiliens übersetzte.

Letztere Art der *Hispanität* hat den reaktionärsten Kreisen der spanischen Gesellschaft und auch der lateinamerikanischen Gesellschaften, die rückwärts in die Geschichte eintreten wollten, immer als Schutzschild und Alibi gedient - als ob die Lösung der Probleme des 20. Jahrhunderts in der Rückkehr ins 16. Jahrhundert läge! Es ist die *Hispanität* der Nostalgie eines Weltreiches, auf die sich die Inquisitoren unserer Tage häufig berufen haben und es noch immer tun. In ihrem Namen wurden die Kräfte der Erneuerung verdammt und bestraft, weil sie angeblich nach Schwefel rochen und einen Pferdefuß hatten; und in ihrem Namen ist das Blut Unschuldiger geflossen. Immer noch gibt es diejenigen, die sich die Eroberungsheere zurückwünschen, die Spanien und Amerika eine einzig wahre Religion, eine einzig gültige Kultur, Sprache und Wahrheit aufzwangen; und immer wieder erheben sich heilsverkündende Schwerter, die die Ruhmestat der Errettung wiederholen möchten. (...)

Vorwärts in die Geschichte

Die andere *Hispanität*, die der demokratischen Schützengräben und der verfolgten Dichter, kann heute, im gegenwärtigen Spanien, neue Wege der Verwirklichung beschreiten.

Diese neuen Wege greifen statt des Erbes des Hernán Cortés das von Gonzalo Guerrero auf, der im Kampf Seite an Seite mit den Indios den Tod fand. Sie gehen aus von Bartolomé de Las Casas, einem Fanatiker der Menschenwürde, und nicht von Juan Ginés de Sepúlveda, einem Ideologen des rassistischen Humanismus. Sie lassen die Erinnerung an die Kommunen des Vasco de Quiroga aufleben, der in Amerika ein Land der Utopie zu erkennen glaubte, statt der Erinnerung an die Hofgelehrten, die sich über ihn lustig machten. Und sie setzen den Weg des Bernardino de Sahagún fort, eines Mannes, der ein halbes Jahrhundert seines Lebens der Aufgabe widmete, den verloren gegangenen Stimmen Amerikas, die durch die Eroberung erstickt worden waren, nachzuspüren und sie zusammenzutragen, statt sich auf den Weg des finsteren Philipp II. zu verirren, der die Bücher von Sahagún totschwieg, weil er sie verdächtigte, Götzenbilder zu verbreiten.

Diese andere *Hispanität* vermag es, unendliche Räume der Begegnung und der Wiederbegegnung, der Entdeckung und der Wiederentdeckung zwischen Spanien und Amerika zu erschließen, auf daß beide eine gemeinsame Sprache sprechen und einen gemeinsamen Weg gehen.

Abschied

Ich habe acht Jahre in Spanien im Exil gelebt. So, als wäre ich selbst ein Spanier, habe ich die demokratische Wiederauferstehung erlebt und den Sauerstoff der Freiheit eingeatmet, den man jetzt in diesem Vaterland der Vaterländer riechen kann. Als Lateinamerikaner habe ich mich über die Solidarität vieler Spanier mit Lateinamerika gefreut, jener Spanier, die Lateinamerika ohne Spinnweben vor den Augen betrachten, und ich habe die Gleichgültigkeit, die Zweideutigkeit und die Geringschätzung bedauert, die oftmals verhindern, daß diese Solidarität sich in all ihrer möglichen Fruchtbarkeit entfaltet.

Heute, da mein Exil zuende geht, schreibe ich diese Zeilen als Abschiedsworte an Spanien, und sie sollen gleichzeitig meine ehrliche Form des Dankes an dieses Land sein. (1984)

In: *Eduardo Galeano: El descubrimiento de América que todavía no fue y otros escritos. Caracas: Alfadil 1987, S. 121ff.*

Miguel Angel de Bunes

Die islamische Vergangenheit in Literatur und Geschichtsschreibung

Der Moriske stellt eines der attraktivsten Probleme unserer Vergangenheit dar und ist zweifellos von entscheidender Bedeutung für das Verständnis des Lebens, der Gesellschaft, der Religiosität und der Wirtschaft im Spanien des sechzehnten Jahrhunderts. Möglicherweise fragt sich der Leser, was für einen Sinn ein Buch haben kann, das die Meinung der Historiker der letzten vier Jahrhunderte über die zum Christentum konvertierten Mauren widerspiegelt, wo noch nicht einmal das Leben und die Tragödie dieser Minderheit vollständig bekannt sind.

Zahlreich und verschiedenartig sind die Antworten, die man auf diese hypothetische Frage geben kann. Nach Jahrzehnten des Vergessens hat sich zu Beginn dieses Jahrhunderts die Minderheitenforschung für die Historiker zu einer der anregendsten Beschäftigungen entwickelt. Eine sowohl ethnische als auch kulturelle Randgruppe stellt ein geeignetes Instrument zum Verständnis einer bestimmten Gesellschaft in einem konkreten Raum und Zeitabschnitt dar. Jede neue Generation von Historikern verspürt das Bedürfnis, die Vergangenheit neu zu prüfen; dadurch konfrontierten sie uns mit den vorrangigen Ideen und Beschäftigungen des Augenblicks, in dem sie gelebt haben. Zweitens hat der Moriske am eigenen Leibe die Spannungen eines Weltreiches erfahren, das sich an allen Fronten schlug, sowie den Beginn seines Untergangs, einen Wandel des religiösen Weltbildes der katholischen Kirche und der Staatsformen und schließlich die beginnende wirtschaftliche Erschöpfung der iberischen Halbinsel. Der Moriske spielt in dieser Situation eine ganz besondere Rolle, und der Historiker, der dies analysiert, wird, je nachdem, welchem der aufgezeigten Faktoren er mehr Bedeutung zuschreibt, eine jeweils andere Vorstellung von der Gruppe als solcher, der sie umgebenden Gesellschaft und der in diesem Augenblick herrschenden Regierungsform erlangen. Das 17. Jahrhundert gilt als eine Krisenperiode der spanischen Monarchie, bzw. als eine Periode der wirtschaftlichen Rezession. Die Vertreibung eines hohen Bevölkerungsanteils bedeutet eine Herausforderung für die wirtschaftliche Interpretation dieser Periode und wirft ein Licht auf den ideologischen Ausgangspunkt des Historikers, der sie analysiert. Die letzte der möglichen Antworten, die den eigentlichen Leitgedanken dieser Arbeit bildet, ist die Notwendigkeit historiographischer Studien und bibliographischer Sammelwerke für die spanische Geschichtswissenschaft, die wir durch dieses winzige und bescheidene Element zu ergänzen versuchen.

Seit dem 16. Jahrhundert ist in der Literatur und von den Historikern immer wieder über das Problem der Morisken berichtet worden. Diese Minderheit ist aus den unterschiedlichsten Blickwinkeln betrachtet worden, von den konservativsten, von religiösem Fanatismus und Fremdenfeindlichkeit beherrschten Standpunkten, über Marxismus und Wirtschaftswissenschaft bis hin zu liberalen Positionen. Diese Tatsache führt uns die Entwicklung sowohl des soziopolitischen als auch des religiösen Denkens in Spanien vor Augen, indem sie die verschiedenen Gesellschaftsmodelle zeigt, die im spanischen Leben existieren.

In: *Miguel Angel de Bunes: Los moriscos en el pensamiento histórico. Madrid: Cátedra 1983, S. 9f.*

José Luis L. Aranguren

Spanien als Mimese

Während des letzten Jahrzehnts des Franquismus begann sich ein kultureller Bruch zu vollziehen, womit ich auf die Haltung hinweisen will, die damals entstand und die in kulturellen Fragen, statt antifranquistisch zu sein, vorgab, nichts mehr mit dem Franquismus zu tun zu haben. Es war auch eine Haltung, die gemäß dem Titel einer in jenen Jahren auf den Markt gebrachten Verlagsreihe, »Die andere Geschichte Spaniens«, entschlossen war, in der Tat eine *andere* historiographische Orientierung und folglich auch eine andere (mögliche) Geschichte sichtbar zu machen. Wahrscheinlich sind die meisten von uns sich gar nicht wirklich darüber im Klaren, in welchem Maße der Historiker ein - wie er einmal zutreffend genannt wurde - »Prophet der Vergangenheit« ist, und es muß in diesem Ausdruck nachdrücklich hervorgehoben werden, was »Prophet« hier bedeutet an retro-prospektiver geistiger Gestaltung, an Extrapolation, an Ideologie und sogar, im positivsten Sinn des Wortes, an »Mythologie« (wie Luis Díez del Corral sie in Bezug auf die des Unabhängigkeitskrieges nannte), welche auf die Realität der *Geschichte* bzw. des Werdens einwirkt und die - als Zukunft gestaltbare (*futurible*) - Zukunft reformiert oder verändert.

Diese andere mögliche *Geschichte Spaniens*, die ihrer Heterodoxie, ihrer Nichtanpassung an die bestehende Ordnung, hat nie genügend Geltung erlangt, obwohl die Historiker des spanischen Erasmismus und die historiographischen Bemühungen der *Institución Libre de Enseñanza* und der Zweiten Republik in diese Richtung gingen. Eine Richtung, die sich allmählich durch die Ablehnung der bestehenden Ordnung behauptet, denn in der Tat ist das Sich-Widersetzen, das Neinsagen häufig der erste Schritt, um in der Folge das Neue und Bejahende, das man sucht, näher bestimmen zu können. Fand oder findet ein solcher kultureller Bruch im eigentlichen Sinne des Wortes statt, d.h. als echte *Kulturrevolution*? Selbstverständlich nicht. Wir leben nicht in einer erfinderischen, kreativen Epoche. Es fehlt die *Leidenschaft*, an dessen Stelle die »*movida*« (Madrider Kultur- und Nachtleben) getreten ist. Die kulturelle Revolution ist nicht von der politischen Revolution zu trennen, vielmehr ist sie ein Gradmesser derselben. Und gegenwärtig wird in Spanien nicht im Geist der Revolution gelebt, sondern allerhöchstens, und dies ist im Grunde schon eine starke Behauptung, im Geist der *Reform*. Letztere akzeptiert man, wenn sie tatsächlich durchgeführt wird; doch die Leute, insbesondere die jungen Leute, *verstehen sie nicht* (*la desentienden*) (vorausgesetzt, daß es überhaupt etwas zu verstehen gibt) und *halten sich* folglich von ihr *fern* (*se desentienden de ella*). Spanien war nach Ansicht der Franquisten *anders* (»*Spain is different*«). Heute lebt es in der *Gleich-gültigkeit* (*in-diferencia*). (...)

Angesichts der Art und Weise, wie die Kultur heute gelebt und wie Bezug auf die Geschichte genommen wird, und aufgrund der Beobachtung, daß die Spanier der Gegenwart sich der historischen Last entledigen und die Kultur als ein gegenwärtiges Ereignis empfinden, gelangen wir zu dem Schluß, daß es nach diesem radikalen Wandel hinsichtlich dessen, was sie einmal gewesen sind, völlig unwahrscheinlich ist, daß sich in der Zukunft das traurige Ereignis wiederholt, von dem hier die Rede ist.

Wir Spanier sind heute nicht mehr das, was wir einmal waren: weder auf der einen Seite antimodern und reaktionär, noch auf der anderen Seite, *von außen* betrachtet, so etwas wie in der Zeit Zurückgebliebene und Hüter einer romantisch-pittoresken Originalität. Heute wollen die Spanier *sich selbst* ein Schauspiel sein, und dies nicht im *Anderssein* (*diferencia*), sondern in der historisch-politischen *Gleichgültigkeit* (*in-diferencia*). Es ist eine bislang noch nie oder fast nie dagewesene »Lebensart«, »*vividura*«, wie Américo Castro es genannt hätte. Und mit ihren Licht- und Schattenseiten - dem Rampenlicht der Bühne und dem Schatten, nicht originell zu sein, sondern nur zu imitieren, und keine besondere Verantwortung zu tragen - stellt sie eine Garantie dafür dar, daß der 18. Juli 1936 sich nicht wiederholen wird.

In: *Por qué nunca más, in: Ramón Tamames (Hrg.): La guerra civil española. Una reflexion moral 50 años después, Barcelona: Planeta 1986, S. 171ff.*

Antonio Machado

Don Quijote

»Was meinst du hierzu, Sancho?« sagte Don Quijote. »Gibt es Zauberkünste, die gegen die wahre Tapferkeit aufkommen können? Die Zauberer können mir wohl das Glück rauben, aber die Kühnheit und den Mut - unmöglich!« So spricht der Ritter von der Traurigen Gestalt im originellsten Kapitel des *Quijote* nach seinem genialen Löwenabenteuer. Dies sind eindeutig die Worte des Don Quijote, unseres Don Quijote, des wahren Gegenpols zum Pragmatiker, zu dem Menschen, der Erfolg und Glück zum Maßstab macht, an dem er Tugend und Wahrheit mißt. Es ist durchaus möglich, daß ein Volk, das etwas von Don Quijote hat, nicht immer das ist, was man ein glückliches Volk nennt. Daß es aber ein minderwertiges Volk sei, dessen Existenz in der Gemeinschaft der menschlichen Kultur überflüssig ist, noch daß es ihm an einer konkreten Aufgabe fehle, die es zu erfüllen hat, oder an einem wichtigen Instrument, das es im großen Orchester der Geschichte spielen muß. Denn eines Tages wird es die Löwen herausfordern müssen und mit völlig ungeeigneten Waffen gegen sie zu kämpfen haben. Und man wird einen Verrückten brauchen, der sich in dieses Abenteuer wagt. Einen beispielhaften Verrückten.

In: *Aurora de Albornoz (ed.): Antonio Machado. Antología de su prosa I. Cultura y sociedad. Madrid: Cuadernos para el Diálogo 1976, S. 121.*

Kapitel XII

Symptome der Marginalität: Spanien und Deutschland

Gustav Siebenmann

Von den Schwierigkeiten der deutsch-hispanischen Kulturbegegnung

Das kulturelle Leben eines jeden Landes schlägt sich nieder in einem spezifischen Kanon, einer Ansammlung von Meinungen, ästhetischen Bevorzugungen, existentiellen Optionen, wobei das Gesamte vielleicht für die Dauer einer Generation wirksam bleibt, jedoch ständig durch neue Fremdeinflüsse bereichert wird. Ein kultureller Kanon, ähnlich wie etwa der sogenannte Zeitgeist, ist ein soziales Phänomen, das sowohl in seinen Neigungen wie in seinen Abneigungen möglicherweise im Nachhinein erklärbar ist; das ihm eigene Beharrungsvermögen jedoch wie auch seine Wandlungen sind im Grunde unvorhersehbar. Keiner Autorität ist es auf die Dauer vergönnt, einen kulturellen Kanon zu verordnen oder das Wünschbare verbindlich zu umschreiben. Faßbar wird ein kultureller Kanon allerdings anhand gewisser Symptome, in denen sich die mehrheitliche Einstellung einer Gesellschaft öffentlich und institutionell niederschlägt. Anhand solcher Einstellungen kann man ablesen, in welchem Verhältnis zwei einander fremde Kulturen zueinander stehen. Im Falle der Haltung der deutschsprachigen Kulturen gegenüber den spanischsprachigen verraten diese Symptome eine unleugbare Randstellung.

Unschwer lassen sich dafür Beispiele finden. Die Unkenntnis von Namen, Werken und Sachverhalten aus der Iberischen Halbinsel oder aus Lateinamerika gehören zur Norm selbst unter Gebildeten in den beiden Deutschland, in Österreich und in der Schweiz (von den Berufsleuten ist hier natürlich nicht die Rede). Deshalb wird solches Nichtwissen für verzeihbar gehalten, denn der kulturelle Kanon läßt diese partielle Ignoranz zu. Eine gebildete Person in unseren Landen wird sich nicht bloßgestellt vorkommen, wenn sie nicht weiß, wer beispielsweise Alfons der Weise ist, oder Quevedo, oder »Clarín«, oder José Martí, oder Vicente Aleixandre, oder Julio Cortázar, um allein literarische Beispiele zu bringen. Das Attribut 'gebildet' wird offenbar verliehen aufgrund gewisser Erfordernisse, die eben vom kulturellen Kanon gesteuert sind. Da der unsere, nebst dem Eigenen, bestenfalls Elemente der griechisch-römischen Antike, der räumlich nahestehenden Kulturen, also der skandinavischen, der englischen, der französischen, der italienischen, der slawischen, aber auch der nordamerikanischen umfaßt, entzieht sich, einer nun bald zweihundertjährigen Tradition gemäß, alles Iberische und Iberoamerikanische jener »sozialen Kontrolle« durch den Bildungskanon.

Ein anderes Symptom für diese Marginalität wird erkennbar an der Zahl der ins Deutsche übersetzten Bücher. Für das Spanische als Ausgangssprache sind die Statistiken entmutigend. Vom Gesamt der 9.325 Titel, die 1987 aus einer der 44 Fremdsprachen ins Deutsche übersetzt worden sind, entsprechen nur 182 der Herkunftssprache Spanisch, das sind wie in den Vorjahren 2 %. Demgegenüber stehen 67,9 % aus dem Englischen, 11,9 % aus dem Französischen, 3,0 % aus dem Italienischen, 2,4 % aus dem Russischen und 2,2 % aus dem Niederländischen. Dabei muß berücksichtigt werden, daß die Bundesrepublik Deutschland gemäß UNESCO-Statistik für 1982 mit 4.884 Übersetzungen von Titeln der Schönen Literatur in diesem Sachgebiet weltweit an der Spitze steht, wie denn überhaupt der Anteil der Übersetzungen an der Gesamttitelproduktion im Jahr 1987 (gemäß der *Deutschen Bibliographie*) den bisherigen Höchststand von 14,2 % erreicht hat. Immerhin bleibt festzustellen, daß tendenziell der Anteil der aus dem Spanischen übersetzten Titel rasch ansteigt. In einer Bibliographie der Übersetzungen aus dem Spanischen, Portugiesischen und Katalanischen ins Deutsche, die die Gesamtproduktion der Jahre 1945 bis 1983 umfaßt, haben wir 1.548 Titel registriert, die aus dem Spanischen übersetzt worden sind, nebst 276 aus dem Portugiesischen und 24 aus dem Katalanischen. Dieses Total ist bei weitem höher als die Gesamtheit der Bücher, die aus iberischen Sprachen je und bis 1944 ins Deutsche übersetzt worden sind. Über den zähflüssigen und oft auch unverständlichen Rezeptionsvorgang gibt es inzwischen schon einige Untersuchungen. (...)

In Anbetracht des soeben skizzierten Sachverhalts können wir sagen, daß weder die Bildungstradition noch der soziokulturelle Kontext einer stärkeren Präsenz der Sprache und der Kulturen der hispanischen Welt entgegenkommen, und dies nach wie vor. Die bitteren Reaktionen der Vertreter dieser Kulturen in unseren Ländern, auch der eingewanderten Hispanen - seien diese Arbeiter, Professoren oder Asylanten - sprechen eine deutliche Sprache und sind psychologisch verständlich, wenngleich der Sache kaum förderlich. Zum Trost kann man immerhin feststellen, daß im Laufe der letzten zwanzig Jahre eine unleugbare Ausweitung des Interesses an den hispanischen Kulturen zu verzeichnen ist, und dies besonders dank dem vielversprechenden und immer intensiver beackerten Forschungsfeld Lateinamerikas. Angesichts der erwähnten Zunahme der Übersetzungen ins Deutsche, in Anbetracht der spezifischer auf die Region ausgerichteten Vorbereitung der Medienschaffenden, dank der Möglichkeit zu stärkerer Spezialisierung in der Forschung und in der Lehre an den Hochschulen, sowie - auf der anderen Seite - dank der Zunahme des demographischen Gewichts der spanischsprachigen Welt, sind die Aussichten für die nächste Zukunft wohl hoffnungsvoll, *ma non troppo*.

In: *Gustav Siebenmann: Essays zur spanischen Literatur. Frankfurt/M.: Vervuert 1989, S. 12ff.*

Karl Marx

Terra incognita

Mit Ausnahme der Türkei gibt es wahrscheinlich kein Land, das so wenig bekannt ist und von Europa so falsch beurteilt wird wie Spanien. Die zahllosen lokalen Pronunziamientos und Militärrebellionen haben Europa daran gewöhnt, es auf einer Stufe mit dem Römischen Reich zur Zeit der Prätorianer zu sehen. Dies ist genauso oberflächlich wie die Ansicht derer, die im Fall der Türkei das Leben der Nation erloschen glaubten, weil seine offizielle Geschichte während des letzten Jahrhunderts nur aus Palastrevolutionen und Janitscharenmeuten bestand. Das Geheimnis dieses Trugschlusses liegt in der simplen Tatsache, daß die Historiker, anstatt die Ressourcen und die Stärke dieser Völker in ihrer provinziellen und lokalen Organisation zu erblicken, aus der Quelle ihrer Hofalmanache schöpften. Die Bewegungen dessen, was wir den Staat zu nennen pflegen, haben das spanische Volk in einem so geringen Maße berührt, daß dieses vollständig damit einverstanden war, diese beschränkte Domäne den wechselnden Leidenschaften und kleinlichen Intrigen von Hofgünstlingen, Militärs, Abenteurern und einigen wenigen sogenannten Staatsmännern zu überlassen, und sie hatten wenig Grund, ihre Gleichgültigkeit zu bereuen.

In: *Karl Marx: MEW Bd. 10, S. 326f.*

Baerbel Becker-Cantarino

Die »Schwarze Legende«

Zum Spanienbild in der deutschen Literatur des 18. Jahrhunderts

»Kennst du die Nation der Spanier so wenig?« fragt Don Carlos den Pagen der Eboli. Diese Frage könnte man an das ganze achtzehnte Jahrhundert stellen, dessen Spanienbild in den schwärzesten Farben gemalt wird. In Schillers Drama fährt Don Carlos gleich darauf selbst fort:

> Der Geiz des Spaniers - hat man dir nie
> davon erzählt? - zerriß in Mexiko
> des Indiers lebendiges Gedärme,
> weil Gold darin zu hoffen war ... (1882-1885)

Alba unterstreicht die christliche Weltmission dieser Nation, indem er auf sein Schwert zeigt:

> Dieß Schwerd
> schrieb fremden Völkern spanische Gesetze;
> es blitzte dem Gekreuzigten voran,
> und zeichnete dem Saamenkorn des Glaubens
> auf diesem Weltheil blutge Furchen vor. (1999-2003)

Der Zuschauer oder Leser konnte damals - und tut es wohl auch heute noch - vor diesem finsteren Bild despotischer Tyrannei nur erschaudern. (...)

Wie kommt es zu diesem entstellten, negativen Bild von diesem Land und seinen Bewohnern? (...)

Die aus religiösen Gegensätzen und politischen Machtverhältnissen erwachsenen Gegensätze bildeten den Kern der Spanienkritik im 16. Jahrhundert, während die Rezeption spanischer Literatur im 17. Jahrhundert das Spanienbild der »Schwarzen Legende« - jedenfalls für eine Zeitlang - verdrängte. Gleichzeitig mit dem politischen und wirtschaftlichen Niedergang Spaniens unter den letzten Habsburgern im 17. Jahrhundert trat Frankreich seine führende Stellung an. Es wurde in politischer, dann auch in kultureller und geistiger Hinsicht zum Leitbild Deutschlands und übernahm die Vermittlerrolle der spanischen Kultur für Deutschland. Von jetzt an bis zur

Frühromantik lief die spanisch-deutsche Begegnung über Frankreich, durch französische Interpreten und die französische Sprache mit den notwendigen und den willkürlichen Entstellungen, die eine Doppelübertragung mit sich bringt.

Werfen wir also zunächst einen Blick auf die französische Auseinandersetzung mit seinem Nachbarn südlich der Pyrenäen. Ein lebhaftes Interesse galt Spanien als einem Vergleichspunkt für die eigenen Bemühungen und Ideale. Die »Schwarze Legende«, die die Geschichtsschreibung beherrschte und dieses Land als grausame Kolonialmacht, als despotische Universalmonarchie mit fanatischer Inquisition darstellte, wurde nun in kulturphilosophischer Hinsicht erweitert: Spanien wurde das Land der Rückständigkeit, der geistigen und kulturellen Fehlentwicklung. In der neuen klassizistischen Kunst, die eine bewußte Abkehr und Umkehr barocker Ideale ist, wird die rhetorische Sprachform der spanischen Sprache bekämpft. (...)

Unter dem Eindruck der negativen Darstellung und feindlichen Kritik der französischen Aufklärer, der entstellenden Reiseliteratur und der spärlichen, propagandistisch gefärbten Nachrichten aus dem Lande selbst ist es nicht verwunderlich, daß in Deutschland im 18. Jahrhundert das Interesse an Spanien fast gänzlich erloschen war oder auf seltsame Abwege geführt hat. so konnte Herder über Lessings Huarte-Übersetzung sagen: »Eine Übersetzung aus dem Spanischen war in Deutschland 1752 wieder ein seltenes Ding geworden, so häufig auch unsre lieben Vorfahren ein Jahrhundert vorher aus dem Spanischen übersetzt hatten.« (...)

Als Folge der Verurteilung Spaniens in der »Schwarzen Legende« findet man im 18. Jahrhundert in Deutschland eine erschreckende Unkenntnis dieses Landes; in entstellender Verflachung werden die Klischees endlos fortgeführt. (...)

Zwei Aspekte dieser Legende trafen bei Schiller zusammen: Stofflich wird in der Darstellung der politischen Geschichte Spaniens, in der Figur Philipps II. und des Niederländischen Freiheitskampfes die schon aus dem 16. Jahrhundert stammende antispanische Propaganda wirksam. Zum anderen manifestiert sich bei Schiller die *leyenda negra* in der moralisch-politischen Interpretation der französischen Aufklärer, Spanien als Beispiel des unmenschlichen Despotismus und als Gegenstück zu den Freiheitsbestrebungen der Aufklärung und zum erleuchteten Frankreich hinzustellen. (...)

Man bedauert in Spanien, bei aller Bewunderung für den Dichter Schiller, daß das Land eine »terra incognita« für ihn geblieben ist.

In der Behandlung spanischer Stoffe in Goethes Jugenddramen reichen einige Stellen nahe an die Klischees der Unterhaltungsliteratur heran, während sein Spanienbild weitgehend von der »Schwarzen Legende« beeinflußt ist. (...)

Das negative Spanienbild der »Schwarzen Legende«, wie es durch die französische Aufklärung moralphilosophisch untermauert und propagandistisch nach Deutschland vermittelt wurde, verhinderte hier eine nähere Beschäftigung mit der Literatur und Kultur dieser Nation. (...)

Das verfälschte Spanienbild bewirkte so einen Tiefpunkt in der spanisch-deutschen Begegnung bei Schiller und dem jungen Goethe, einen Tiefpunkt zu einer Zeit, da die Wiederentdeckung dieses Landes und seiner Literatur für Europa sich in Deutschland vorbereitete.

Mit der wachsenden Ablehnung des Rationalismus vollzog sich allmählich die Hinwendung zu Spanien. (...)

Das Spanienbild der Romantiker, das hauptsächlich durch die Literatur des *siglo de oro* und die maurische Vergangenheit Spaniens geprägt wurde, stellt in seiner gefühlvollen, religiösen Lebensferne in vieler Hinsicht ebenso einen Zerrspiegel dieses Landes dar, wie die moralisch-politische Verurteilung durch die *leyenda negra* im 18. Jahrhundert.

In: *Baerbel Becker-Cantarino: Die schwarze Legende. Zum Spanienbild in der deutschen Literatur des 18. Jahrunderts. In: Zeitschrift für deutsche Philosophie 94 (1973), S. 49ff.*

Johann Wolfgang von Goethe

Das »grausame« Spanien

KLÄRCHEN: Du kommst so bleich und schüchtern, Brackenburg, was ist's?

BRACKENBURG: Durch Umwege und Gefahren such' ich dich auf. Die großen Straßen sind besetzt, durch Gäßchen und durch Winkel hab' ich mich zu dir gestohlen.

KLÄRCHEN: Erzähl', wie ist's?

BRACKENBURG (*indem er sich setzt*): Ach Kläre, laß mich weinen! Ich liebt' ihn nicht. Er war der reiche Mann und lockte des Armen einziges Schaf zur besseren Weide herüber. Ich hab' ihn nie verflucht, Gott hat mich treu geschaffen und weich. In Schmerzen floß mein Leben von mir nieder, und zu verschmachten hofft' ich jeden Tag.

KLÄRCHEN: Vergiß das, Brackenburg! Vergiß dich selbst! Sprich mir von ihm! Ist's wahr? ist er verurteilt?

BRACKENBURG: Er ist's; ich weiß es ganz genau.

KLÄRCHEN: Und lebt noch?

BRACKENBURG: Ja, er lebt noch.

KLÄRCHEN: Wie willst du das versichern? - Die Tyrannei ermordet in der Nacht den Herrlichen, vor allen Augen verborgen fließt sein Blut. Ängstlich im Schlafe liegt das betäubte Volk und träumt von Rettung, träumt ihres ohnmächtigen Wunsches Erfüllung, indes, unwillig über uns, sein Geist die Welt verläßt. Er ist dahin! - Täusche mich nicht! dich nicht!

BRACKENBURG: Nein gewiß, er lebt! - Und leider, es bereitet der Spanier dem Volke, das er zertreten will, ein fürchterliches Schauspiel, gewaltsam jedes Herz, das nach Freiheit sich regt, auf ewig zu zerknirschen.

In: *Johann Wolfgang von Goethe: Egmont. Husum: Hamburger Lesehefte Verlag o.J., S. 65.*

Johann Gottfried Herder

Das Zauberland

Herder (1744-1802), Theologe, Schriftsteller und Philosoph, studierte Theologie und Philosophie in Königsberg, wo er u.a. von Kant gefördert und beeinflußt wurde. 1776 wurde er durch Goethes Vermittlung Generalsuperintendent, Mitglied des Oberkonsistoriums (1801 Präsident) und Erster Prediger an der Staatskirche in Weimar. Als Theologe versuchte er u.a. Rationalismus, historisch-kritische und dogmatische Theologie zu verbinden. In dieser Synthese war seine Affinität zu Spanien gewissermaßen prädisponiert: Durch die Reisebeschreibungen des Italieners Guiseppe Baretti (1719-1789), die die europäische Rehabilitation Spaniens einleiteten und einige englische Reiseschriftsteller inspirierten, studierte er spanische Geschichte und Literatur und nahm Spanischunterricht. Die Auseinandersetzung mit Spanien, das er zu einer romantischen Projektion verklärte, nahm fortan eine zentrale Stelle im Denken Herders ein. Als »Brückenkopf« zur arabischen Kultur führte ihn die intensive Beschäftigung mit spanischer Literatur und Geschichte auch zur Entwicklung seiner »Arabertheorie«. In neueren Studien zur Geschichte des Islams in Europa knüpfen vor allem nordamerikanische Historiker an einige Positionen Herders an.

Die Kultur der Spanier ist von den Provenzalen nicht erborgt, sondern an ihrer Seite stolz und eigentümlich erwachsen. Jahrhundertelang hatten die Araber ihr schönes Land besessen, und in alle Provinzen desselben ihre Sprache und Sitten verbreitet. Jahrhunderte gingen hin, ehe es ihnen entrissen ward, und in diesem langen Kampf zwischen Rittern und Rittern hatten sie wohl Zeit, den Charakter zu erproben, der sich auch in Werken des Geschmacks als ihr Genius zeigt; es ist die Idee eines christlichen Rittertums, den Heiden und Ungläubigen entgegen. Als alte, vom Hl. Jakobus bekehrte Christen waren sie in die Gebirge geflohen; als solche hielten sie sich in ihnen fest und eroberten ihr Land wieder. Als solche waren sie zu stolz, sich mit maurischem Blut zu vermischen und entvölkerten dadurch ihr Land; als solche waren sie in fremden Weltteilen stolz und grausam. Ihr Vortreffliches und ihre Fehler kommen aus einer Quelle; aus welcher mit beiden, mit Fehlern und Tugenden, auch ihre Poesie und Sprache floß. Diese steht zwischen der italienischen und altrömischen in der Mitte; an Majestät und Würde der Mutter ähnlicher als eine ihrer Schwestern; voll Wohlklangs für die Musik, und in dieser fast eine heilige Kirchensprache. Nicht lief sie wie die Provenzalin auswärts umher; sie war stolz und blieb zu Hause, brachte aber in ihrer schönen Wüste unter manchem Sonderbaren und Abenteuerlichen edle Früchte. Vielleicht gibt es keine scharfsinnigeren Sprüche und Sprichwörter als in der spanischen Sprache; von Alphons dem Weisen an hat sie in allen Produktionen diesen Charakter behauptet. Ihre Erzählungen, Theaterstücke und Romane sind voll Verwicklungen, voll Tiefsinnes und bei vielem Befremdenden voll feiner und großer Gedanken. Ihre Silbenmaße sind sehr wohlklingend, und die Leidenschaft der Liebe steigt in ihnen oft bis zum schönen Wahnsinn. Sie sind veredelte Araber; auch ihre Torheit hat etwas Andächtiges und Erhabenes. (...)

Aus Spanien über Frankreich kamen uns in der Gattung Roman romantische Muster. *Gil Blas von Santillana*, der *Baccalaureus von Salamanca, Guzman d'Alfarache* usf. Die kleinen Erzählungen in ihnen und sonst einzeln (Novellen genannt) werden noch lange gelesen werden. Wie das Märchen den Morgenländern, so (möchte man sagen) gehört der eigentliche Roman den Spaniern. Ihr Land und Charakter, ihre Verwandtschaft mit den Arabern, ihre Verfassung, selbst ihr stolzes Zurückbleiben in manchem, worauf die europäische Kultur treibt, macht sie gewissermaßen zu europäischen Asiaten. Die Verwicklungen, das Abenteuerleben, von dem ihre Romane voll sind, macht ihr Land hinter dem Gebirge, die schöne Wüste, unserer Phantasie zu einem Zauberland.

In: *Hans Hinterhäuser (Hrsg.): Spanien und Europa. Stimmen zu ihrem Verhältnis von der Aufklärung bis zur Gegenwart. München: dtv 1979, S. 106ff.*

Hans Wantoch

Das fremde Land

Wer als Fremder nach Spanien kommt, fühlt Befremdung, und die Zugewanderten sind nach zwanzig, ja, nach dreißig Jahren nicht eingebürgert, sie bewahren ihre Art und unterscheiden sich von dem Wirtsvolke, mögen sie seiner Gastlichkeit auch dankbar sein und dessen Wesen Sympathie entgegenbringen, durch Sitte und Brauch, Lebensart und Lebenstempo; denn jenseits der Phyrenäen läuft das Dasein in anderem Rhythmus. Anders ist die Einstellung des Menschen zu Betätigung und Muße, zu Spannung und Entspannung. Ja, die Akzente sind geradezu in umgekehrter Verteilung von Steigerung und Stille, Hingerissenheit und Gleichgültigkeit gesetzt.

Das große demokratisierende Evangelium der Arbeit, der Werktätigkeit, der Leistung, auf dem seit dem Ende der Ritter- und Herrenzeit, in den Wurzeln also seit mehr als vierhundert Jahren, die abendländische Gemeinschaft metaphysisch wie in den wirtschaftlichen und sozialen Verhältnissen des praktischen Alltags auferbaut ist, scheint an dieses Volk nicht ergangen. Die spanische Ekstase lebt nicht im Werk auf, nicht in der Realisierung des Willens zu körperhaft geformter Wirklichkeit. Leidenschaftlich entflammt sich der Spanier nur für das Irreale, das in der Zeit zerfällt, das im Raum sich nicht einordnet, für die Transzendenz einer Idee, mag sie religiös, mag sie politisch sein und für die Transparenz eines Spieles, das seinen Sinn aus einer Idee von Mut, Ritterlichkeit, Ehre, Glück holt und

Schein ist wie jenes, nicht Sein, eine Beziehung des Ich und nicht dessen Manifestation. (...)

Den Mißton, die verhängsnisvolle Schiefheit in Entwicklung und Geschichte des Landes, das nicht und niemals organisch aus sich wuchs, sondern von außen in Bahnen gedrängt wurde, haben die feineren und überlegeneren Geister vielfach gespürt. Lope de Vega, der urtümlichste Dichter Spaniens, der nur wie alle anderen nicht genug Charakterstärke, Mannesmut, Sittlichkeit hatte, um »auszusagen was ist«, ließ immerhin den Narren in einer seiner Komödien sprechen: »Man möchte in Frankreich geboren sein, in Italien leben, in Spanien sterben; das erste wegen des nationalen Königs und des reinen Adels, das zweite wegen der Freiheit und Fruchtbarkeit des Geistes, das dritte wegen des Glaubens.« Gegen den aufgeklärten Reformismus der ersten Bourbonenzeit, namentlich gegen Karl III. (1759 bis 1788), der der einzig wahrhaft schöpferische und begnadete unter allen Königen Spaniens von Gottes Gnaden war, hat das bis zur Stumpfheit rückständige Volk sich selbst gewehrt.

In: *Hans Wantoch: Spanien. Das Land ohne Renaissance. Eine Kulturpolitische Studie. München 1927, S. 7ff.*

Patrik v. zur Mühlen

Die Deutschen und der Spanische Bürgerkrieg

Sowenig es möglich ist, die genaue Zahl der Deutschen anzugeben, die 1938/39 den Bürgerkrieg überlebt hatten, sowenig kann man die Zahl der deutschen Spanienkämpfer abschätzen, die Krieg, Flucht, Verfolgung und NS-Haft, Mitarbeit in der westeuropäischen Résistance oder Kampf in der Roten Armee bis 1945 lebend überstanden hatten. Angesichts der Verluste in Spanien, während des Zweiten Weltkrieges an allen Fronten und im Maquis sowie in den deutschen Konzentrationslagern wird man bei grober Schätzung ihre Zahl wohl weit unter 2000 anzusetzen haben. Da unter den Interbrigadisten die KPD-Mitglieder eine beträchtliche Mehrheit stellten, zogen wiederum viele von ihnen nach Kriegsende in die Sowjetische Besatzungszone und wählten die spätere DDR als ihre Heimat. (...)

Im Jahre 1954 unternahm die Bundestagsfraktion der SPD den Versuch, das Ungleichgewicht in der Bewertung des sehr unterschiedlichen Einsatzes von Deutschen auf beiden Seiten des Spanienkrieges zurechtzurükken. Sie stellte den Antrag, daß die - offiziell freiwillige - Zugehörigkeit zur Legion Condor nicht auf die ruhegehaltsfähige Dienstzeit angerechnet werde, was aber von einer parlamentarischen Mehrheit abgelehnt wurde; der Einsatz der Condor-Legionäre wird bei den Berechnungen der Rentenansprüche nach dem Bundesversorgungsgesetz als Dienstzeit angerechnet. Eine vergleichbare Anerkennung des Einsatzes in den Internationalen Brigaden wurde den deutschen antifaschistischen Spanienkämpfern jedoch lange Zeit versagt. Ihre sozialen Ansprüche fielen weder unter das Bundesentschädigungsgesetz noch unter das Bundesversorgungsgesetz für Wehrmachtsangehörige. Einige Regelungen kamen indessen auch den deutschen Spanienkämpfern zugute. So konnten Personen, die wegen der Nazi-Verfolgung ihre Heimat hatten verlassen müssen und nach der deutschen Kapitulation zurückgekehrt waren, eine Heimkehrer-Soforthilfe in Höhe von 6.000 DM beantragen. Ebenso stand ihnen eine Haftentschädigung zu, die auch bei einer im Ausland erlittenen Haft - etwa in französischen Internierungslagern - beansprucht werden durfte; hierbei waren auch Witwen und Waisen der betreffenden Personen erbberechtigt. Schließlich gab es entsprechende Regelungen im Rahmen der Hinterbliebenen-Hilfe sowie bei Gesundheits- und Berufsschäden.

Dennoch wurden die deutschen Spanienkämpfer in sozialer Hinsicht lange Zeit auf beschämende Weise stiefmütterlich behandelt, ganz im Gegensatz etwa zu dem hohen Ansehen, das ihre Kameraden in Italien und Frankreich genossen. Der 1967 durch Vermittlung des Abgeordneten Peter Blachstein gestellte Antrag eines ehemaligen Spanienkämpfers auf eine Rente nach dem Bundesversorgungsgesetz wurde 1969 vom Bundesministerium für Arbeit und Sozialordnung mit der Begründung abschlägig beschieden, daß der Einsatz der Condor-Legionäre mit den Zielen der Wehrmacht übereingestimmte habe, der der Internationalen Brigaden jedoch nicht. Der Sturm der Entrüstung, der darauf in den Organisationen ehemaliger Spanien- und Widerstandskämpfer ausbrach, führte immerhin dazu, daß sich der damalige Bundesarbeitsminister Katzer von dem Schreiben seines hierfür verantwortlichen Referenten distanzierte. Jedoch sollte es noch Jahre dauern, bis hier eine längst überfällige Regelung geschaffen wurde.

In: *Patrik v. zur Mühlen: Spanien war ihre Hoffnung. Die deutsche Linke im spanischen Bürgerkrieg 1936-1939. Bonn: Dietz 1985, S. 307ff.*

Dietrich Briesemeister

Das Vorbild: Spanien im Nachkriegsdeutschland

Was hat das »ewige Spanien« für den Neuaufbau eines unabhängigen Europa beizutragen?, fragten 1954 die Verfasser eines francofreundlichen Spanienhandbuches (Richard Pattee und Anton Maria Rothbauer). Die Antwort darauf war die genaue Übernahme der konservativen spanischen Selbstdarstellung.

Eine rege Publizistik bemühte sich in der frühen Adenauerzeit, Spaniens Europäertum in seiner vergangenen und künftigen Bedeutung herauszustellen. Ein Beispiel hierfür ist die 1946 gegründete katholische Zeitschrift *Neues Abendland*, die sich als Sammelpunkt konservativer Erneuerung verstand. Spanien stellt darin seit den fünfziger Jahren eines der Leitthemen dar. Unter der Überschrift »Spanien, echtes Abendland« präsentierte ein Autor 1950 die Übersetzung der Lobeshymne von Marcelino Menéndez Pelayo auf die spanische Tradition als »eines der echtesten Dokumente abendländischer Gesinnung«. Ein Sendbote der Franco-Hierarchie, Mitbegründer der Acción Española und Präsident des Europäischen Dokumentationszentrums in Madrid, dozierte in einer Aufsatzreihe über Spaniens Lehre an Europa und Spaniens Rolle in der europäischen politischen Gemeinschaft; die Aufgabe Spaniens sei es, die Zukunft des Kontinents von einer höheren idealistischen Warte aus zu betrachten und die »ewigen Werte« zu verteidigen. Dadurch werde es zu einem gewichtigen Faktor der europäischen »Wiedererhebung«. Durch die Brückenfunktion zu Spanisch-Amerika trage es außerdem dazu bei, Europa aus der unwürdigen Lage einseitiger Abhängigkeit von den USA zu befreien. Bei diesen geistigen Überbau-Konstruktionen war ein antiamerikanischer Zungenschlag unüberhörbar. »In kastilischer Sicht wird Europa zuerst eindeutiger und dann auch größer als von der Warte der Pariser Redaktionsbuden, der Straßburger Konventikel, der Washingtoner strategischen Büros und der Bonner Auseinandersetzungen zwischen Adenauer und seiner Opposition«, schrieb denn auch 1953 ein deutscher Kommentator.

Den Vereinten Nationen und den Vereinigten Staaten von Europa wurde der hispano-amerikanische Völkerbund als Beispiel einer funktionierenden, echten Familiengemeinschaft gegenübergestellt, in der Spanien als Mutterland den Zusammenhalt sichert. Spanien, dem die profanen Vereinten Nationen zunächst die Mitgliedschaft versagten, hatte schon längst zuvor eine Universitas Christiana, »ein Gebilde globaler Katholizität« (Alexander von Randa) geschaffen, das die Neue Welt dem Reiche Gottes zuführte. Der Marqués de Valdeiglesias sah Spanien, »das arme Land an der Spitze des abendländischen Abwehrwillens«. Ohne das Opfer seines Blutes wäre Europa längst ein sowjetischer Satellit geworden. »Was Spanien dem Ausland geben kann, kann fundamental sein für die Wiedergeburt des Abendlandes. Es ist das durch Humanismus, Rationalismus und Liberalismus unterdrückte Leitbild einer christlich-universalen Staats- und Weltordnung«, kündete der Funktionär in nostalgischer Erinnerung an eine unwiederbringlich entschwundene Vergangenheit.

Als erhabene Symbolgestalt wurde in diesem Zusammenhang Kaiser Karl V. zum Ahnherrn Europas erklärt (im Titel einer Biographie von Gertrude von Schwarzenfeld, 1955), ganz im Gegensatz zur Geschichtsdeutung eines Ganivet oder Unamuno, für die dieser Herrscher aus dem »germanischen Norden« die Mission Spaniens verfälscht und den Niedergang der Nation herbeigeführt habe. Als letzter »Weltkaiser« habe er die Wiederherstellung der Einheit Europas betrieben, um jene Ordnung zu stiften, »die immer vor den destruktiven Kräften des Unglaubens, des Materialismus und der Menschenvergötzung bewahren kann« (Otto von Habsburg). Karl V. wurde als Schöpfer eines katholischen Commonwealth gepriesen, der Europa und Amerika gegen eine von Osten drohende Gefahr vereinte (Alexander von Randa). Dieser Kaiser habe den europäischen Reichsbegriff mit einem amerikanischen Einheitsstaat (!) vereint und allein aus der politischen Einsicht heraus gehandelt, daß ein Europa ohne Spanien kein Europa sei.

Demgegenüber erschienen dem Universalhistoriker von Randa die Vereinigten Staaten von Europa heute (1962) wie ein Scherbenberg, den armselige Politiker notdürftig zusammenkleistern wollen. »Unter ihm, mit ihm und durch in erschloß Spanien sich den burgundischen wie den kaiserlichen Europabegriff und wuchs zugleich von einem Brückenglied zwischen Europa und Amerika zu einem wahren Weltvolk heran.« Mit dieser geradezu christologischen Weiheformel wurde Karl, »der einzige echte Europäer eines abendländischen Jahrtausends« (!), als Gallionsfigur einer neueren, nicht ausdrücklich christlich geprägten Europabewegung entrückt und als Repräsentant eines ewigen Ideals von Europa sozusagen zur Ehre der Altäre erhoben. »Plus ultra« lautete Karls vielsagende Devise.

Von Randas Darstellung (1962) des Weltreichs als einer Weltföderation ist zwanzig Jahre nach entsprechenden nazistischen Deutungen des Weltreiches und der Großmacht Spaniens der Höhepunkt und Abschluß der geschichtstheologisch begründeten Europavision in der Zeit Adenauers, die den hispanischen Weltstaat als eine auf Erden vorweggenommene 'Civitas Dei' dem apokalyptischen Zwangsreich des Widerchrist, dem Götzenreich des atheistischen Kommunismus entgegensetzt. Das habsburgische Reich, in dem die Sonne nicht untergeht, stellt die ideelle Vorform und das Urbild für globale Staatenbünde dar.

In eben diesen sechziger Jahren sind freilich auch zwei gegenläufige Bewegungen festzustellen: Zum einen tritt die Krise des Europäismus deutlich zutage. Andererseits zeichnet sich im Franco-Spanien eine stärkere Hinwendung zu Europa ab, wie umgekehrt bei den europäischen Nachbarn die Erwartung wächst, daß gerade die Einbindung Spaniens in die europäische Gemeinschaft die Franco-Herrschaft verändern und deren Ablösung ermöglichen könnte. 1962 stellte Spanien den Antrag auf Assoziierung in die EWG. Im Frühjahr 1962 fand ein Kongreß der Europäischen Bewegung in München statt, bei dem eine gemeinsame Deklaration spanischer Exilsozialisten und geduldeter Christdemokraten verabschiedet wurde, die für eine politische Liberalisierung eintraten.

In: *Die Iberische Halbinsel und Europa. Ein Kulturhistorischer Rückblick. In: Aus Politik und Zeitgeschichte. Beilage zur Wochenzeitung 'Das Parlament'. B 8/86 vom 22.2.86, S. 21f.*

Gerhart Hoffmeister

García Lorca in Deutschland

Keiner der spanischen Schriftsteller hat das Deutschland der Nachkriegszeit so fasziniert wie Lorca. Obwohl er jahrzehntelang durch die Brille politischer Vorurteile mißverstanden und sogar totgeschwiegen wurde, haben seine Dramen die Stadttheater, den Hörfunk und die Studentenbühne erobert. Enrique Beck, der das Alleinrecht der Übersetzung seit seinem Exil in der Schweiz wahrte, hat das Gesamtwerk eingedeutscht (1938: *Zigeunerromanzen*, 1954: *Die dramatischen Dichtungen*), wenn seine Übertragungen z.T. auch problematisch sind. Lorcas Poesie gehört nach Hugo Friedrichs Urteil zu dem »vielleicht kostbarsten Schatz« der europäischen Gegenwartslyrik. Mit Gerardo Diego, Dámaso Alonso u.a.m. gehört er zur Generation von 1927, die nach dem Modernismo die zweite Phase einer spezifisch spanischen Modernität bildet.

Warum Lorca zu einem Erfolgsautor in Deutschland avanciert ist, der sogar in Rowohlts Bildmonographien aufgenommen wurde (1963), hat zweifellos verschiedene Gründe. Nach dem Zweiten Weltkrieg hatte der deutsche Leser ein großes weltliterarisches Nachholbedürfnis. Die latente Sehnsucht nach dem Zauber Andalusiens fand bei vielen Lorca-Freunden neue Nahrung. Diese oberflächliche Attraktion erfaßt intuitiv den Sachverhalt richtig, daß Lorca in der Nachfolge der Modernisten und der spanischen Volksromanze stand. Seine suggestive Bildsymbolik teilt er mit der andalusischen und der modernen Lyrik, die im Kunstwerk eine neue poetische Wirklichkeit gestaltet. »Die Mischung von Sakralem und Profanem, das Herstellen von Unzusammenhang im Ablauf des Gedichts, das Verfahren der bloßen Allusion und die lakonische Redeweise« geben Lorcas *Zigeunerromanzen* ihre zauberhafte Wirkung. Die Bildhaftigkeit seiner Metaphern kommt der Übersetzung wesentlich zugute.

Bis 1947 war Lorca nur wenigen Spezialisten bekannt. Zuerst widmete ihm J.F. Montesinos einige Seiten (*Die moderne spanische Dichtung*, 1927). Erst 1947, nach der Stuttgarter Aufführung der *Bluthochzeit*, stellte sich ein Wandel ein. Er wurde zu einem beliebten Gegenstand hispanistischer Untersuchungen. Auf Bachofens Theorien fußend, lieferte Jean Gebser mit *Lorca oder das Reich der Mütter* (1949) eine psychoanalytische Deutung seiner Welt, die erst 1961 von Günther W. Lorenz in seiner Lorca-

Biographie zurückgewiesen wurde. Im Verein mit E. Beck wies er auch Versuche, Lorcas Werk als politisch orientierte Sozialkritik zu interpretieren, zurück, wie sie in der DDR seit der Aufführung der *Bluthochzeit* (Berlin 1951) betrieben wurden. Studien von Siebenmann und Huber folgten. John Gormans Versuch, ein Gesamtbild der Lorca-Rezeption in Deutschland zu entwerfen, scheitert allerdings an seiner pedantisch-chronologischen Methode. Die wichtigste Frage, ob Lorca über Biographen, Übersetzer, Hispanisten und Theaterregisseure hinaus auf die deutsche Literatur gewirkt hat, bleibt unbeantwortet. Während ein Einfluß seines lyrischen Dramenstils auf die gegenwärtige deutsche Theaterszene kaum wahrscheinlich ist - erwähnt sei hier noch W. Fortners Oper *Bluthochzeit* (1957) -, läßt sich zumindest eine gewisse Affinität bei mehreren Lyrikern bemerken. Johannes Bobrowski (*Sarmatische Zeit*, 1961) ist wie García Lorca Repräsentant alogisch-magischen Dichtens aus volkstümlichen Quellen und hat auch sonst sein Interesse für die spanische Dichtung bekundet, z.B. für Góngora. Hugo Friedrich sieht Karl Krolows Werk in einer Linie mit García Lorca, Jorge Guillén und Valéry. Mit Lorcas Erfolg in Deutschland kann sich heute kaum ein anderer Dichter spanischer Zunge messen.

In: *Gerhart Hoffmeister: Spanien und Deutschland. Geschichte und Dokumentation der literarischen Beziehungen. Berlin: E. Schmidt-Verlag 1976, S. 179f.*

Ernst Bloch

Don Quichottes traurige Gestalt und goldene Illusion

Der Mann hat es gut gemeint und ließ darin nicht nach. Wo immer aber er helfende Hand anlegt, wirft er etwas um. Sieht auch für sich höchst beschädigt drein, bietet Jungfrauen seinen mitleidreichen Schutz an, er, Don Quichotte, der selber am meisten Mitleid erregt, ein einsamer Narr. Lang, dürr, gelb, mit Backen, »die sich inwendig zu berühren scheinen«, ausgemergelt von Wahn. So hat er Haus und Hof verlassen, die dumme Nichte, das eingeschränkte Leben, um zu sein, was er geträumt, zu tun, was er gelesen hat.

Im Alter, wo anderen das Fäßchen trübe läuft, wird er neu, ein fahrender Ritter, wie er im Buche steht. So wahnhaft diese Träume sind, er führt sie aus, an Leib und Seele ein unbedingter Täter. Hat aber sich selber nur Prügel zugezogen, wie bekannt; der Mann, der keinen Spaß verstand, wurde überall zum Spaß der anderen. Der edle Traum saß ihm schlecht am Leibe, und die Welt, die wenig schöne, legte ihn gar nicht erst an. (...)

Aber es ist weiter wahr, der Wahn lebte nicht von Lesen und Büchern allein. Er traf auf *Hoffnung ohnegleichen*; diese half, das kahle Feld der Zeit mit schäumenden Bildern zu bevölkern. Glaube des Unbedingten macht aus der abgestandensten Lektüre, die ihn nährt, wieder einen Glauben, nämlich einen antiquarisch-utopischen. Solche aktive Hoffnung bewirkte, daß Don Quichotte, der Leser von tausend Ritterromanen, nun selber der ehrlichste ihrer Helden wurde. Aus dem Leser des Amadis wurde er der Held eines neuen, allereigentümlichsten Ritterromans und eines solchen, vor dessen Fülle der Amadis zurücksteht. So daß Don Quichotte, indem er der Täter des von ihm Gelesenen, der Glaubensheld seiner Lektüre wurde, nun wirklich, wie Cervantes sagt, »die Hände bis an die Ellbogen in Abenteuer taucht«, in ein Buch der Abenteuer, worin nicht weniger als sechshundert Personen auftreten und leitende Figur, in dem streng handlungsmäßigen Wesen, allemal die Utopie ist, equestrische Utopie. Vor ihrem Einsatz konnte Wirkliches, sofern es ein übliches, gar ein banales war, nicht bestehen, nicht einmal wahrgenommen werden: Hämmel werden zu Soldaten, Wolken zu Burgen, Windmühlenflügel zu Riesen, ein halbes Barbierbecken, das in der Sonne glänzt, zum Helm des Mambrin. Der ritterliche Wunschtraum ist überfüllt von Flügelrossen und Flügellöwen, von brennenden Seen, schwimmenden Inseln und Palästen aus Kristall. Das überschreitet den bloßen *sozialen Anachronismus*, er ist auch *archaisch-utopischer*, dauernd mit dem einer künftigen Welt verbunden, einer so edleren wie bunteren.

In: *Ernst Bloch: Das Prinzip Hoffnung. Gesamtausgabe (Band 5). Frankfurt/M.: Suhrkamp 1977, S. 1216ff.*

Bibliographie

Es wurden nur solche Titel aufgenommen, die ihren Gegenstand in relativ breiter, überblickartiger Form darstellen; auf Einzelanalysen, sowie Werk- und Personendarstellungen wurde aus Platzgründen verzichtet.

Historische Gesamtdarstellungen

Comellas, José Luis: Historia de España moderna y contemporánea, Madrid 1983

Equipo de Redacción PAL (Hrsg.): Historia de España. Hasta la Constitución de 1978, Bilbao 1979

Tuñón de Lara, Manuel (Hrsg.): Historia de España, 13 vols. Barcelona ^{3}1990

Vilar, Pierre: Histoire de L'Espagne, Paris 1975; sp.: Historia de España, Barcelona 1978; dt.: Spanien. Das Land und seine Geschichte von den Anfängen bis zur Gegenwart, Berlin 1990

Vicens Vives, Jaime: Geschichte Spaniens, Stuttgart/ Berlin/ Köln/ Mainz 1969

Historische Darstellungen zu einzelnen Themen und Epochen

Bis zum 18. Jahrhundert

Bennassar, Bartolomé: Inquisición española: poder político y control social, Barcelona 1984

Domínguez Ortiz, Antonio: The golden age of Spain. 1516-1659, London 1971

\- Sociedad y estado en el siglo XVIII español, Barcelona 1976

Elliot, J.H.: Imperial Spain, 1496-1716, London 1963

Fernández, Ramón (ed.): España en el siglo XVIII. Homenaje a Pierre Vilar, Barcelona 1985

Heine, Hartmut: Geschichte Spaniens in der frühen Neuzeit (1400-1800), München 1982

Kamen, Henry: Die spanische Inquisition, München 1967

Zum 19. und 20. Jahrhundert

Bernecker, Walther L.: Sozialgeschichte Spaniens im 19. und 20. Jahrhundert, Frankfurt/M. 1990

\- Spaniens Geschichte seit dem Bürgerkrieg, München 1988

Biescas, J.A., Tuñón de Lara, M.: España bajo la dictadura franquista (1939-1975), Barcelona 1980

Borchardt, Ulrike: Militär und Politik in Spanien. Zivile und militärische Macht vom Beginn des konstitutionellen Regimes bis zur Konsolidierung des demokratischen Systems, Hamburg 1989

Brenan, Gerald: Die Geschichte Spaniens: Historische und politische Hintergründe des spanischen Bürgerkrieges, Berlin 1978

- The face of Spain, Turnstile Press 1950; sp.: La faz de España, Barcelona 1985
Cárcel Orti, V.(Hrsg.): Historia de la España contemporánea. Desde 1808 hasta nuestros días, Barcelona 1982
Carr, Raimond: Modern Spain 1875-1980, Oxford 1980
- Spain 1808-1875, Oxford 1982
Jackson, Gabriel: Annäherung an Spanien 1898-1975, Frankfurt/M. 1982
Lannon, F.: Privilege, Persecution and Prophecy. The Catholic Church in Spain (1875-1975), Oxford 1987
Maiski, Iwan M.: Neuere Geschichte Spaniens 1808-1917, Berlin 1981
Marx, Carlos und Engels, Federico: Escritos sobre España, Barcelona 1978
Payne, Stanley G.: Falange. A history of spanish fascism, Stanford 1961
- Spanish Catholicism. An Historical Overview, Madison 1984; sp.: El catolicismo español, Barcelona 1984
Rama, Carlos María: La crisis española del siglo XX, México/Buenos Aires [2]1962
Rathfelder, Erich u.a.: 'Alle oder keiner!' Comisiones Obreras - neue Arbeiterbewegung in Spanien, Berlin 1976
Robinson, R.: The origins of Franco's Spain, Newton Abbott 1970
Southworth, Herbert: El mito de la cruzada de Franco. Crítica bibliográfica, Paris 1963; erweiterte franz. Ausgabe: Le mythe de la croisade de Franco, Paris 1964
Témime, Emile (u.a.): Historia de la España contemporánea. Desde 1808 hasta nuestros días, Barcelona 1982
Tusell, J.: La dictadura de Franco, Madrid 1986
Tuñón de Lara, Manuel: La España del siglo XIX, 2 Bd., Barcelona 1980
- La España del siglo XX, 3 Bd., Barcelona 1978
Vilar, Pierre: La Catalogne dans l'Espagne moderne, Paris 1962

Literatur- und kulturhistorische Gesamtdarstellungen

Blanco Aguinaga, Carlos (u.a.): Historia social de la Literatura española (en lengua castellana), 3 Bd., Madrid 1978-81
Brenan, Gerald: Historia de la Literatura española, Barcelona 1984
Franzbach, Martin: Abriß der spanischen und portugiesischen Literaturgeschichte in Tabellen, Frankfurt a.M./Bonn 1968
Goytisolo, Juan: Spanien und die Spanier, Frankfurt/M. 1982
Grande, Félix: Memoria del Flamenco, 2 Bd., Madrid 1979
Gumbrecht, Hans Ulrich: *Eine* Geschichte der spanischen Literatur, 2 Bd., Frankfurt/M. 1990
Milescu, Maria: Die spanische Universität in Geschichte und Gegenwart, Köln 1985
Russel, Peter E.: Spain. A Companion to Spanish Studies, 2. Bd. London 1973; sp.: Indroducción a la cultura hispánica. Historia. Arte. Música. Literatura, Barcelona 1982
Strosetzki, Christoph (Hrsg.): Geschichte der spanischen Literatur, Tübingen 1991
Terry, A. und Rafael, J.: Introducción a la lengua y la literatura catalana, Barcelona 1977

Literatur- und kulturhistorische Darstellungen zu einzelnen Themen und Epochen

Alborg, J.L.: Historia de la literatura española. El Romanticismo, Madrid 1980

Becarud, J. und López Campillo, E.: Los intelectuales españoles durante la IIª república, Madrid 1978

Bennassar, Bartolomé: L'homme espagnol. Attitudes et mentalités du XVIe au XIXe siécle, Paris 1984

Brown, C.G.: Historia de la literatura española. El siglo XX, Barcelona 1973

Defourneaux, M.: Inquisición y censura de libros en la España del siglo XVIII, Madrid 1973

Díaz García, Elías: La filosofia social del krausimo español, Madrid ³1989

Elorza, A.: La ideología liberal en la ilustración española, Madrid 1970

Herrero, R.: Los orígenes del pensamiento reaccionario español, Madrid 1988

Hina, Horst: Kastilien und Katalonien in der Kulturdiskussion 1714-1939, Tübingen 1978

Krauss, Werner (Hrsg.): Spanien 1900-1965, Beitrag zu einer modernen Ideologiegeschichte, München/Salzburg 1972

Liberovici, Sergio und Straniero, Michele L.: Pueblo que canta. Lieder aus dem neuen spanischen Widerstand, Ahrensburg/ Paris 1965

López Morillas, J.: El krausismo español, México 1980

Mainer, José Carlos: La Edad de Plata (1902-1939), Madrid 1981

Marco, J.: Literatura popular en España en los siglos XVIII y XIX, Madrid 1977

Martínez Cachero, José María: La novela entre 1936 y 1980. Historia de una aventura, Madrid 1986

Pérez Alonso, Jesús: »Das Katalanische als Beispiel des gegenwärtigen Sprachenstreits in Spanien: soziopolitische und pädagogische Implikationen«; in: *Iberoamericana*, 2/1977

Roloff Volker/Wentzlaff-Eggebert, Harald: Das spanische Theater. Vom Mittelalter bis zur Gegenwart, Düsseldorf 1988

Ruiz Ramón, F.: Historia del teatro español. I. Desde sus orígenes hasta 1900, Madrid 1979

Schmidt, Bernhard: Spanien im Urteil spanischer Autoren. Kritische Untersuchungen zum sogenannten Spanienproblem 1609-1936, Berlin 1975

Siebenmann, Gustav: Die moderne Lyrik in Spanien. Ein Beitrag zu ihrer Stilgeschichte, Stuttgart/ Berlin/ Köln/ Mainz 1965

\- Essays zur spanischen Literatur, Frankfurt/M. 1989

Tietz, Manfred (Hrsg.): Spanische Lyrik vom Modernismus bis zur Gegenwart. Einzelinterpretationen, Frankfurt/M. 1989

Tuñón de Lara, Manuel: Medio siglo de cultura española 1885-1936, Barcelona 1982

Villacorta Baños, F.: Burguesía y cultura. Los intelectuales españoles en la sociedad liberal. 1808-1931, Madrid 1980

Vincke, I.(Hrsg.): Gesammelte Aufsätze zur Kulturgeschichte Spaniens, Münster 1961

Zavala, I.M.: Historia y crítica de la literatura española. Romanticismo y realismo, Barcelona 1982

Yndurain, D.(Hrsg.): Historia y crítica de la literatura española. Epoca contemporánea. 1939-1980, Barcelona 1981

Zum Siglo de Oro

Abellán, José Luis: Historia crítica del pensamiento español, II: La edad de oro (siglo XVI), La ilustración, III.: El Barroco, Madrid 1979

Baader, Horst/Loos, Erich (Hrsg.): Spanische Literatur im Goldenen Zeitalter, Frankfurt/M. 1973

Bennassar, Bartolomé: La España del Siglo de Oro, Barcelona 1983

Castro, Américo: Aspectos del vivir hispánico, Madrid 1987

Chevalier, Maxime: Lectura y lectores en la España del siglo XVI y XVII, Madrid 1976

Jones, Richard O.: Siglo de Oro: prosa y poesía (Siglos XVI y XVII), Barcelona 1974

López Estrada, Francisco: Historia y crítica de la literatura española. II. Siglos de Oro: Renacimiento, Barcelona 1980

Parker, A.A.: The appraoch to the Spanish drama of the Golden Age, London 1957

Reichenberger, Kurt und Roswitha: Das spanische Drama im Goldenen Zeitalter. Ein bibliographisches Handbuch. El Teatro Español en sus Siglos de Oro. Inventario de bibliografías, Kassel 1989

Wardropper, B.W. (Hrsg.): Historia y crítica de la literatura española. III. Siglos de Oro:Barroco, Barcelona 1982

Zur Generación del 98

Blanco Aguinaga, Carlos: Juventud del 98, Barcelona 1978

Franzbach, Martin: Die Hinwendung Spaniens zu Europa. Die generación del 98, Darmstadt 1988

Hinterhäuser, Hans: Fin de siglo, Madrid 1980

Mainer, José Carlos: Historia y crítica de la literatura española. Modernismo y 98, Barcelona 1979

Shaw, Donald: La generación del 98, Madrid 1985

- Historia de la literatura española. El siglo XIX, Barcelona 1972

Zum Franquismus

Abellán José Luis: Censura y creación literaria en España, Barcelona 1980

Brenan, Gerald: South from Granada, Cambridge 1957; sp.: Al sur de Granada, Madrid 1974

Díaz, Elías: Intellektuelle unter Franco. Eine Geschichte des spanischen Denkens von 1939-1975, Frankfurt/M. 1991

Goytisolo, Juan: Dissidenten, Frankfurt/M. 1984

Lorenzen, Ebba: Presse unter Franco. Zur Entwicklung publizistischer Institutionen und Prozesse im politischen Kräftespiel, München/ New York 1978

Mangini, Shirley: Rojos y rebeldes. La cultura de la disidencia durante el franquismo, Barcelona 1987

Neuschäfer, Hans-Jörg: Macht und Ohnmacht der Zensur. Literatur, Theater und Film in Spanien (1933-1976), Stuttgart 1991

Rehrmann, Norbert: »Das *andere* Spanien. Schreiben und Zensur während des Franquismus«, in: Katalog zur Ausstellung: »Das gefesselte Wort und die Freiheit in Europa«, Herzog August Bibliothek Wolfenbüttel 1991

Scotti-Rosin, Michael: Die Sprache der Falange und des Salazarismus. Eine vergleichende Untersuchung zur politischen Lexikologie des Spanischen und Portugiesischen, Frankfurt a.M./Bern 1982

Taberner, Josep-María: »Film in Spanien seit 1939«, 2 Teile, in: *Iberoamericana* 1/2 1977/1978, Frankfurt/M.

Zu Kultur und Politik im Bürgerkrieg

Aznar Soler, Manuel: II Congreso Internacional de Ecritores Antifascistas (1937), 2 Bd., Barcelona 1978

Benson, Frederick R.: Schriftsteller in Waffen. Die Literatur und der Spanische Bürgerkrieg, Zürich 1969

Bernecker, Walther L.: Anarchismus und Bürgerkrieg. Zur Geschichte der Sozialen Revolution in Spanien, Hamburg 1978

\- Der spanische Bürgerkrieg, Frankfurt/M. 1986

Bertrand de Muñoz, Maryse: La guerra civil española en la novela. Bibliografía comentada, 2 Bd., Madrid 1982

Broué, Pierre und Témime, Emile: Revolution und Krieg in Spanien. Geschichte des spanischen Bürgerkrieges, Frankfurt/M. 1982

Christink, Susanne (Hrsg.): Es klingt ein Ton wie geschliffener Stahl. Lieder und Gedichte aus dem Spanischen Bürgerkrieg, München 1986

Engelbert, Manfred/Javier García de María (eds.): La Guerra Civil Español - medio siglo después. Actas del coloquio internacional celebrado en Göttingen del 25 al 28 junio de 1987, Frankfurt/M. 1991

Enzensberger, Hans M.: Der kurze Sommer der Anarchie. Buenaventura Durrutis Leben und Tod, Frankfurt/M. 1972

Escolar, Hipólito: La cultura durante la guerra civil, Madrid 1987

Gibson, Ian: Lorcas Tod, Frankfurt/M. 1976

Hackl, Erich und Solinis C. Timóm (Hrsg.): Geschichten aus der Geschichte des Spanischen Bürgerkrieges, Darmstadt/Neuwied 1986

Pérez-Ramos, Barbara: Intelligenz und Politik im Spanischen Bürgerkrieg 1936-1939, Bonn 1982

Schmigalle, G.(Hrsg.): Der Spanische Bürgerkrieg. Literatur und Geschichte, Frankfurt/M. 1986

Schmolling, Regine: Literatur der Sieger. Der spanische Bürgerkriegsroman im gesellschaftlichen Kontext des frühen Franquismus (1939-1943), Frankfurt/M. 1990

Thomas, Hugh. Der spanische Bürgerkrieg, Frankfurt/M. 1966

Tosstorff, Reiner: »Neuerscheinungen zu Krieg und Revolution in Spanien«; in: *Iberoamericana* 1/1981

Vilar, Pierre: La guerre espagnol 1936-1939, Paris 1986; sp.: La guerra civil española, Barcelona 1986; dt.: Kurze Geschichte zweier Spanien. Der Bürgerkrieg 1936-1939, Berlin 1982

Spanien und Europa

Bernecker, Walther L.: »Spanien und Europa seit dem Bürgerkrieg«; in: *Hispanorama*, 56/1990

Briesemeister, Dietrich: »Die Iberische Halbinsel und Europa. Ein kulturhistorischer Rückblick«; in: *Aus Politik und Zeitgeschichte*, 8, 12.2.1986

Frey, Peter: Spanien und Europa. Die spanischen Intellektuellen und die Europäische Integration, Bonn 1989

Hinterhäuser, Hans (Hrsg.): Spanien und Europa. Stimmen zu ihrem Verhältnis von der Aufklärung bis zur Gegenwart, München 1979

Jüttner, Siegfried (Hg.): Spanien und Europa im Zeichen der Aufklärung, Frankfurt a.M./Bern/New York/Paris 1991

Racionero, Luis: España en Europa. El fin de la edad conflictiva y el cambio de rumbo de la sociedad española, Barcelona 1987

Schmidt, Bernhard, a.a.O.

Spanien und Lateinamerika

Abellán, José Luis (Hrsg.): El Exilio Español De 1939, 6 Bd., Madrid 1976/1977
- Filosofía española en América (1936-1966), Madrid 1967

Aken van, Mark J.: Pan-Hispanism. Its Origin and Development to 1866, Berkely/Los Angeles 1959

Fogelquist, Donald F.: Españoles de América y Americanos de España, Madrid 1968

Geweke, Frauke: Wie die neue Welt in die alte kam, Stuttgart 1986

Instituto de Cooperación Iberoamericana (Hrsg.): Realidades y posibilidades de las relaciones entre España y América en los ochenta, Madrid 1986

Janik, Dieter und Lustig, Wolf (Hrsg.): Die spanische Eroberung Amerikas. Akteure, Autoren, Texte, Frankfurt/M. 1989

Lope, Hans-Joachim/Pörtl, Klaus/Tietz, Manfred (Hrsg.): Acta Columbina, Kassel 1990

Marañón, Luis: Cultura española y América hispana, Madrid 1984

Pike, Federick B.: Hispanismo 1898-1936. Spanish conservatives and liberals and their relations with Spanish America, London 1971

Rama, Carlos M.: Historia de las relaciones culturales entre España y la América Latina. Siglo XIX, México/ Madrid/ Buenos Aires 1982

Rehrmann, Norbert: »Spanien, Europa und Lateinamerika. Zur Geschichte *legendärer* Kulturbeziehungen«; in: *PROKLA* 75, 2/1989
- »Die panhispanistische Bewegung von 1824 bis 1936«; in: *Iberoamericana*, 40/41 (2-3) 1990

Rubert de Ventós, Xavier: El laberinto de la hispanidad, Barcelona 1987

Rubio, Javier: La emigracíon de la guerra civil de 1936-1939, 2 Bd., Madrid 1977

Scherag, Klaus: Die spanischamerikanische Literatur in der spanischen Kritik des 19. Jahrhunderts, Bonn (Diss.) 1966

Todorov, Tzvetan: Die Eroberung Amerikas. Das Problem des Anderen, Frankfurt/M. 1985

Spanien und der Islam

Angel de Bunes, Miguel: Los moriscos en el pensamiento histórico, Madrid 1983

Baroja, Julio Caro: Los moriscos del reino de Granada. Ensayo de historia social, Madrid 1976

Burckhardt, T.: Die maurische Kultur in Spanien, München 1970

Castro, Américo: España en su historia. Cristianos, moros y judíos, Buenos Aires 1968

Domínguez Ortiz, Antonio: »Notas para una sociología de los moriscos españoles«; in: *Miscelánea de Estudios Arabes y Hebráicos*, XI, Nº 2 (1962)

González Palencia, A.: Historia de la literatura arábigo-española, Barcelona 1945

Hoenerbach, W. (Hrsg.): Islamische Geschichte Spaniens, Zürich 1970

Mechoulan, Henri: Le sang des autres ou l'honneur de Dieu. Indiens, Juifs et morisques au Siecle d'Or, Fayard 1977

Vernet, Juan: Die spanisch-arabische Kultur in Orient und Okzident, Zürich/München 1984

Watt, Montgomery W.: A history of islamic Spain, Edinburgh 1965; sp.: Historia de la España islámica, Madrid 1986
- Der Einfluß des Islam auf das europäische Mittelalter, Berlin 1988

Spanien und die jüdische Vergangenheit

Baehr, Y.: A history of the Jews in christian Spain, Philadelphia 1961
- Los judíos en la España cristiana, Madrid 1981

Caro Baroja, Julio: Los judíos en la España moderna y contemporánea, Madrid 1961

Heymann, Fritz: Tod oder Taufe. Die Vertreibung der Juden aus Spanien und Portugal im Zeitalter der Inquisition, hrsg. u. eingeleitet von J.H. Schoeps, Frankfurt/M. 1988

Kriegel, Maurice: »La prise d'une décision. L'expulsion des Juifs d'Espagne en 1492«; in: *Revue historique*, 260/1978

Lacave, José Luis/Armengol, Massel: La España judía, Barcelona 1987

Roth, Cecil: A history of the Marranos, New York 1974

Schulin, Ernst: Die spanischen und portugiesischen Juden im 15. und 16. Jahrhundert. Eine Minderheit zwischen Integrationszwang und Verdrängung, in: Bernd Martin und Ernst Schulin (Hrsg.): Die Juden als Minderheit in der Geschichte, München 1981

Singermann, Robert: The jews in Spain and Portugal, New York/London 1973

Spanien und Deutschland

Becker-Cantarino, Bärbel: »Die schwarze Legende. Zum Spanienbild in der deutschen Literatur des 18. Jahrhunderts«; in: *ZDP* 94 (1975)

Bemmerlein, Anton und Briesemeister, Dietrich (Hrsg.): Alemania y España; in: *Hispanorama-Sonderdruck* 50/51 (1988/1989)

Briesemeister, Dietrich: »Die Iberische Halbinsel und Europa. Ein kulturhistorischer Rückblick«; in: *Aus Politik und Zeitgeschichte* 8 (22.2.1986)

Hoffmeister, Gerhard: Spanien und Deutschland. Geschichte und Dokumentation der literarischen Beziehungen, Berlin 1976

Iberoamericana, H. 39, (1/1990) (Themenheft zur Fachgeschichte der deutschen Iberoromanistik im Dritten Reich)

Rehrmann, Norbert: »Der Spanische Bürgerkrieg aus bundesdeutscher Mediensicht«, in: Bemmerlein, Anton und Briesemeister, Dietrich, a.a.O.

Ruhl, Karl J.: Spanien im Zweiten Weltkrieg. Franco, die Falange und das »Dritte Reich«, Hamburg 1975

Siebenmann, Gustav: Von den Schwierigkeiten der deutsch-hispanischen Kulturbegegnung, drsb.: Essays zur spanischen Literatur, Frankfurt/M. 1989

Tietz, Manfred (Hrsg.): Das Spanieninteresse im deutschen Sprachraum. Beiträge zur Geschichte der Hispanistik vor 1900, Frankfurt/M. 1989

Viñas, Angel: La Alemania nazi y el 18 de julio, Madrid 1977

von zur Mühlen, Patrik: Spanien war ihre Hoffnung. Die deutsche Linke im Spanischen Bürgerkrieg 1936 bis 1939, Bonn 1985

Politik und Kultur seit 1975

Amell, S./García Castañeda, S. (Hrsg.): La cultura española en el postfranquismo. Diez años de cine, cultura y literatura (1975-1985), Madrid 1988

Barthel, Manfred (Hrsg.): Spanien. Auf den Spuren der Dichter. Geschichten rund ums Mittelmeer, Bergisch Gladbach 1989

Bernecker, Walther L. u.a. (Hrsg.): Spanien-Lexikon. Wirtschaft, Politik, Kultur, Gesellschaft, München 1990

Bernecker, Walther L./Oehrlein, Josef (Hrsg.): Spanien heute. Politik, Wirtschaft, Kultur, Frankfurt/M. 1990

Berger, Hartwig u.a.: 'Brot für heute, Hunger für morgen'. Landarbeiter in Südspanien, Frankfurt/M. 1978

Bischoff, Helmuth: Die spanische Presse im Redemokratisierungsprozeß, Bochum 1986

Brummer, Rudolf: Katalanische Sprache und Literatur, München 1975

Bustamente, Enrique und Zallo, Ramón (Hrsg.): Las indústrias culturales en España. Grupos multimedia y transnacionales. Prensa, radio, TV, libro, cine, disco, publicidad, Madrid 1988

Díaz-Plaja, Guillermo: Sociología cultural del postfranquismo, Barcelona 1978

Domin, Hilde (Hrsg.): Spanien erzählt. Sechundzwanzig Erzählungen, Frankfurt/M. 1977

Equipo Reseña: Doce años de cultura española 1976-1987, Madrid 1989

García Lorenzo, Luciano: El teatro español de hoy, Barcelona 1975

González Lucini, Fernando: Veinte Años De Canción En España 1963-1983, 3 Bd., Madrid 1986

Hackl, Erick und Lara García, Manuel (Hrsg.): Spanien. Im Schatten der Sonne. Eine literarische Reise in 26 Etappen, Frankfurt 1989

Herzog, Werner: Spanien - die zerbrechliche Einheit, Zürich 1982

Hofmann, Felix (Hrsg.): Andalusische Ansichten. Lesebuch nicht nur für Reisende, Kassel 1990

Hopewell, John: El cine español después de Franco, Madrid 1989

Lang, Josef: Das baskische Labyrinth. Unterdrückung und Widerstand in Euskadi, Frankfurt/M. 1983

Letamendia, Pierre: Nationalisme au Pays Basque, Bordeaux 1987

Maier, Lothar: Spaniens Weg zur Demokratie, Meisenheim am Glan 1977

Munzinger, Ludwig (Hrsg.): Spanien. Fakten-Personen-Ereignisse, Buchschlag bei Frankfurt/M. 1989

Rehrmann, Norbert: Tendenzen spanischer Kultur und Kulturpolitik der achtziger Jahre: Amerikanische Basis, europäischer Überbau und spanisches Flair; in: Kulturpolitische Gesellschaft/Internationale Culturele Stichting (Hrsg.): Kulturmarkt Europa. Jahrbuch für Europäische Kulturpolitik, Köln 1989

Rien, Horst: Drei Versuche zur spanischen Literatur der Gegenwart, Bonn 1989

Sánchez Ferlosio, Rafael: »Die Kultur, eine Erfindung der Regierung«; in: *Freibeuter* 33 (1987)

Sotelo, Ignacio: Los socialistas en el poder, Madrid 1986

Stegmann, Tilbert D.(Hrsg.): Diguem no - Sagen wir nein! Lieder aus Katalonien, Berlin 1979

Strausfeld, Michi (Hrsg.): Spanische Literatur, Frankfurt/M. 1991

Subirats, Eduardo: La cultura como espectáculo, México/ Madrid/ Buenos Aires 1988

Trabert, F.-G.: Die politische Transformation Spaniens nach Franco. Zum Problem des demokratischen Wandels autoritärer Regime, Frankfurt/M. 1977

Tiempo de Historia (Especial): El Postfranquismo. Balance de 5 años (Kultur und Politik), no 72/1980

Trecet, Ramón/ Moreno, Xabier: Me queda la palabra (Interviews mit Vertretern der *Nueva Canción*), Madrid 1978

Vázquez Montalbán, Manuel: Crónica sentimental de la transición, Barcelona 1985

Vilar, Sergio: Proyección internacional de España, Madrid 1981

Vilar, Sergio: La década sorprendente 1976-1986. La construcción de la democracia entre la euforia, el desencanto, la modorra y los sobresaltos, Barcelona 1986
- La universidad entre el fraude y la irracionalidad, Barcelona 1987

Zeitschriften zu Spanien

Bulletin Hispanique (Bordeaux)

Bulletin of Hispanic Studies (Liverpool)

Cuadernos Hispanoamericanos (Madrid)

Hispania. A journal devotes to the teaching of Spanish and Portuguese (Los Angeles)

Hispanic Review (Pennsylvania)

Iberoamericana. Lateinamerika. Spanien. Portugal (Frankfurt)

Iberoromania. Zeitschrift für die iberoromanischen Sprachen und Literaturen in Europa und Amerika (Tübingen)

Hispanorama. Mitteilungen des Deutschen Spanischlehrerverbandes im Fachverband Moderne Fremdsprachen (Nürnberg)

Revista de Estudios Políticos (Madrid)

Revista de Literatura (Madrid)

Revista Iberoamericana (Pittsburgh)

Tranvía. Revue der Iberischen Halbinsel (Berlin)

Herausgeber, Übersetzungen, Druckvorlage

Dr. Norbert Rehrmann, Jahrgang 1951, Wissenschaftlicher Angestellter a der Lateinamerika-Dokumentationsstelle der Gesamthochschule Kassel und Lehrbeauftragter für nspanischer und lateinamerikanische Kulturgeschichte; zahlreiche Publikationen über spanische und lateinamerikanscihe Kulturgeschichte, Kulturpolitik und Literatur sowie über allgemeine kultursoziologische Themen. Arbeitet z.Zt. an einem von der DFG und der Gesamthochschule Kassel geförderten Forschungsprojekt über das spanische Lateinamerikabild seit 1939.

Die Beiträge von Julián Juderías, Bartolomé Bennassar, Xavier Rubert de Ventós, Américo Castro, José Luis Comellas, Angel Ganivet, Ramón del Valle-Inclán, Francisco Franco, Gerald Brenan (Die *Schwarzen Jahre*) Raimon, Rosa Montero, Manuel Vázquez Montalbán (Kultur und Identität), José Luis Aranguren, Francisco Umbral, Juan Goytisolo (Kulturelle Alternative?), Lluis Racionero, Eduardo Subirats, Eduardo Galeano (Die Entdeckung...), Miguel Angel de Bunes und Antonio Machado sind von Maria Hoffmann-Dartevell (Heidelberg) aus dem Spanischen übersetzt, die Auszüge von Miguel de Unamuno und Benito Jerónimo Feijoo von Beatrice von Wuthenau. Alle anderen Übersetzungen stammen aus den in den bibliographischen Angaben nachgewiesenen Ausgaben.

Der Vervuert Verlag dankt allen Rechteinhabern, die durch den Quellennachweis bezeichnet sind, für die Genehmigung zum Abdruck der Texte und zur Übersetzung der spanischen Textauszüge. In einigen Fällen waren die Rechteinhaber nicht festzustellen; hier ist der Verlag bereit, nach Anforderung rechtmäßige Ansprüche abzugelten.